Teilhabe und Gerechtigkeit
Participation and Equity

Waxmann Verlag GmbH
Steinfurter Straße 555, 48159 Münster
info@waxmann.com

Musikpädagogische Forschung
Research in Music Education

Herausgegeben vom Arbeitskreis
Musikpädagogische Forschung e.V. (AMPF)

Band 35

Proceedings of the 35th Annual Conference of the
German Association for Research in Music Education

Bernd Clausen (Hrsg.)

Teilhabe und Gerechtigkeit

Participation and Equity

Waxmann 2014
Münster / New York

Bibliografische Informationen der Deutschen Nationalbibliothek
Die Deutsche Nationalbibliothek verzeichnet diese Publikation in der
Deutschen Nationalbibliografie; detaillierte bibliografische Daten
sind im Internet über http://dnb.d-nb.de abrufbar.

ISBN 978-3-8309-3144-7
ISSN 0937-3993

© Waxmann Verlag GmbH, Münster 2014

www.waxmann.com
info@waxmann.com

Umschlaggestaltung: Anne Breitenbach, Tübingen
Gedruckt auf alterungsbeständigem Papier, säurefrei gemäß ISO 9706

Printed in Germany

Inhalt

Bernd Clausen

Vorbemerkung

Für die Topographie des Tagungsthemas „Teilhabe und Gerechtigkeit" wurden im Call for Papers für die Jahrestagung 2013 zwei mögliche Referenzpunkte fixiert:

– Seinerzeit identifizierte Hermann Josef Kaiser Begründungsmuster für Musikunterricht, um ihnen einerseits aus (historisch) kritischer Perspektive zu begegnen und andererseits für ihre Durchlässigkeit, auch und vor allem vor dem Hintergrund des Begriffes „Musikalische Praxis", einzutreten. Mit Blick auf eine gegenwärtig zersplitterte Situation des allgemeinbildenden Musikunterrichts sind diese Begründungsmuster hilfreich für eine kritische Selbstsicht auf musikpädagogische und politische Konzeptionen, Konzepte und Orientierungen sowie auf deren Protagonisten, z.B. Schülerinnen und Schüler, Eltern und Musikpädagoginnen und Musikpädagogen.

– Exemplarisch zeigen die Diskussionen über einen trans- oder interkulturell orientierten Musikunterricht in der allgemein bildenden Schule in Deutschland zugleich die Problematiken um die Verbindung von lokaler und globaler Gerechtigkeit und berühren damit die auch in der Forschung immer wieder aufgeworfenen Fragen um Bildungsgerechtigkeit und Teilhabe. Unter dem Blickwinkel von Bildung als zentraler Frage des 21. Jahrhunderts werden dabei Diskurse um Inklusion, Anerkennungspädagogik, Menschen- und Grundrechte berührt, die bei einem Verständnis von Musik als gesellschaftlicher Praxis spezifisch zu diskutieren sind.

Mit diesen beispielhaften Referenzpunkten sollten Impulse für Beiträge gesetzt werden, die das Tagungsthema fokussieren, aber nicht beschränken sollten. Verbunden damit war die Hoffnung einer Streuung der forschenden Zugriffe, die beispielsweise bildungstheoretische, historische und empirische musikpädagogische Forschung im Schnittfeld der Thematik zusammenführt.

Tatsächlich erfüllten sich beide Erwartungen weitgehend, denn viele, aus unterschiedlichen Perspektiven das Tagungsthema in den Blick nehmende Beiträge wandten sich Teilaspekten dieser Thematik zu. Die in diesen Sammelband aufgenommenen Aufsätze dokumentieren diese Auseinandersetzung. Allerdings ist *post festum* auf zwei Aspekte hinzuweisen, die zum einen in diesem Sammelband keinen Niederschlag finden konnten und die zum anderen – quasi als Seitennotiz zu einem Tagungsband, auf den einst auch als historisches Dokument zurückgeblickt wird – aus Sicht des Herausgebers mit Blick auf den musikpädagogischen Diskurs im AMPF weniger stark berücksichtigt wurden.

Keinen Niederschlag findet in diesem Band das Tagungssegment „Forum Musikpädagogik", das heuer mit drei Themenschwerpunkten den Austausch untereinander förderte: (1) Stefan Orgass und Bernhard Weber, „Theorie(n) wissenschaftlicher Musikpädagogik", (2) Bernd Clausen und Alexander Cvetko, „Vom Sinn und Unsinn historischer Forschung in der Musikpädagogik" sowie (3) Andreas Lehmann-Wermser und Lina Hammel, „Interpretationswerkstatt des Arbeitskreises QFM" (=Qualitative Forschung in der Musikpädagogik). Die Gespräche und die Arbeitsatmosphären sind indes Ausdruck eines Wunsches nach intensivem Austausch, der schriftlich nicht angemessen dargestellt werden kann. Allerdings hat dieses Format in den letzten Jahren seinen legitimen Platz in den Tagungen gefunden.

Ungeachtet eines durchweg sehr positiven Rückblicks sowohl auf den Tagungsverlauf als auch auf die hier versammelten Aufsätze, fehlte nach Ansicht des Herausgebers im Kanon der Vorträge eine forschungsmethodologisch vielfältige Auseinandersetzung mit dem Thema Teilhabe und Gerechtigkeit. Ein theoriegeleiteter Entwurf z.B., der den Musikunterricht auch in seinen bildungspolitischen Dimensionen, in seiner Geschichtlichkeit und in seinen Spannungsfeldern, etwa unter dem Label (kulturelle) Teilhabe, fokussiert, blieb *cum grano salis* aus. Besorgniserregend ist dies auch mit Blick auf vorangegangene Tagungen insoweit, weil die Forschungsbemühungen in der musikpädagogischen Forschung hoch selbstreferentiell zu werden drohen, hin und wieder aber der Rückbindung in breitere, gesellschafts- und bildungspolitische Debatten bedürfen. Gleichwohl darf dieses Argument – das sei ebenfalls ergänzt – nicht überstrapaziert werden. Paul Woodfords Buch „Democracy and Music Education. Liberalism, Ethics, and the Politic of Practice" (2005), das – zusätzlich zu der dazu recht schmalen deutschsprachigen Literaturlage – den Herausgeber bei der Vorbereitung dieser Tagung ebenso als Einstiegslektüre diente wie der Sammelband „Social Justice in Music Education" (2009) sollen beispielhaft jene fehlende Facette illustrieren.

Die geneigte Leserin und der geneigte Leser mögen mir nachsehen, dass dem Tagungsband kritische Worte vorangestellt wurden. Sie rechtfertigen sich aus der Haltung heraus, sowohl als Tagungsplaner und als Herausgeber einen Band zusammenzustellen, der mit einem Gesamtblick einhergeht. Dieser wird nun durch sie, die diesen Sammelband lesen werden, zu prüfen sein.

Den Autorinnen und Autoren, den Gutachterinnen und Gutachtern sei an dieser Stelle sehr herzlich für ihre Mühe und Unterstützung gedankt.

Würzburg, im Juni 2014

Bernd Clausen

„Der Untersetzte: ‚Der Paß ist der edelste Teil von einem Menschen. Er kommt auch nicht auf so einfache Weise zustand wie ein Mensch. Ein Mensch kann überall zustandkommen, auf die leichtsinnigste Art und ohne gescheiten Grund, aber ein Paß niemals. Dafür wird er auch anerkannt, wenn er gut ist, während ein Mensch noch so gut sein kann und doch nicht anerkannt wird.'
Ziffel: ‚Aber Pässe gibt es hauptsächlich wegen der Ordnung. Sie ist in solchen [kriegerischen] Zeiten absolut notwendig. Nehmen wir an, Sie und ich liefen herum ohne Bescheinigung, wer wir sind, so daß man uns nicht finden kann, wenn wir abgeschoben werden sollen, das wär keine Ordnung. Sie haben vorhin von einem Chirurgen gesprochen. Die Chirurgie geht nur, weil der Chirurg weiß, wo zum Beispiel der Blinddarm sich aufhält im Körper. Wenn er ohne Wissen des Chirurgen wegziehn könnte, in den Kopf oder das Knie, würd die Entfernung Schwierigkeiten bereiten. Das wird Ihnen jeder Ordnungsfreund bestätigen.'" (B. Brecht: Flüchtlingsgespräche)
(Brecht 2003, S. 7 f.)

Paul Mecheril

Über die Kritik interkultureller Ansätze zu uneindeutigen Zugehörigkeiten – kunstpädagogische Perspektiven[1]

In den letzten Jahren ist in der Kunstpädagogik im amtlich deutschsprachigen Raum das Interesse an der Auseinandersetzung mit dem Themenfeld Migration deutlich gestiegen. Warum? Politisch und medial herrschte in Deutschland lange Zeit die Haltung vor, dass Migration randständig und nicht konstitutiv für hiesige gesellschaftliche Wirklichkeit sei. Bis Ende der 1990er Jahre war die offizielle Selbstdarstellung der Bundesrepublik hartnäckig dominiert von der *Lebenslüge* (Bade, 1994), Deutschland sei kein Einwanderungsland. Diese politische Irreführung und Ignoranz hat zweifelsohne die sozialen Folgen von Migration verkannt und zum Teil überaus problematische Entwicklungen nach sich gezogen, deren Konsequenzen sich deutlich auch im Feld der Bildung und Erziehung zeigen. In dieser gesamtgesellschaftlichen Ignoranz konnte auch die Kunstpädagogik sich nicht aufgefordert sehen, sich systematisch mit der Migrationstatsache auseinanderzusetzen, die nicht erst als Arbeits-

---

1   Der vorliegende Text greift auf Passagen bereits publizierter Texte zurück, vor allem Mecheril et al., 2008; Mecheril, 2009; Mecheril, 20012a. Der Beitrag erschien zuerst in Barbara Lutz-Sterzenbach, Ansgar Schnurr, Ernst Wagner (Hg.), *Bildwelten remixed. Transkultur, Globalität, Diversity in kunstpädagogischen Feldern*. (2013). Bielefeld: transcript, S. 27–36. Für die Abdruckgenehmigung danken wir dem Autor und dem transcript-Verlag.

migration nach 1945 einsetzte, sondern schon immer in unterschiedlicher Weise vorhanden war.

Seit Beginn des 21. Jahrhunderts hat sich das politische Szenario verändert und erste An-Erkennungen der Migrationstatsache setzen ein. Ab 2001 prägen bedeutsame Momente des Ortsansässigkeitsprinzips die deutsche Staatsbürgerschaftsregelung. Zudem wurde 2005 das Zuwanderungsgesetz verabschiedet, das zum ersten Mal den Begriff der *Integration* in einer migrationspolitischen Gesetzgebung verwendet. Zugleich macht bereits der Name des Gesetzes seine restringierende Ausrichtung deutlich: *Gesetz zur Begrenzung und Steuerung von Zuwanderung*. Bezogen auf Migration wird hier das widersprüchliche Prinzip politischer Regelung deutlich: Neuformierung des Sozialen durch Grenzausdehnung bei gleichzeitiger restriktiver Begrenzung.

Gleichwohl hat sich seit Beginn des neuen Jahrtausends in Deutschland das Selbstverständnis durchgesetzt, dass die Anwesenheit von Migrantinnen und Migranten weder marginal noch vorübergehend, sondern konstitutiv für gesellschaftliche Wirklichkeit ist. Die öffentlichen Diskurse, die politischen Debatten und Anstrengungen sowie die Ergebnisse der empirischen Bildungsforschung der letzten Jahre in Deutschland verweisen darauf, dass Migration zu den wichtigsten gesellschaftlichen Auseinandersetzungen der Gegenwart und Zukunft avanciert ist. Dies bestätigt auch das Feld, das sich aus pädagogischer Perspektive mit Kunst und Ästhetik befasst.

Wenn man mit einigem Risiko zu Pauschalisierung Regelmäßigkeiten in der „Entdeckung der Migrationstatsache in der Kunstpädagogik" benennen will, rücken mindestens drei Motive innerhalb des deutschsprachigen Diskurses in den Vordergrund:

- „Interkulturelle Kunstpädagogik" als Weg der Integration derer, die einen s.g. Migrationshintergrund aufweisen

- „interkulturelle" Öffnung von Bildungs- und Kulturinstitutionen

- „Interkulturelle Kunstpädagogik" als Beitrag zu einem respektvollen und zivilen Umgang mit kultureller Differenz und Fremdheit

Somit sind die drei Schlüsselbegriffe des deutschsprachigen Diskurses über Migration auch in der Kunstpädagogik angekommen: „Integration", „Mensch mit Migrationshintergrund", die „kulturelle Differenz des Migranten" (Mecheril, 2012a).

Ich möchte meinen Beitrag zu Fragen ästhetischer Bildung in der Migrationsgesellschaft mit einer kurzen Kritik der *Besonderung durch die interkulturelle Perspektive* einleiten (ausführlicher Mecheril u.a., 2010), um vom Brett dieser Kritik in eine alternative Perspektive zu springen, die ich *Migrationspädagogik* nenne. Kritik meint selbstverständlich nicht die grundlegende Ablehnung von Überlegungen, Projekten, Texten oder Veranstaltungen, denen eines oder mehrere der drei Motive zugeordnet werden können. Ganz im Gegenteil finden sich innerhalb der pädagogischen Auseinandersetzung mit Kunst und Ästhetik wichtige und interessante Beiträge, selbst wenn sie auf Vokabeln zurückgreifen die das Bild bestätigen, Migranten und Migrantinnen seien „anders".

Interkulturell ist ein Begriff, der darauf beharrt, dass die Anerkennung als gegeben verstandener kultureller Differenzen geboten sei. *Anerkennung kultureller Differenz* ist auch das zentrale Bildungsziel, das die Interkulturelle Pädagogik postuliert und anstrebt. Da wir auf Grund vielfältiger Bedingungen in kulturell pluralen und sich permanent wandelnden gesellschaftlichen Zusammenhängen leben, weist dieses Bildungsziel zwar vordergründig eine Plausibilität auf. Viele Zeitdiagnosen weisen jedoch darauf hin, dass moderne Gesellschaften als Zusammenhänge beschrieben werden müssen, für die aufgrund intensiver Dynamiken in zentralen gesellschaftlichen Bereichen und Sphären, nicht zuletzt auch durch weltweite Wanderungsbewegungen angestoßen, soziale Wandlungsprozesse, Diversifikation und Pluralisierungen charakteristisch sind. Diese Pluralisierung sozialer Kontexte, Stile, Selbstverständnisse und Beziehungen imponiert empirisch als Vielfalt kultureller Phänomene. Normativ verbindet sich hiermit häufig die Perspektive, dass diese Lebensformen in ihrer Differenz prinzipiell anzuerkennen seien. Die Ausbildung von Fertigkeiten wechselseitiger kommunikativer Anerkennung sei deshalb wertvoll und notwendig.

In einer kulturell pluralen (Welt-)Gesellschaft wird *interkulturelles Lernen* zu einer zentralen Bildungsaufgabe. Für die mittlerweile als eigenständiges pädagogisches Fachgebiet etablierte Interkulturelle Pädagogik ist der Bezug auf die *interkulturelle* Perspektive konstitutiv. Wer aber Texte zu Interkultureller Pädagogik liest, wird recht schnell feststellen, dass es sich bei der *kulturellen Differenz*, die im Rahmen Interkultureller Pädagogik thematisiert wird, nur um das Differenzverhältnis Migrant/in – Nichtmigrant/in handelt. Das Grundproblem der interkulturellen (Kunst-)Pädagogik besteht darin, dass sie eine spezifische Verschiedenheit immer schon voraussetzt. Diese (Voraus-)Setzung befördert zweierlei: Die Betonung des Kulturbegriffs suggeriert, dass „Kultur" die zentrale Differenzdimension sei, auf der migrationsgesellschaftliche Unterschiede zu beschreiben, zu untersuchen und zu behandeln seien. Dies schränkt aber *Interkulturalität* als Perspektive für gesellschaftliche, durch Migration hervorgebrachte Pluralität ein. Denn (migrations-)gesellschaftliche Differenzverhältnisse lassen sich nicht auf kulturelle Unterschiede reduzieren, da politische, ökonomische, rechtliche Dimensionen ebenso zu beachten sind. Solange sich Interkulturelle Pädagogik nicht mit der kulturellen Pluralität hoch differenzierter Gesellschaften *in allgemeiner Einstellung* beschäftigt, sondern im Wesentlichen sich mit Pluralisierung und Diversifizierung als Resultat von Migration auseinandersetzt, trägt „interkulturell" zur kulturellen *Besonderung* von so genannten Menschen mit Migrationshintergrund (MmM), also zu der Erzeugung von Andersartigkeit und Fremdheit bei.

Der Ausdruck „kulturelle Differenz" wird benutzt, um zwischen *uns* und *jenen* zu unterscheiden, die gewöhnlich als kulturell *Andere* imaginiert werden: *die Fremden, die Zuwanderer, die Ausländerinnen, die Migrantinnen, die Menschen mit Migrationshintergrund* etc. Und nur, weil es einen dominanten Diskurs gibt, in dem die *Anderen* (und nur sie und sie nur in dieser Weise) der kulturellen Differenz bezichtigt werden, kann über besondere Voraussetzungen und Erfordernisse nachgedacht werden, mit der Differenz zu den kulturell Anderen umzugehen. Da *interkulturell* mit *Migranten* verknüpft wird, können Sonderkompetenzen im Umgang mit Migrantinnen beispielsweise als *interkulturelle Kompetenz* entwickelt und nachgefragt werden. Die kulturelle Besonderung der MmM trägt komplementär dazu bei, dass die andere Seite – MoM – sich als nicht besonders, nicht integrationsbedürftig, normal und fraglos am richtigen Ort verstehen kann. In verwandter Weise hat Franz Hamburger (2009, S. 10) dies als das Elend der Interkulturellen Pädagogik bezeichnet:

> „Es gibt unzählige Berichte über Besuche von Kindergartengruppen in Moschen und ausländischen Familien, aber keine Berichte über didaktisch analog konzipierte Besuche in Kirchen und deutschen Familien, um deren Kultur kennen zu lernen. Das ist immer noch das Elend der Interkulturellen Pädagogik". Aber selbst, wenn man „deutsche Familien" besuchen würde, um ihre Kultur kennen zu lernen, wäre, da auch hier homogenisierende und pauschalisierende Zuschreibungen die Praxis strukturieren, das Elend der Interkulturellen Pädagogik nicht aufgehoben.

Im Hinblick auf das Anliegen der Interkulturellen Pädagogik schreibt Georg Auernheimer (2001, S. 45):

> „Das Programm einer interkulturellen Bildung lässt sich auf zwei Grundprinzipien gründen: auf den Gleichheitsgrundsatz und den Grundsatz der Anerkennung anderer Identitätsentwürfe."

Nun müsste man sich mit den Prinzipien, die Auernheimer hier anspricht, genauer auseinandersetzen. Ich will mich auf das zweite Prinzip, das der Anerkennung des und der Anderen und auch hierbei nur auf einen einzigen Punkt konzentrieren. Überspitzt formuliert lautet dieser: der Andere kann gar nicht anerkannt werden, da er als Anderer nicht erkennbar ist. Ein Erkennen setzt die Festschreibung (kultureller Andersheit) unabdingbar voraus. Das heißt nicht, dass ich Anerkennung für einen unangemessenen Grundsatz hielte, doch bedarf das Prinzip der Anerkennung einer Ergänzung: nämlich die Unmöglichkeit der Anerkennung. Sie bezeichnet die Einsicht, dass die Unmöglichkeit, etwas anzuerkennen, was nicht erkennbar ist, anerkannt werden sollte. Es geht mir hier um die Anerkennung der Nicht-Erkennbarkeit der Anderen, d.h. ihre Unbestimmtheit, in der die je eigene Unbestimmtheit einen Widerhall findet. Neben dem Gleichheitsgrundsatz und dem Prinzip der Anerkennung von Identitätsentwürfen, stellt das Paradoxon der Anerkennung der Unmöglichkeit von Anerkennung ein zentrales Moment allgemeiner Bildung in der Migrationsgesellschaft dar.

Ordnungen erkunden und uneindeutige Zugehörigkeiten (an)erkennen: Ästhetische Bildung in der Migrationsgesellschaft

Wenn es im Fach Kunst und allgemein in der pädagogischen Auseinandersetzung mit Kunst und mit der ästhetischen Dimension des Lebens um „das Erlernen von *Perspektiven der Wahrnehmung* geht, die philosophische Fragen des *Blickes* und des *Weltbildes* einschließen" (Maset, 1995, S. 230), dann muss der Rückbezug auf die grundlegende Befragung des Blicks und des Weltbildes im Zusammenhang von Ästhetik und Migration, Kunstpädagogik und Migration den Ausgangspunkt darstellen. Im Rahmen der Perspektive *Migrationspädagogik* (Mecheril u.a. 2010) besteht die zentrale pädagogische Aufgabe für die Rahmung ästhetischer Bildungsprozesse darin, Situationen und Konstellationen zu arrangieren, in denen es für die Gegenüber (zum Beispiel Schülerinnen und Schüler) möglich wird, Schemata und Kategorien des *Unterscheidens* wahrzunehmen und zu reflektieren. Dies kann unter Nutzung vielfältiger symbolischer und ästhetischer Formen möglich werden, indem Verknüpfungen zwischen dem von ihnen rezeptiv und produktiv Wahrgenommenen zu vergangenen, gegenwärtigen und zukünftigen Zusammenhängen hergestellt sowie diese Assoziationen und Artikulationen gestaltet werden.

Es geht um das Erfahrbarwerden der Ästhetik von Zugehörigkeitsordnungen, verstanden als von politisch-sinnlich-kulturellen Kontexten vermittelte Dimension. Zugehörigkeitsordnungen haben dabei sozialisierende oder besser: subjektivierende Wirkung. Sie vermitteln Selbst-, Fremd- und Weltverständnisse nicht nur kognitiv, sondern vor allem auch sinnlich-leiblich. In diesen Verständnissen spiegeln sich soziale Positionen und Lagerungen sowie die differentielle Verteilung von materiellen und symbolischen Gütern und Anrechten. An diesem Punkt heißt *Wahrnehmungswahrnehmung*, sich zu den eigenen Wahrnehmungsschemata in ein (sinnliches) Verhältnis zu setzen. Es geht hier also nicht um Projekte ästhetischer Bildung, die durch das Machen und Hören von Musik, das Machen und Sehen von Theaterstücken, das Machen und Anfassen von Plastiken und Skulpturen, durch Erkundungen eigener und fremder Räume, Praxen und Geschichten zu mehr Toleranz, zu mehr Freundlichkeit und Achtsamkeit im Umgang mit dem Fremden und Anderen beitragen wollen (das interkulturelle Paradigma). Vielmehr stehen die verschiebende Erkundung des Schemas, das zwischen *denen* und *diesen* unterscheidet und seine sinnlich-leibliche Verankerung im Zentrum einer migrationspädagogisch informierten ästhetischen Bildung. Es geht hierbei darum, einen ästhetischen Rahmen zu schaffen, in dem Lernende und Lehrende mit Hilfe des Gestaltens (qua) symbolischer Formen Ordnungen und die eigene Position innerhalb dieser Ordnungen nicht nur kennenlernen, sondern auch ausprobieren, anprobieren, verändern und verwerfen.

In den letzten Jahren hat sich eine bedeutsame kulturwissenschaftliche Erkenntnisperspektive entwickelt: Dualistische Sichtweisen auf Kultur, Differenz und Identität sollen aufgeschlossen und geöffnet werden. Die Perspektive operiert, wenn wir sie politisch wenden, mit einer doppelten Maxime: Identitäts- und Differenzkonzepte sollen so erweitert und modifiziert werden, dass nicht allein starre, kontextfreie, schattierungsarme, binäre und eindeutige Identitäts- und Differenzverhältnisse theoretisch-begrifflich gefasst werden. Sondern es geht darum, Phänomene der Uneindeutigkeit, des Changierens, des Übergangs praktisch anzuerkennen. Der differenztheoretische Diskurs hat sich analytisch-deskriptiv wie auch normativ-präskriptiv den Zwischentönen, Randgängen und Überschreitungen zugewandt.

Theoriediskurse, die sich um Kategorien wie Ambivalenz (Bauman, 1995), Dekonstruktion (Butler, 1991), Transdifferenz (Lösch, 2005) oder Unreinheit (Mecheril, 2009) gruppieren, markieren in jüngeren Debatten eine Verschiebung des Fokus. Es geht hier nicht nur darum, die Ordnung, Teilung, Grenzziehung und Grenze konstituierenden Momente zu untersuchen. Vielmehr werden der Ordnung entgegenlaufende Prozesse, Phänomene der Verunreinigung, Entgrenzung, der Verschiebung und Versetzung, der Neumischung und des *Remix* (siehe die Vorschläge der Nürnberger Kunstpädagogikkonferenz) in den Blick genommen.

Die Auffassung, dass Differenz die Scheidelinie binär organisierter Identitätskategorien darstelle, ist im Zuge dieser Theoriediskurse nachhaltig ins Wanken geraten. Ein Verständnis von Differenz als Ausdruck und Repräsentation einer benennbaren Trennung zwischen vermeintlichen Antagonismen suggeriert, dass das, was als Unterschiedenes trennt und verbindet, erfassbar sei. Es gehört aber zum Wesen des zu Unterscheidenden, zum Wesen der Relationierung, dass es „wesenlos" ist. In diesem Zuge wird Differenz nicht als „bloßer" Unterschied, als das von einem identifizierbaren Eigenen klar abgegrenzte Andere verstanden. Vielmehr werden Gegensätzlichkeiten – Eigenes und Anderes – als in einer unauflöslichen Beziehung stehend begriffen, die die Identifizierbarkeit der antagonistischen Pole grundlegend problematisiert. Gleichzeitig wird versucht, der Unreinheit, der Unrepräsentierbarkeit und der Prozesshaftigkeit von Differenz-Phänomenen Rechnung zu tragen. Mit der Anerkennung der Verwobenheit von diverser, sich prozesshaft verändernder Differenz und Identität wird die „Entweder-oder"-Ordnung fraglich. Diese Zusammenhänge verdichten sich zuweilen im Begriff *Hybridität*.

Hybridität weist nun zumindest zwei wesentliche Dimensionen auf, die für kunstpädagogische Perspektiven relevant sein können. In der ersten Dimension meint Hybridität eine technologische Leistungssuggestion und eine medizinische Heilsofferte, weil in dem Ausdruck Hybridität das nicht-funktionale Beharren auf der Reinheit verwandter Materialien, Programme und Systeme leistungssteigernd überwunden zu werden scheint. In diesem technisch-medizinischen Sektor steht Hybridität für Intelligenzsteigerung durch kalkulierte Unreinheit.

In anderen Sektoren, der eher auf ein junges Publikum gerichteten ästhetischen Industrie, eröffnet Hybridität ein anderes Spiel mit Differenz. Hier – auf den Märkten der Videoclips und Websites – wird Hybridität als Identitäts- und Beziehungsform gefeiert, als performatives Darstellungsbild und Inszenierungsmodus. Hier ist hybrid ein positiv besetzter Terminus im globalen Kontext, in dem nicht nur kulturelle Synergien genutzt werden, sondern die betörende Inszenierung der Differenz als Code eingesetzt wird. Waren werden mit Bedeutung und Bedeutungen mit Produkten versehen, so dass in den Anrufen, Ansingungen und Angeboten dieser Ware-Bedeutungskomplexen aus Individuen Subjekte werden.

Die Konjunktur des Wortes Hybridität tendiert dazu, nicht genauer hinzusehen, wo und wie *Hybridität* zu einer Disziplinierungspraxis wird. Wer etwa nicht gelernt hat, seine kulturelle Herkunft zumindest performativ und dem Augenschein nach zu transzendieren, wer provinziell geblieben ist, der und die bleibt im kapitalen Globalismus synkretistisch symbolisierter Zugänge zu Markt und Menschen auf der Strecke. Es macht also Sinn, von dem Feiern der „Hybridität" zurück zu treten und die Praxis „Hybridität" auf die mit ihr verbundenen Ausschlüsse und Bemächtigungen zu betrachten. Ein Ausschluss-/Bemächtigungstyp heißt also: *Hybridisierungen* sind ein Disziplinierungs- und Leistungssteigerungsmittel des gegenwärtigen Kapitalismus.

Komplementär dazu positioniert sich eine weitere Dimension von Hybridität bzw. ein Hybriditätsverständnis, wie es im Bereich der *postcolonial studies* (vgl. etwa Castro Varela & Dhawan, 2005) anzutreffen ist. Hybridität und hybrides Handlungsvermögen stellen Phänomene der Überschreitung und Zurückweisung binärer Unterscheidungen dar, die in zweierlei Hinsicht *widerständig* sein können. Zum einen widersetzt sich Hybridität dem universellen Anspruch binär unterscheidender Schemata, sie verweigert sich der allein oppositionellen Repräsentation und Konstruktion sozialer Prozesse und Antagonismen:

> „Hybridity is to culture what deconstruction is to discourse: Transcending binary categories" (Nederveen Pieterse, 1998, S. 238).

Es muss, nun mit Rückbezug auf die erste Dimension, darum gehen empirisch genauer zu fragen, wer in der Lage ist, solche hybriden, wiederständigen Prozesse zu gestalten, also *für wen* klare Unterscheidungen von Wir und Nicht-Wir, von eigener und fremder Kultur ihre Verbindlichkeit verlieren (können) und wer mit der Unüberwindbarkeit dieser Unterscheidungen konfrontiert ist.

Dies kann auch mit Bezug auf das *Nürnberg-Papier* (in diesem Band[2]) gefragt werden. Hin und wieder gerät es in das Fahrwasser einer Argumentation intellektualistischer Voreingenommenheit, die den Diskurs um „hybrid" und „transkulturell" kennzeichnet (Mecheril, 2012b). *Ein* Ziel einer Kunstpädagogik im dritten Jahrtausend könnte darin bestehen, eine Achtsamkeit dafür zu pflegen, wo (alltagsweltlich) das Bewusstsein und das Leiden daran, dass es manchen zugestanden ist, die Unterscheidung zwischen „innen" und „außen", von „eigen" und „fremd" zu transzendieren und anderen nicht, eine ästhetische und politische Form findet, die zu weniger machtvollen Verhältnissen beiträgt.

Es geht also vor dem Hintergrund dieser Grundspannung des Hybriden nicht so sehr um die Frage, welche Kultur, welche Bilder, welche besonderen ästhetischen Verhaltensweisen spezifische Migrantengruppen haben, wie diese Kultur zu be-

---

2   Siehe Fußnote 1.

schreiben ist und wie unter den unterschiedlichen kulturellen Gruppen Verständigung möglich ist usw. Vielmehr geht es um die Frage, aufgrund welcher kulturellen Praktiken in pädagogischen Zusammenhängen zwischen „Migrantinnen" und „Nicht-Migrantinnen" unterschieden wird, auf Grund welcher Bedingungen und in welchen Bildern „Migrantinnen" als Migrantinnen wahrgenommen werden. Es geht ferner darum, wie Kinder lernen können, sich als *Nicht-Ausländerin* oder *Nicht-Fremde* zu verstehen und wie in alltäglichen Praxen innerhalb und außerhalb der offiziellen Orte neue, *widerständige* Formen der Überschreitung der traditionellen Grenzen erprobt und eingeübt werden können, eine Erkundung also der Praxen, Lebensweisen und Geschichten, die sich dem eindeutigen Unterscheiden entziehen.

Achtsamkeit für dieses alltagsweltlich kreative Potenzial von wandernden, nicht eindeutigen Positionen und Praxen, ist m.E. einer der zentralen Bezugspunkte migrationspädagogisch informierter ästhetischer Bildung.

Literatur

Auernheimer, G. (2001). Anforderungen an das Bildungssystem und die Schulen in der Einwanderungsgesellschaft. In G. Auernheimer (Hrsg.), *Migration als Herausforderung für pädagogische Institutionen* (S. 45–58). Opladen: Leske + Budrich.

Bade, K. (1994). *Homo Migrans – Wanderungen von und nach Deutschland. Erfahrungen und Fragen*. Essen: Klartext Verlag.

Bauman, Z. (1995). *Moderne und Ambivalenz*. Frankfurt a. M.: Fischer.

Brecht, B. (2003). *Flüchtlingsgespräche*. Frankfurt a. M.: Suhrkamp.

Butler, J. (1991). *Das Unbehagen der Geschlechter*. Frankfurt a. M.: Suhrkamp.

Castro Varela, M. & Dhawan N. (2005). *Postkoloniale Theorie. Eine kritische Einführung*. Bielefeld: transcript.

Hamburger, F. (2009). *Abschied von der Interkulturellen Pädagogik. Plädoyer für einen Wandel sozialpädagogischer Konzepte*. Weinheim: Juventa.

Lösch, K. (2005). Begriff und Phänomen der Transdifferenz: Zur Infragestellung binärer Differenzkonstrukte. In L. Allolio-Näcke, B. Kalscheuer & A. Manzeschke (Hrsg.), *Differenzen anders denken. Bausteine einer Kulturtheorie der Transdifferenz* (S. 22–45). Frankfurt a. M.: Campus.

Maset, P. (1995). *Ästhetische Bildung und Differenz. Kunst und Pädagogik im technischen Zeitalter*. Stuttgart: Radius.

Mecheril, P. (2009). Hybridität, kulturelle Differenz und Zugehörigkeiten als pädagogische Herausforderung. In G. Mertens u. a. (Hrsg.), *Handbuch der Erziehungswissenschaft* (Teilband: Umwelten; hg. von Ch. Alleman-Ghionda). Bonn: Görres-Gesellschaft.

Mecheril, P. (2012a). Ästhetische Bildung und Kunstvermittlung. Migrationspädagogische Anmerkungen. In Institut für Auslandsbeziehungen (ifa), Institute for Art Education (IAE), Zürcher Hochschule der Künste ZHdK Institut für Kunst im Kontext der Universität der Künste Berlin (Hrsg.), *Kunstvermittlung in der Migrationsgesellschaft/ Reflexionen einer Arbeitstagung – 2011* (S. 26–35). Stuttgart: ifa.

Mecheril, P. (2012b). Kritik der Hybridität. Kommentar zum Nürnberg-Paper. In Brenne, A., Sabisch, A. & Schnurr, A. (Hrsg.), *revisit. Kunstpädagogische Handlungsfelder #teilhaben #kooperieren #transformieren*. Schriftenreihe Kunst Pädagogik Partizipation. Buch 02 (S. 231–232). München: kopaed.

Mecheril, P., Castro Varela, M., Dirim, I., Kalpaka, A. & Melter, C. (2010). BACHELOR | MASTER: *Migrationspädagogik*. Beltz: Weinheim.

Mecheril, P., Probadnick, D. & Scherschel, K. (2008). (De)Binarisierung und Bildung. Empirisch-theoretische Vignetten eines Zusammenhangs. In L. Allolio-Näcke & B. Kalscheuer (Hrsg.), *Kulturelle Differenzen begreifen. Das Konzept der Transdifferenz aus interdisziplinärer Sicht* (S. 383–406). Frankfurt a. M.: Campus.

Nederveen Pieterse, J.P. (1998). Der Melange-Effekt. In U. Beck (Hrsg.), *Perspektiven der Weltgesellschaft* (S. 87–124). Frankfurt a. M.: Suhrkamp.

Paul Mecheril
Carl-von-Ossietzky-Universität
Fakultät I
Ammerländer Heerstraße 114–118
D-26129 Oldenburg
paul.mecheril@uni-oldenburg.de

Andreas Lehmann-Wermser & Valerie Krupp

Musikalisches Involviertsein als Modell kultureller Teilhabe und Teilnahme

„Musical involvement": A theoretical model of cultural participation in music

In recent years, the concept of cultural participation has become very popular both in the scientific context as well as in the political discourse. Despite that, a sound definition of the construct allowing for solid empirical data collection and analysis is still missing. While this is a major obstacle for researchers, society and political decision makers ask for evidence-based knowledge concerning the effects and benefits of cultural education and assistant measures. Based on Amartya Sen's "Capability Approach" and on a broad conception of culture, the authors try to fill this gap and propose a theoretical model of "musical involvement" to describe cultural participation in music.

Einleitung

„Kulturelle Teilhabe" ist ein überaus populärer Begriff. Seinen schillernden Charakter erhält er dadurch, dass er einerseits in wichtige kulturwissenschaftliche und pädagogische Diskurse, andererseits aber zugleich auch in solche des öffentlichen Raumes eingebettet ist, etwa in politischen Programmen, Initiativen und Maßnahmen von Stiftungen und Kommunen, aber auch in Debatten über Bildung und Erziehung.

Wir haben andernorts dargelegt, dass seine Verwendung im wissenschaftlichen Bereich problematisch ist (Lehmann-Wermser & Jessel-Campos, 2013). Hier mag deshalb der Hinweis genügen, dass begriffliche Mängel sich auch daraus ergeben, dass zunächst einmal „Kultur" sehr unterschiedlich definiert wird. Neben eher engen, auf Kunst und die Situierung in einer bürgerlichen Gesellschaft abhebenden Definitionen existieren neuere, die einen weiten, die bürgerliche Musikkultur bewusst transzendierenden Begriff formulieren. „Kultur ist die Gesamtheit der materiellen und ideellen Lebensbedingungen einer Gesellschaft" (Deutscher Bundestag, 2007, S. 47), so lautet eine mögliche, sehr breite Definition des Phänomens, für deren Verwendung es durchaus gute Gründe gibt: Man entzieht sich der Diskussion darüber, was zu Kultur gehöre und was nicht, was einzuschließen und was auszuschließen sei. Ein solches Verständnis lässt sich auf die Tradition der „cultural studies" zurückführen (Bromley et al., 1999). Es umfasst alle Formen der Alltags-, Popular- und Subkulturen und schließt feministische, schwule, widerständige, randständige Kulturen, auch alltägliche und informelle Praxen als legitime kulturelle Ausdrucksformen ein.

Wie unterschiedlich Kultur speziell auch in musikpädagogischen Zusammenhängen verstanden wird und welche Konsequenzen sich daraus ergeben, ist bereits mehrfach beschrieben worden (Barth, 2008; Hammel, 2007, Nünning, 2013). Es liegt auf der Hand, dass „kulturelle Teilhabe" und ihre Förderung in Abhängigkeit von den zugrunde liegenden Definitionen sehr unterschiedlich gedacht werden müssen. Da zudem „kulturelle Teilhabe" oft auf Bildung bezogen wird, tritt ein weiterer Begriff mit einer langen Geschichte und vielen unterschiedlichen Deutungen hinzu.

Allerdings ist die begriffliche Fassung auch in der öffentlichen Diskussion unscharf. Reinwand-Weiss hat darauf hingewiesen, dass die Förderung von Teilhabe seit der ersten Veröffentlichung von PISA-Ergebnissen einen ungeheuren Aufschwung genommen habe (Reinwand-Weiss, 2012, S. 108). Das lasse sich etwa an der Finanzierung des Programms „Kultur macht stark" durch das BMBF ablesen. Auch die steigende Zahl von Bläserklassen an Sekundarschulen[1] könnte als Beleg dafür herhalten. Speziell für Eltern der Mittelschicht ist offensichtlich musikalische (Aus-)bildung als Teil von „kultureller Teilhabe" attraktiv und zudem eine Form der Distinktion (Lehmann-Wermser, 2013a). Im nur scheinbaren Widerspruch zu Tendenzen, Bildung und Erziehung zu ökonomisieren und diesen Sektor nach neoliberalen Grundsätzen zu organisieren (vgl. Merkens, 2002), wird „Kultur" und speziell Musik als Teil einer „guten Bildung" geschätzt. Hier liegt, wie beispielsweise an Erziehungsratgebern abzulesen ist, deshalb die Betonung weniger auf der Auseinandersetzung mit Kunst in Bildungsprozessen, sondern stärker auf der eigenen Aktivität der Kinder, auf dem Spielen von Instrumenten.

Schließlich gilt eine solche Unschärfe auch für den Begriff der Teilhabe (Vogt, 2013a; von Schwanenflügel & Walther, 2012, S. 275). Eine Reduktion auf Teil*nahme*, d. h. die bloße Anwesenheit in Programmen, konterkariert die weitergehenden Ansprüche, die mit Teil*habe* verbunden sind. Das gilt für die eher im Bildungsbereich zu verortenden Diskurse ebenso wie für die stärker politisch akzentuierten Diskurse im angloamerikanischen Raum.[2]

Nun wäre die Vielfalt der Begriffe und Interpretationen weniger problematisch, stünde der Diskurs um „kulturelle Teilhabe" nicht in einem Verwertungszusammenhang. Seit etwa 20 Jahren müssen Bildungs- und Erziehungsprozesse sich gesellschaftlich legitimieren und ihren Nutzen (oder wenigstens Wirkungen) nachweisen – PISA und die weitreichenden Konsequenzen auf verschiedenen Ebenen haben das deutlich dokumentiert. Im gleichen Maße wird von den Erziehungswissenschaften und Fachdidaktiken erwartet, dass sie solche „Evidenz" beschreiben können, ja mehr

---

1 Genaue Zahlen finden sich unter Deutscher Musikrat gGmbH (Hg.), http://www.miz.org. statistiken.html [20.12.2013].

2 Von dort wird auch in der Übersetzung der Begriff der Partizipation gelegentlich übernommen. Er erscheint dann angebracht, wenn tatsächlich stärker die politischen Dimensionen im Sinne von Macht herausgearbeitet werden (vgl. auch Mota & Figueiredo, 2012).

noch: Steuerungswissen bereitstellen können. Die Begleitforschung zum JeKi-Programm[3] verdeutlicht das ebenfalls. Der Druck auf die beteiligten Wissenschaftlerinnen und Wissenschaftler ist hoch, Forschungsergebnisse zu bestimmten Zeiten an vorgeschriebenen Orten zu präsentieren und für die Praxis wirksam zu machen; dies markiert ein Ende unverbindlicher und selbstzweckhafter musikpädagogischer Forschung.

Für die Erforschung „kultureller Teilhabe" ergibt sich nun die Anforderung, in Untersuchungsdesign und Instrumentenkonstruktion die Komplexität der Begriffe und Phänomene beizubehalten und nicht hinter den Stand der Wissenschaft zurückzufallen. Dieser Anforderung werden vorliegende Studien bislang selten gerecht. So wird z. B. bei Catterall, Chapleau & Iwanaga (1999) allein die Teil*nahme* an „music groups" zur Bestimmung der Beteiligung herangezogen, ohne dass genauer deren Qualität oder auch musikalische Aktivitäten außerhalb dieser „music groups" untersucht würden. Ähnliches gilt für Southgate & Roscigno (2009). Die selektive Perspektive lässt sich erklären, weil in vielen Studien Teilhabe „nur" als unabhängige Variable für Wirkungszusammenhänge von Schulleistung, Gesundheit, Delinquenz, o.ä. gesehen wird.[4] Bei Huth & Weishaupt (2009) wird lediglich „hochkulturelles Freizeitverhalten" untersucht, doch muss man zugutehalten, dass diese Einschränkung bereits im Titel offengelegt wird. Andere Studien widmen sich von vornherein nur Teilaspekten musikbezogener Verhaltensweisen wie etwa dem Medienverhalten (Grgic & Züchner, 2013) oder dem in der Freizeit (zusammenfassend Heyer, Palentien & Wachs, 2011). So muss Neuland betreten werden, will man „kulturelle Teilhabe" in einem umfassenderen Modell abbilden.

Das Forschungsprojekt WilmA

Das Forschungsprojekt WilmA, das an den Universitäten Bremen und Hamburg durchgeführt wird, setzt das Projekt SIGrun[5] fort, in dem u.a. Muster kultureller Teilhabe bei Kindern in Grundschulen untersucht wurden und das im JeKi-Forschungsprofil gefördert wurde. In dieser Fortsetzung werden Schülerinnen und Schüler aus 6. und 7. Klassen befragt, die nur zum Teil in Grundschulen am JeKi-Instrumentalunterricht teilgenommen haben. Im Bremer Teilprojekt geht es darum, welche Formen „kultureller Teilhabe" sich beschreiben und mit welchen Einflüssen sie sich in Verbindung bringen lassen. Im Folgenden wird die theoretische Basis dargelegt, auf der das bisher konzeptionelle „Modell musikalischen Involviertseins" im Projekt WilmA entwickelt wurde.

---

3 Das umfangreiche Programm wird dokumentiert unter www.jeki-forschungsprogramm.de [30.12.2013].

4 Zusammenfassend bei Costa-Giomi (2012).

5 „**Wi**rkungen und **l**angfristige Effekte **m**usikalischer **A**ngebote" bzw. „**S**tudie zum **I**nstrumentalunterricht in **Grun**dschulen".

Grundlage hierfür ist zunächst ein weit gefasster Kulturbegriff, der also nicht auf Hochkultur begrenzt ist. Zwar müssen auch auf dieser Basis normative Entscheidungen getroffen werden, diese aber werden nicht vom „Gegenstand" bestimmt, sondern von der Form des Umgangs damit und von der Qualität dieser Prozesse. Durch die Entscheidung für einen Kulturbegriff kann auf theoretischer Basis geklärt werden, woran eine Person teilhaben kann. Allerdings ist nicht nur die Frage relevant, woran jemand teilhat, sondern auch, in welchem „Maß". Oft wird damit zusammenhängend von „gelungener" oder „gelingender" Teilhabe gesprochen, wobei vorgenommene normative Setzungen zum Vorschein kommen. Mehr oder weniger explizit orientieren sich gerade Entscheidungsträger im politischen Raum an diesem Kriterium, wenn es um Gestaltung und Steuerung z.B. im Bildungsbereich geht. Woran kann sich ein solches „Maß" aber orientieren, wenn es als Entscheidungskriterium fungieren soll? Hieran schließt sich dann auch die Frage der Definitionsmacht an: Welche Person oder welche Institution setzt hier die entsprechenden Maßstäbe?[6] Und wenn dann ein bestimmter Maßstab als erstrebenswert oder verbindlich gilt, steht zuletzt auch die Frage im Raum, welche Instanzen oder Institutionen einer Gesellschaft jedem Mitbürger ermöglichen, sein Recht auf Teilhabe in Anspruch zu nehmen.[7] Die Vorstellung nämlich, dass Menschen an etwas teilhaben sollen und können, impliziert natürlich, dass dies für alle Menschen zutrifft.

Um sich den Antworten auf diese elementaren Fragen anzunähern, muss in einem ersten Schritt offengelegt werden, welche Auffassung von (Teilhabe-)Gerechtigkeit in der Auseinandersetzung eigentlich vorherrscht, sprich, welche Gerechtigkeitstheorie im Hintergrund postuliert wird (vgl. Vogt, 2009, S. 39f.; auch 2013b). Dies bleibt in der Diskussion um Teilhabe, sei es in der Wissenschaft oder im politischen Diskurs, häufig unklar.

Teilhabe und Teilhabegerechtigkeit

Meist ist es ein egalitaristischer Grundton, der den Debatten um Teilhabe und Teilhabegerechtigkeit mehr oder weniger explizit zugrunde liegt (Dabrock, 2010, S. 19). Dies beinhaltet unter Bezug auf John Rawls[8] die Annahme, dass jeder Mensch bei prinzipieller Verfügbarkeit von Ressourcen die gleichen Chancen hat, diese Ressourcen zu nutzen. Für die gerechte Verteilung von Ressourcen müsste durch entsprechende Umverteilungen gesorgt werden. In diesem Sinne ließe sich gelungene Teil-

---

6　Speziell im angloamerikanischen Raum wird der Diskurs um diese Macht geführt (vgl. Wright & Davies, 2010).

7　Das Recht auf kulturelle Teilhabe wird von der UNESCO als Menschenrecht definiert, das befähigen soll, den eigenen kulturellen Interessen zu folgen, künstlerisch-ästhetische Wahrnehmung und Urteilsvermögen zu entwickeln und am kulturellen Leben teilzunehmen (vgl. UNESCO, 2006, S. 3f.).

8　John Rawls (1921–2002) gilt mit seinem Werk *A theory of justice* (1971) als Hauptvertreter der Strömung des liberalen Egalitarismus.

habe dann daran messen, ob jedes Mitglied einer Gesellschaft prinzipiell Zugang zu den gleichen Ressourcen hat.

Auch Programme wie der JeKi-Instrumentalunterricht beruhen implizit auf einer solchen Annahme, dass durch die Bereitstellung von kostenlosem bzw. sehr günstigem Instrumentalunterricht in der Grundschule mehr Teilhabegerechtigkeit hergestellt wird, indem auch Kindern aus finanzschwachen Familien der Zugang zum Instrument ermöglicht wird. In der Tat wird hier zunächst durch eine bewusste Ver- und Zuteilung von Ressourcen in diesem Sinne mehr Chancengerechtigkeit geschaffen. Uns scheint allerdings, dass unterschwellig erwartet wird, dass dieser gleiche Zugang zu gleichen Verhaltensweisen führt. Vor diesem Hintergrund ist auch die Studie aus der JeKi-Begleitforschung zu verstehen, die sich mit den Gründen für den Dropout aus dem JeKi-Programm befasst[9] (Busch & Kranefeld, 2013).

Die Forderung nach einer gleichen Verteilung von Ressourcen, die streng egalitaristischen Ansätzen zugrunde liegt, lässt aber die Vielfalt individueller Nutzung von Musik sowie ihrer Bedingungen außer Acht: Musik erfüllt für die Menschen verschiedenste Funktionen und gerade im Hinblick auf Prozesse der Sozialisation und Identitätsbildung ist das je individuelle Bedürfnis nach Teilhabe sehr unterschiedlich. Insgesamt erscheint also ein egalitaristischer Begründungsrahmen als Basis der Diskussion um „kulturelle Teilhabe" nicht hinreichend geeignet.

Um den Unzulänglichkeiten einer egalitaristischen Gerechtigkeitstheorie[10] zu begegnen, greifen wir in unseren Überlegungen den „Capability Approach" (Befähigungsansatz) auf. Dieser versucht, die oben beschriebenen Beschränkungen zu überwinden, indem die Perspektive des Individuums stärker einbezogen und der Fokus von der Ausstattung mit Ressourcen auf die individuellen Fähigkeiten zu ihrer Nutzung gelenkt wird. Der Ansatz wurde von dem indischen Ökonomen Amartya Sen[11] und der amerikanischen Philosophin Martha Nussbaum[12] begründet und wird in den letzten Jahren zunehmend auch in pädagogischen Kontexten rezipiert und angewendet (Otto & Ziegler, 2010, S. 9; vgl. auch Schrödter, 2012).

---

9   Zumeist sind dies die Standardfaktoren wie sozioökonomischer Status, Sozialindex der Schule, Migrationshintergrund und/oder Geschlecht, die als Ursachen für das Ausscheiden aus Förderung interpretiert und ggf. negativ bewertet werden.

10 Die Gründe für die Nichteignung egalitaristischer Ansätze zur Untermauerung einer Diskussion um kulturelle Teilhabe sind vielschichtig, doch kann darauf hier nicht genauer eingegangen werden.

11 Der indische Ökonom und Philosoph Amartya Sen (*1933) beschäftigt sich mit Fragen der Armut und der Wohlfahrtsökonomie. Die aktuellste Ausarbeitung seiner Gerechtigkeitstheorie erschien 2009 auf Deutsch (Sen, 2009).

12 Die amerikanische Philosophin und Rechtswissenschaftlerin Martha Nussbaum (*1947) hat den Capability Approach gemeinsam mit Amartya Sen entwickelt. Ihre aktuellste Weiterentwicklung der Theorie erschien 2006 (Nussbaum, 2006).

Der „Capability Approach" als Grundlage für die Erforschung von Teilhabe

Bereits 1979 hat Amartya Sen den „Capability Approach" erstmals in seiner Schrift *„Equality of what?"* (Sen, 1979) skizziert. Dieser erste Entwurf stellte vor allem eine produktive Weiterentwicklung von John Rawls' *„Theorie der Gerechtigkeit"* (1971) dar und rückt die Frage nach dem „guten Leben" bzw. nach einer „gelingenden Lebensführung" in den Mittelpunkt.[13]

Sen postuliert, dass die Gleichverteilung von Ressourcen bzw. die Bereitstellung der sogenannten Primärgüter, von denen Rawls spricht, nicht ausreiche, um Gerechtigkeit herzustellen. Dies scheitere schon daran, dass das „Wesen der gerechten Gesellschaft" nicht bestimmt werden könne (Sen, 2009, S. 38). Für Sen stehen nicht formale Regeln, sondern „tatsächliche Verwirklichungen und Errungenschaften" (ebd.) im Mittelpunkt. Aufbauend auf dieser „Dichotomie zwischen einem auf *Regeln konzentrierten* und einem auf *Realisierungen konzentrierten* Verständnis von Gerechtigkeit" (ebd.) entwickelt er die Idee der Befähigungsgerechtigkeit. Diese besagt, dass jeder Mensch, zusätzlich zu Ressourcen, auch über die entsprechenden Fähigkeiten (capabilities) verfügen müsse, die ihm zur Verfügung stehenden Ressourcen real zu nutzen (functionings) und dass hierfür bestimmte soziale Bedingungen herrschen müssten (Sen, 1979, zusammengefasst nach Dabrock, 2010, S. 17ff.).

Nussbaum bezeichnet den Befähigungsansatz als „approach that focusses on human capabilities, that is, what people are actually able to do and to be, in a way informed by an intuitive idea of a life that is worthy of the dignity of the human being" (Nussbaum, 2006, zit. nach Dabrock, 2010, S. 28). Hier wird zunächst das Ziel eines würdigen Lebens gesetzt, aber sowohl Sen als auch Nussbaum machen klar, dass nicht objektiv darüber entschieden werden kann, was darüber hinaus hinter den Konzeptionen des „Guten" oder des „Gelingenden" stehe. Es gehe vielmehr um die „Formulierung von grundlegenden Gelegenheiten und Befähigungen auf deren Ermöglichung Menschen Anspruch haben" (Otto & Ziegler, 2010, S. 10f.).

Der „Capability Approach" überlässt es dem Individuum selbst, zu entscheiden, was zu diesem Leben gehört – allerdings auf der Basis von Menschenrecht und Menschenwürde und ohne ein neo-liberales Eigenverantwortlichkeitsparadigma, das ggf. soziale Disparitäten noch verschärfen würde (Dabrock, 2010, S. 44). Es sei Aufgabe der Gesellschaft, die für die Realisierung dieser individuellen Wohlfahrtsoptionen notwendigen Grundvoraussetzungen bereitzustellen (vgl. Bartelheimer, 2008, S. 23 u.a.). Diese „[...] Orientierung des Ansatzes am Individuum und an individuellen Entwicklungsprozessen zeichne ihn [...] als geeignet für eine konstruktive Aneignung

---

13 Hier werden aristotelische Kategorien wieder aufgegriffen; dies vertiefen wir im Folgenden nicht, verweisen aber für eine musikpädagogische Auslegung des aristotelischen Konzeptes des Guten auf Vogt (2004). Zum aristotelischen Gedankengut innerhalb des Capability Approach vgl. Otto & Ziegler (2010, S. 9).

durch die Pädagogik aus" (Heinrichs, 2010, S. 54). Die wichtigste Aufgabe von Bildung wäre vor dem Hintergrund des Fähigkeitenansatzes dann die Ausstattung der Mitglieder einer Gesellschaft mit (a) der Kompetenz, eine evaluative Haltung gegenüber der eigenen Lebensführung einzunehmen[14] und sie (b) dazu zu befähigen, die ihnen zur Verfügung stehenden Ressourcen real zu nutzen. Die individuellen Wohlfahrtsoptionen entstehen erst mit der Zeit, sind lebenslang veränderbar und werden zunehmend selbstbestimmt angestrebt und verwirklicht. Eine evaluative Haltung, die auf dieses Ziel ausgerichtet ist, kann natürlich im Kindesalter noch nicht so ausgeprägt sein wie im Erwachsenenalter.

> „Selbstbestimmung setzt bei Personen eine gewisse Entfaltung ihrer Naturanlagen voraus, wobei diese Entfaltung nicht selbst wieder vollständig Gegenstand individueller Entscheidung sein kann. Aber auch im Hinblick auf Eigenschaften, die nicht konstitutiv sind für die Selbstbestimmungsfähigkeit, ist ein bestimmtes Basisniveau sicher zu stellen, bevor eine Person sinnvollerweise über eine weitere Realisierung entscheiden kann." (Steckmann, 2010, S. 109)

In manchen Fällen könnte dies auch bedeuten, dass „Fördern durch Fordern erreicht wird, auch wenn diese Implementierung [...] den Betroffenen nicht immer unmittelbar einleuchtet und ihnen bisweilen (sogar längerfristig) eher als Freiheitsbeschränkung denn -ermöglichung erscheint" (Dabrock, 2010, S. 34).[15] Dies erscheint im Fall von schulischer Grundbildung einleuchtend. So können viele Tätigkeiten (z.B. Lesen, Schreiben, aber auch Instrumentalspiel) erst durch die Ausführung ihrer selbst erworben und dementsprechend retrospektiv wertgeschätzt werden (Heinrichs, 2010, S. 59f.). Bildung hätte demnach auch als Aufgabe, durch die Ausstattung mit Befähigungen das Spektrum an wertzuschätzenden Tätigkeiten zu erweitern, und zwar auch auf solche Bereiche, die nicht automatisch jedermann zugänglich sind – hier ist allerdings Vorsicht geboten vor übermäßigem Paternalismus (Heinrichs, 2010, S. 62; Steckmann, 2010, S. 109). Im Rahmen der kulturellen Bildung ginge es dann darum, Kinder und Jugendliche dazu zu befähigen, zunehmend kompetent und informiert Entscheidungen über eigene Wohlfahrtsoptionen und damit verbundene Teilhabeformen zu treffen.[16] Wir wollen nun versuchen, den Begriff der „kulturellen Teilhabe" vor dem Hintergrund des „Capability Approach" genauer zu bestimmen und dabei auch die dargestellten terminologischen Fragen zu berücksichtigen.

---

14 Zur evaluativen Haltung zur eigenen Lebensführung vgl. Heinrichs (2010, S. 59ff.). Eine evaluative Haltung zur eigenen Lebensführung ist Voraussetzung für die Entscheidungen darüber, was jeder für sich selbst als lohnenswert und gut erachtet.

15 Diese Aussage sollte keineswegs dahingehend interpretiert werden, dass der Erwerb von Wissen und Fähigkeiten mit Zwang und gegebenenfalls gegen den Willen der Betroffenen forciert werden sollte. Es geht lediglich darum auszudrücken, dass der Wert mancher Lerninhalte für die Lernenden erst später nachvollziehbar und verständlich wird.

16 In der Konsequenz würde sich wohl der Charakter musikpädagogischer Arbeit in entsprechenden Programmen verändern müssen, ohne dass das hier vertieft werden kann.

Vom „Capability Approach" zu einer Begriffsbestimmung von „kultureller Teilhabe"

Der Soziologe Peter Bartelheimer hat bereits 2007 den Begriff der allgemeinen sozialen Teilhabe auf der Basis des „Capability Approach" bestimmt (Bartelheimer, 2007). Er bezeichnet Teilhabe als ein dynamisches Konzept, das unter Berücksichtigung zeitlicher und gesellschaftlicher Umstände sowie individueller Lebensverläufe betrachtet werden muss (ebd., S. 8). Der Begriff „dynamisch" impliziert, dass es hier nicht um eine starre Definition gehen kann, sondern um eine begriffliche Fassung, die im Hinblick auf bestimmte Aspekte variabel und somit auch relativ frei von absoluten normativen Setzungen ist. Bartelheimers Versuch, der sich zunächst allgemein auf soziale Teilhabe bezieht, ist auf den Bereich der Kultur und speziell der Musik durchaus übertragbar.

–   So bezeichnet er Teilhabe als „historisch relativ" in dem Sinne, dass historische – und in unserem Fall kulturelle und sozioökonomische – Rahmenbedingungen die Formen und Inhalte von Teilhabe stets beeinflussen (Bartelheimer, 2008, S. 21).

–   Zudem ist Teilhabe insofern durch „Mehrdimensionalität" gekennzeichnet, als sie sich „erst durch das Zusammenwirken verschiedener Teilhabeformen ergibt" (ebd.).

–   Teilhabe ist „aktiv", denn sie wird „durch soziales Handeln und in sozialen Beziehungen angestrebt und verwirklicht" (ebd.). Die Beurteilung von Teilhabeformen und damit deren Beibehaltung, Anpassung, Veränderung oder Preisgabe beruht auf den gesellschaftlichen Erfahrungen der einzelnen Subjekte.

–   Zuletzt ist Teilhabe „abgestuft" in Bezug auf die individuellen Wohlfahrtsoptionen, denn jeder Mensch hat eigene Ansprüche an Formen und Intensität „kultureller Teilhabe". So entstehen natürlicherweise auch Abstufungen ungleicher Teilhabe (ebd.).

Neben diesen vier Aspekten ist Teilhabe nach Bartelheimer „abhängig von äußeren Einflüssen, z.B. Zugang zu materiellen Ressourcen, und von individuellen Fähigkeiten" (Bartelheimer, 2007, S. 9).

In dieser Konzeption von Teilhabe werden die materiellen Forderungen egalitaristischer Ansätze um die Komponente des Subjektes mit seinen Fähigkeiten und Wohlfahrtsoptionen ergänzt.

Dass jeder Mensch selbst über seine Wohlfahrtsoptionen entscheidet, entschärft die Problematik der Fragen nach Maß und Definitionsmacht in Bezug auf „gelingende Teilhabe". Es impliziert jedoch nicht, dass die Mitglieder einer Gesellschaft einfach sich selbst überlassen werden sollten – letztlich, so fordert es auch der „Capability Approach", sei es Aufgabe von Staat und Gesellschaft, gewisse Grundbedingungen zu schaffen. Sind diese gegeben, so gilt:

> „Das aus der Perspektive des Capabilities-Ansatzes entscheidende Maß ist mithin die Reichweite und Qualität des Spektrums sowie die Menge effektiv realisierbarer, hinreichend voneinander unterscheidbarer Möglichkeiten und Fähigkeiten von Menschen, für ihre eigene Konzeption eines guten Lebens wertvolle Handlungen und Daseinszuständen realisieren zu können. Dieses Maß ist empirisch mess- und rekonstruierbar." (Otto & Ziegler, 2010, S. 12)

Gelungene „kulturelle Teilhabe" wäre dann, wenn Menschen diejenigen Teilhabeformen realisieren können, die ihnen als wertvoll und erstrebenswert für die eigene Lebensführung erscheinen – im Umkehrschluss kann es ein gänzlich objektives Maß für „gelungene Teilhabe" dann nicht mehr geben; die Intensität von Förderung und die Formen der Gestaltung von Teilhabe müssen immer wieder neu gesellschaftlich verhandelt werden:

> „…human beings fundamentally have to choose their own conception of the good, and should not have it assigned to them paternalistically. In this context, both Sen and Nussbaum emphasize the importance of consensual negotiation, pointing out that the only way to make normative claims objective is through mutual agreement between moral subjects and the sharing of beliefs." (Andresen & Fegter, 2011, S. 9)

Für die empirische Erforschung von Teilhabe hat dies die Konsequenz, dass eine rein „mengenmäßige" Erfassung von Teilhabe, z.B. über die Anzahl der besuchten Konzerte, Erlernen eines Instrumentes oder Mitgliedschaft in einer Musikgruppe, nicht mehr ausreichend ist. Stattdessen ist nach „Reichweite und Qualität" der Teilhabe (Otto & Ziegler, s.o.) zu fragen. Dazu aber gehört notwendigerweise die subjektive Einschätzung der eigenen Teilhabe bezogen auf die individuellen Wohlfahrtsoptionen. Hierauf wird später zurückzukommen sein.

Ein Beispiel mag die Verschiebung der Perspektive verdeutlichen. Interpretiert man das Ausscheiden aus musikalischen Förderprogrammen vor dem Hintergrund des „Capability Approach" anstatt im Lichte eines egalitaristischen Ansatzes, so würden zusätzlich zu materiellen Aspekten andere, komplexere Begründungsmuster an Bedeutung gewinnen: u. U. könnten Kinder die Teilnahme an dem Programm als eine Art Bevormundung oder Zwang empfinden – dies könnte etwa im Hamburger JeKi-Modell der Fall sein, wo die Schülerinnen und Schüler über die gesamte Grundschulzeit nicht aus dem Programm aussteigen können. Auch jene Kinder, die von Seiten der Eltern bereits vor Beginn des JeKi-Programms intensive musikalische Förderung erfahren haben, könnten den Unterricht als eine zusätzliche, unnötige Last empfinden. Auch könnte es Kinder geben, für die kein Instrument angeboten wird, das ihren individuellen Bedürfnissen entspricht. Klassische Musik mit spezifischen Alltagspraktiken und Präsentationsformen mag schließlich in bestimmten marginalisierten Milieus dysfunktional sein bzw. so gesehen werden. All diese Gründe führten dazu, dass das individuelle Wohlbefinden eingeschränkt wird und „kulturelle Teilhabe", hier im Bereich Musik, keinen Zugewinn erfährt bzw. nicht als „gelungen" bezeichnet werden kann.

„Kulturelle Teilhabe" im Bereich Musik – ein Modell musikalischen Involviertseins

Im Prozess gesellschaftlicher Verhandlung über die Förderung und Gestaltung von Teilhabe verlangen sowohl Entscheidungsträger als auch die Gesellschaft empirisch abgesichertes Wissen. Um „kulturelle Teilhabe" im Bereich Musik empirisch fassbar zu machen, haben wir für das Projekt WilmA die folgende, vorläufige Begriffsbestimmung erarbeitet:

Auf der Basis des „Capability Approach" und dessen Konkretisierung von Bartelheimer sowie vor dem Hintergrund eines weit gefassten Kulturbegriffs verstehen wir „kulturelle Teilhabe" im Bereich Musik folgendermaßen:

–   Sie umfasst alle *aktiven und passiven Umgangsweisen mit Musik* in formalen, nonformalen und informellen Kontexten, die ein Individuum ausübt.

–   Dabei gelten die von Bartelheimer angeführten Kriterien (historisch relativ, mehrdimensional, aktiv, abgestuft und dynamisch).

–   Sie ist dann als gelungen zu bezeichnen, wenn individuelle Wohlfahrtsoptionen in diesem Bereich in einem angemessenen Maß[17] realisiert werden können und wenn umgekehrt realisierte Teilhabeformen diesen Wohlfahrtsoptionen nicht widersprechen.

Dadurch wird der Teilhabebegriff um eine Qualitätsdimension erweitert, die neben den Angeboten als objektive Konditionen zusätzlich die individuelle Zufriedenheit mit der je realisierten Teilhabe in den Fokus rückt. Dabei ist es wichtig, dass es hier nicht um prinzipiell mögliche Dinge, sondern um tatsächlich Umgesetztes geht: „*...the actual possibilities of being that individuals are able to choose from*" (Andresen & Fegter, 2011, S. 9). Diese Perspektive ist für musikpädagogische Fragestellungen vielversprechend. Mit diesen Überlegungen im Zusammenhang steht das „well-being"-Konzept, in dem es um das „Wohlbefinden" von Individuen bzw. Gesellschaften geht.

Exkurs: „well-being"

Seit den späten 1960er Jahren hat die Erforschung der sogenannten „social indicators" immer mehr an Bedeutung gewonnen. Diese Indikatoren stellten in Anbetracht der Feststellung, dass trotz steigenden Wohlstands der Gesellschaften deren Wohlbefinden („well-being") abnehmen kann, eine wichtige Weiterentwicklung der Instrumente dar: „There was an explicit need of social indicators with the purpose of getting an idea how well-off people are." (Exenberger & Juen, 2014, S. 1). Für die Be-

---

17   „angemessen" misst sich hier am gesellschaftlichen Konsens (s.o. oben; Andresen & Fegter, 2011, S. 9).

schreibung und Erfassung von Lebensqualität und des damit verbundenen „well-beings" der Menschen leistete Sens „Capability Approach" entscheidende Impulse (vgl. Martinetti, 2000). „Social indicators" erfassen je nach Konzeption unterschiedliche Lebensbedingungen: Über die materiellen Bedingungen hinaus gehören dazu Gesundheit, soziale Beziehungen usw. Seit der Ergänzung der „social indicators" um zusätzliche, subjektive Indikatoren durch Andrews & Wilthey (1976) wurde auch das „well-being"-Konstrukt an sich zunehmend konkreter.[18]

Trotz unterschiedlichster Ansätze der Konzeptualisierung im theoretischen wie im empirischen Bereich kann allgemein festgestellt werden, dass das „well-being" (a) ein mehrdimensionales Konstrukt ist, das von vielen Faktoren bestimmt ist und (b) immer kontextabhängig betrachtet werden muss (vgl. Calestani, 2013; Exenberger & Juen, 2014; Holder, 2012). Es ist nicht gleichzusetzen mit einem hedonistischen Glücks- oder Vergnügungsbegriff sondern ist dann positiv ausgeprägt, wenn die objektiven Lebensbedingungen als günstig wahrgenommen und individuelle Wohlfahrtsoptionen optimal realisiert werden können. Wir fassen das subjektive „well-being" als „a person's evaluation of his or her life" auf (vgl. Exenberger & Juen, 2014, S. 7); es kann sowohl übergreifend als auch domänenspezifisch sein (vgl. Diener et al., 1999, zit. nach Exenberger & Juen, 2014, S. 7).

Forschungsmethodologisch gibt es zahlreiche Annäherungen an das Konstrukt (vgl. Andresen & Fegter, 2011). Sowohl quantitative als auch qualitative Verfahren werden eingesetzt. Dabei steht oftmals die grundsätzliche Frage im Raum, ob die Faktoren, die im anvisierten Kontext das „well-being" bestimmen, von außen oder unter der konkreten Einbindung der jeweiligen Zielgruppe bestimmt werden (vgl. z.B. Al-Janabi et al., 2012; Biggeri et al., 2006 für den partizipatorischen Ansatz). Zudem stehen „well-being"-Indizes, die auf der Basis der Bevölkerungsstatistik errechnet und beispielsweise auf Länderebene aggregiert werden (z.B. Bradshaw & Richardson, 2009) neben solchen Instrumenten, über die die Zielgruppe ganz direkt befragt werden kann (z.B. Cummins & Lau, 2005; Huebner, 1991; Casas et al., 2012).

„Musikalisches Involviertsein"

Wir bezeichnen unser Modell musikkultureller Teilhabe als ein „Modell musikalischen Involviertseins", um zu verdeutlichen, dass wir bisherigen Auffassungen von Teilhabe eine neue Dimension, die des subjektiven „well-beings", hinzufügen. Dadurch sollen Rückschlüsse auf die Passung der Teilhabe mit den je individuellen Wohlfahrtsoptionen gezogen werden. „Involviertsein" impliziert auf begrifflicher Ebene diese zusätzliche Bedeutungsdimension im Sinne des aktiven Beteiligt- und

---

18 Die begriffliche Verwendung ist allerdings nach wie vor uneinheitlich: An vielen Stellen werden „well-being", „happiness", „quality of life" und „satisfaction" gleichgesetzt, während sie an anderen Stellen explizit voneinander abgegrenzt werden. Mitunter ist dafür die jeweilige philosophische Fundierung entscheidend (s. Exenberger & Juen, 2014, S. 6f.).

emotionalen Eingebundenseins. Der Begriff des „Involviertseins" ist klarer und konkreter als der Begriff der „Teilhabe" auf das Subjekt gerichtet, das selbstbestimmt in gesellschaftliche Teilhabeprozesse eingebunden ist. Wir greifen damit zudem zurück auf englischsprachige Forschungsliteratur zum Thema „participation", in der die Termini „involvement/engagement in music" und „musical involvement" häufig verwendet werden (vgl. z.B. Southgate & Roscigno, 2009; Pitts, 2009).

„Musikalisches Involviertsein" – Konzeptualisierung und Modellierung

Die Auffassung von „Kultureller Teilhabe" im Bereich Musik als „musikalisches Involviertsein" im o.g. Sinne erlaubt es nun, dieses Involviertsein in ein Modell mit mehreren Dimensionen[19] zu fassen. Ein erstes Modell wurde bereits im Rahmen der Studie SIGrun entwickelt und von Lehmann-Wermser (2013b) vorgestellt. Danach ist musikalisch involviert,

- wer sich aktiv und/oder rezeptiv mit kulturellen Phänomenen beschäftigt,

- in seinen kulturellen Aktivitäten häufig auf Erwerb von Expertise ausgerichtet ist,

- finanzielle und zeitliche Ressourcen einsetzt,

- sich in seiner Mediennutzung kompetent und reflexiv zeigt.

Das „musikalische Involviertsein" kann zahlreiche Facetten annehmen und manifestiert sich zunächst in einer bestimmten Kombination musikalischer Umgehensweisen. Für die erste konzeptionelle Fassung unseres Modells wurden die o.g. vier Dimensionen um weitere Dimensionen erweitert, um so ein möglichst breites Spektrum musikalischer Praxen erfassen zu können.[20] Wir gehen also zunächst davon aus, dass das musikalische Involviertsein bei Kindern und Jugendlichen sich anhand verschiedener musikalischer Gebrauchspraxen beschreiben lässt, die die unterschiedlichen aktiven und passiven Umgehensweisen mit Musik widerspiegeln (Hauptdimension des Modells).

Die Ausprägung dieser Teilbereiche innerhalb des Involviertseins ist zudem abhängig von verschiedenen Einflussfaktoren wie z.B. dem sozioökonomischen Status, dem kulturellen Hintergrund, dem Geschlecht und dem Unterstützungsverhalten der Eltern. Während die ersten drei Faktoren in der Forschung zur „kulturellen Teilhabe" häufig mit einbezogen werden, liegen zum Einfluss der Eltern und der musikbezoge-

---

19 Der Begriff der Dimension ist hier nicht im psychologischen Sinne zu verstehen; vielmehr spiegelt er die Mehrdimensionalität und den Facettenreichtum des Involviertseins im Sinne der Begriffsbestimmung durch Bartelheimer wider (s.o.).

20 Das Modell ist zum jetzigen Zeitpunkt überwiegend theoriebasiert und kann weder weitergehende Gültigkeit noch empirische Überprüfbarkeit beanspruchen.

nen familialen Interaktion auf langfristiges musikalisches Involviertsein nur wenige Ergebnisse vor (vgl. Pape, 2013). Im Fall der Studie WilmA, in der wir Schülerinnen und Schüler der Klassenstufen 6 und 7 befragen, wird auch die Teilnahme am JeKi-Unterricht in der Grundschule als Einflussfaktor auf das spätere musikalische Involviertsein mit einbezogen, während dieser natürlich in der Grundschulzeit einen eigenen Teilbereich musikalischen Involviertseins darstellt (Lehmann-Wermser, Busch & Schwippert, i. Vorb.).

Um bewerten zu können, ob das musikalische Involviertsein als „gelungene Teilhabe" bezeichnet werden kann, wird zuletzt auch das oben bereits erwähnte Maß für die Beurteilung des Verhältnisses der individuellen Wohlfahrtsoptionen zur realisierten Teilhabe einbezogen („well-being"-Dimension).

Die folgende Abbildung stellt das konzeptionelle Modell schematisch dar.

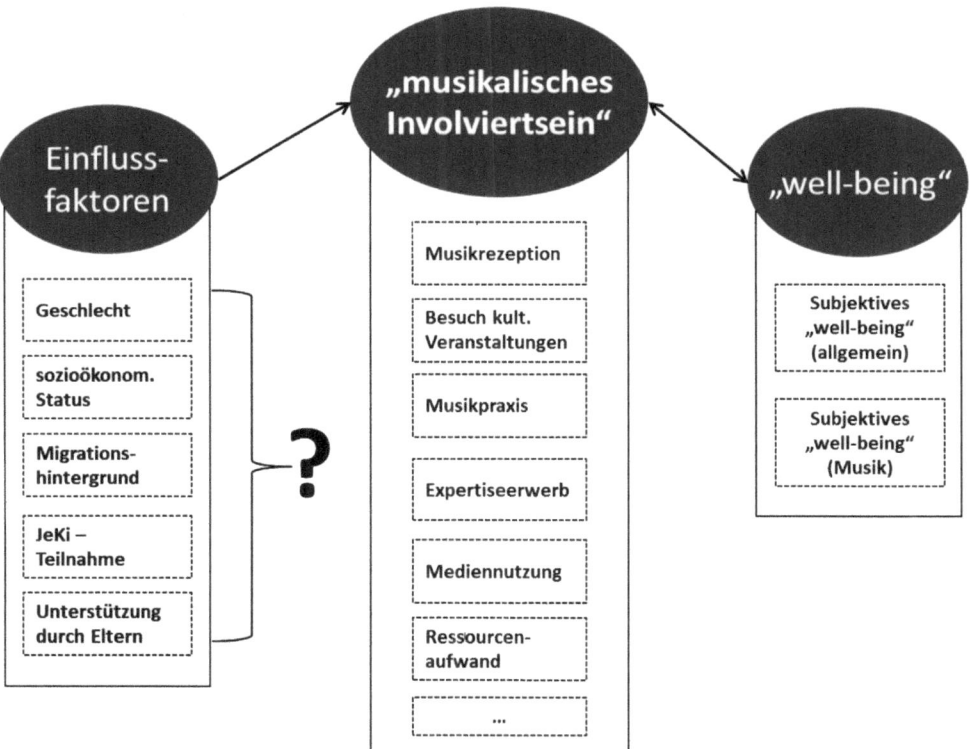

Abb. 1: Modell „musikalischen Involviertseins" aus dem Projekt WilmA, 2013

Operationalisierung des Modells

Für die Studie WilmA wurde das vorläufige Modell im Rahmen eines quantitativen Studiendesigns in Form eines Fragebogens operationalisiert, mit dem im Herbst 2013 ca. 680 Kinder an Schulen in Hamburg und Nordrhein-Westfalen befragt wurden.

Während für die Dimension der Einflussfaktoren zahlreiche validierte Erhebungsinstrumente zur Verfügung stehen (z.B. aus PISA und IGLU), die den allgemeinen Gütekriterien entsprechen und für die damit auch entsprechende Vergleichswerte vorliegen, gestaltet sich die Operationalisierung der Dimensionen musikalisches Involviertsein und subjektives „well-being" komplexer.

Für die Hauptdimension des Involviertseins wurden zunächst vorhandene Items übernommen und ggf. adaptiert. Eigene Items wurden zusätzlich entwickelt. Dies soll hier am Beispiel der Mediennutzung exemplarisch dargestellt werden: Die im Jahr 2012 erschienene Studie „Klangraum Internet" (Schorb, 2012) sowie die Ergebnisse der periodisch erscheinenden JIM/KIM-Studien (Medienpädagogischer Forschungsverbund Südwest, 2012) stellen umfangreiche Ergebnisse zur allgemeinen und musikspezifischen Mediennutzung Jugendlicher zur Verfügung. Aus diesen beiden Studien sowie aus der Studie MediKuS (Grgic & Züchner, 2013) konnten mit Einwilligung der Autoren Items übernommen werden. Um dies für unsere Zwecke zu differenzieren, unterscheiden wir in Anlehnung an Baacke (1999) rezeptive, interaktive und produktive musikbezogenen Mediennutzungsformen. Der Bereich der Mediennutzung wird mit insgesamt 12 Items erfasst.

Eine analoge Vorgehensweise wurde für weitere Teilbereiche gewählt (z.B. für Prozesse informellen Musiklernens), während für andere Bereiche deskriptive Einzelitems verwendet werden (Mitgliedschaft in schulischen und außerschulischen Musikensembles, musikalische Aktivitäten in der Freizeit etc.). Inwieweit sich dieses Modell bestätigen lässt, ist allerdings erst nach der zweiten Erhebungswelle im Herbst 2014 zu sagen.

Für die Dimension des „well-beings", die erst in der zweiten Projektphase eine größere Rolle spielt, wurde die folgende Vorgehensweise gewählt: Da das subjektive „well-being" stets allgemeine sowie domänenspezifische Aspekte umfasst, wird zum zweiten Erhebungszeitpunkt 2014 zum einen die „Personal well-being" Skala von Cummins und Lau (2005) eingesetzt. Diese umfasst acht Items. Um das „well-being" zusätzlich domänenspezifisch, also für das musikalische Involviertsein, abzubilden, werden in Anlehnung an Al-Janabi et al. (2012) und Ootegem & Verhoftstadt (2012) weitere Items entwickelt; beide Studien basieren auf dem „Capability Approach".

Im Projekt WilmA erfolgt die Entwicklung der Items im Rahmen einer qualitativen Studie, in der mittels Gruppeninterviews mit Sechstklässlern altersspezifisch rekonstruiert wird, welche Aspekte hier relevant sind. Als Orientierung wird neben der Skala von Cummins & Lau (2005) zusätzlich die von Huebner (1991) entwickelte „Student's life satisfaction scale" herangezogen.

Fazit und Ausblick

Die oben dargestellte Auffassung von „kultureller Teilhabe" im Bereich Musik als „musikalisches Involviertsein", die auf der Basis des „Capability Approach" theoretisch hergeleitet wurde, soll die einleitend genannten begrifflichen Unzulänglichkeiten überwinden. Hierdurch wird auch forschungspragmatisch ein konkreter Zugang möglich. Vor allem der Bezug auf den „Capability Approach" stellt dabei im musikpädagogischen Kontext ein Novum dar, denn die bisherige Auffassung von Teilhabe wird um eine neue Dimension, die der individuellen Wohlfahrtsoptionen und des damit verbundenen „well-beings", erweitert. Wir halten diese Perspektive für vielversprechend, weil die Evaluation musikalischer Förderprogramme damit differenzierter und genauer auf jugendliche Lebenswelten in gegenwärtigen, postmodernen Gesellschaften zugeschnitten werden kann. Gegebenenfalls ergeben sich hier zudem auch neue Perspektiven für die Erforschung kultureller Teilhabe im Bereich Musik insgesamt (z.B. als Ergänzung derjenigen Forschungsfragen, die sich basierend auf Bourdieu mit dem Thema Distinktion befassen oder auch im Bereich der Musikgeragogik).

Literatur

Al-Janabi H. et al. (2012). Development of a self-report measure of capability wellbeing for adults: the ICECAP-A. *Quality of life research: an international journal of quality of life aspects of treatment, care and rehabilitation*, *21*(1), 167–176.

Andresen, S. & Fegter, S. (2011). Children Growing Up in Poverty and Their Ideas on What Constitutes a Good Life: Childhood Studies in Germany. *Child Indicators Research* *4*(1), 1–19.

Andrews, F. & Wilthey, S. B. (1976). *Social Indicators of Well-being: Americans' Perceptions of Life Quality*. New York: Plenum Press.

Baacke, D. (Hrsg.) (1999). *Handbuch Medien: Medienkompetenz: Modelle und Projekte*. Bonn: Bundeszentrale für Politische Bildung.

Bartelheimer, P. (2007). *Politik der Teilhabe: Ein soziologischer Beipackzettel. Arbeitspapier der Friedrich-Ebert-Stiftung, Fachforum Analysen und Kommentare 1*. Berlin. http://library.fes.de/pdf-files/do/04655.pdf [30.12.2013].

Bartelheimer, P. (2008). Was bedeutet Teilhabe? *Kulturelle Bildung. Reflexionen, Argumente, Impulse, 2*, 21–23.

Barth, D. (2008). *Ethnie, Bildung oder Bedeutung? Zum Kulturbegriff in der interkulturell orientierten Musikpädagogik*. Augsburg: Wißner.

Biggeri et al. (2006). Children conceptualizing their Capabilities: Results of a Survey Conducted during the First Children's World Congress on Child Labour. *Journal of human development, 7*(1), 59–83.

Bradshaw, J. & Richardson, D. (2009). An Index of Child Well-Being in Europe. *Child Indicators Research, 2*(3), 319–251.

Bromley, R. et al. (Hrsg.) (1999). *Cultural studies: Grundlagentexte zur Einführung*. Lüneburg: zu Klampen.

Busch, Th. & Kranefeld, U. (2013). Wer nimmt an JeKi teil und warum: Programmteilnahme und musikalische Selbstkonzepte. In JeKi-Forschungsschwerpunkt Koordinierungsstelle (Hrsg.), *Broschüre des Forschungsschwerpunktes JeKi* (S. 46–49). Berlin: BMBF.

Calestani, M. (2013). *An Anthropological Journey into Well-Being. Springer briefs in well-being and quality of life research*. Dordrecht: Springer.

Casas, F. et al. (2012). Personal Well-Being among Spanish Adolescents. *Journal of Social Research & Policy, 3*(2), 19–45.

Catterall, J., Chapleau, R. & Iwanaga, J. (1999). Involvement in the arts and human development: General involvement and intensive involvement in music and theater arts. *Champions of change: The impact of the arts on learning*, 1–18.

Costa-Giomi, E. (2012). Music Instruction and Children's Intellectual Development: The Educational Context of Music Participation. In R. MacDonald, G. Kreutz & L. Mitchell (Hrsg.), *Music, health, and wellbeing* (S. 339–355). Oxford: Oxford University Press.

Cummins, R. A. & Lau, A. D. (2005). *Personal Wellbeing Index – School Children* (PWI-SC). 3rd Edition. http://www.deakin.edu.au/research/acqol/iwbg/wellbeing-index/index.php [10.03.2014].

Dabrock, P. (2010). Befähigungsgerechtigkeit als Ermöglichung gesellschaftlicher Inklusion. In H.-U. Otto & H. Ziegler (Hrsg.), *Capabilities. Handlungsbefähigung und Verwirklichungschancen in der Erziehungswissenschaft* (2. Aufl.) (S. 17–53). Wiesbaden: VS Verl. für Sozialwissenschaften.

Deutscher Bundestag (2007). Schlussbericht der Enquete-Kommission „Kultur in Deutschland". Drucksache 16/7000. dipbt.bundestag.de/dip21/btd/16/070/16070 00.pdf [28.12.2013].

Exenberger, S. & Juen, B. (2014). *Well-Being, Resilience and Quality of Life from Children's Perspectives. A Contextualized Approach. Springer briefs in well-being and quality of life research*. Dordrecht: Springer.

Grgic, M. & Züchner, I. (2013). *Medien, Kultur und Sport. Was Kinder und Jugendliche machen und was ihnen wichtig ist. Die MediKuS-Studie*. München: Juventa.

Hammel, L. (2007). Der Kulturbegriff im wissenschaftlichen Diskurs und seine Bedeutung für die Musikpädagogik. Versuch eines Literaturberichts. *Zeitschrift für kritische Musikpädagogik*, 1–21.

Heinrichs, J.-H. (2010). Capabilities: Egalitaristische Vorgaben einer Maßeinheit. In H.-U. Otto & H. Ziegler (Hrsg.), *Capabilities. Handlungsbefähigung und Verwirklichungschancen in der Erziehungswissenschaft* (2. Aufl.) (S. 54–68). Wiesbaden: VS Verl. für Sozialwissenschaften.

Heyer, R., Palentien, Chr. & Wachs, S. (2011). *Handbuch Jugend – Musik – Sozialisation*. Wiesbaden: VS, Verl. für Sozialwissenschaften.

Holder, M. D. (2012). *Happiness in children: Measurement, correlates and enhancement of positive subjective well-being. Springer briefs in well-being and quality of life research*. Dordrecht: Springer.

Huebner, E. S. (1991). Initial Development of the Student's Life Satisfaction Scale. *School Psychology International, 12*, 231–240.

Huth, R. & Weishaupt, H. (2009). Bildung und hochkulturelle Freizeitaktivitäten. *Journal for educational research online, 1*(1), 224–240 [28.12.2013].

Lehmann-Wermser, A. (2013a). Music Education in Germany: On Politics and Rhetoric. *Arts Education Policy Review, 114*(3), 126–134.

Lehmann-Wermser, A. (2013b). Kulturelle Teilhabe ermöglichen? Über die Schwierigkeit ein populäres Konstrukt empirisch forschend zu erfassen. In St. Dressler-Zöllner & Chr. Khittl (Hrsg.), *Musikbuch wissenschaftlich – pädagogisch – politisch. Festschrift Arnold Werner-Jensen zum 70. Geburtstag* (S. 97–116). Essen: Die Blaue Eule.

Lehmann-Wermser, A., Busch, V. & Schwippert, K. (Hrsg.) (i.V.). *Grundschulkinder lernen ein Instrument. Die SIGrun-Studie.* Münster: Waxmann.

Lehmann-Wermser, A. & Jessel-Campos, C. (2013). Aneignung von Kultur: Wege zu kultureller Teilhabe und zur Musik. In A. Hepp & A. Lehmann-Wermser (Hrsg.), *Transformationen des Kulturellen. Prozesse des gegenwärtigen Kulturwandels* (S. 131–146). Wiesbaden: Springer.

Martinetti, E. C. (2000). A multidimensional assessment of well-being on Sen's functioning approach. *Rivista Internazionale di Scienze Sociali, 108*(2), S. 207–239.

Medienpädagogischer Forschungsverbund Südwest (2012). *JIM-Studie 2012. Jugend, Information, (Multi-)Media: Basisstudie zum Medienumgang 12- bis 19-Jähriger in Deutschland.* Stuttgart. http://www.mpfs.de/index.php?id=527 [29.11.2013].

Merkens, A. (2002). Neoliberalismus, passive Revolution und Umbau des Bildungswesens. Zur Hegemonie postfordistischer Bildung. In F. Haug & J. Meyer-Siebert (Hrsg.), *Die Unruhe des Denkens nutzen. Emanzipatorische Standpunkte im Neoliberalismus; Festschrift für Frigga Haug anlässlich ihrer Verabschiedung von der Hamburger Universität für Wirtschaft und Politik* (S. 171–182). Hamburg: Argument.

Mota, G. & Figueireido, S. (2012). Initiating Music Programs in New Contexts. In Search of a Democratic Music Education. In G. McPherson & G. Welch (Hrsg.), *Oxford Handbook of Music Education*, 1 (S. 187–204). New York: Oxford University Press.

Nünning, A. (2013). Zur Vielfalt der Kulturbegriffe und deren Relevanz für Identität und Bildung. In S. Gies & F. Heß (Hrsg.), *Kulturelle Identität und soziale Distinktion. Herausforderungen für Konzepte musikalischer Bildung.* Innsbruck: Helbling.

Nussbaum, M. C. (2006). Frontiers of justice: Disability, nationality, species membership. *The Tanner lectures on human values.* Cambridge, Mass: Belknap Press of Harvard Univ. Press.

Ootegem, L. & Verhoftstadt E. (2012). Using Capabilities as an Alternative Indicator for Wellbeing. *Social Indicators Research, 106*(1), 133–152.

Otto, H.-U. & Ziegler, H. (2010). Der Capabilities-Ansatz als neue Orientierung in der Erziehungswissenschaft. In H.-U. Otto & H. Ziegler (Hrsg.), *Capabilities. Handlungsbefähigung und Verwirklichungschancen in der Erziehungswissenschaft.* 2. Aufl. (S. 9–16). Wiesbaden: VS, Verl. für Sozialwissenschaften.

Pape, W. (2013). Familiale musikalische Sozialisation. In R. Heyer, S. Wachs & C. Palentien (Hrsg.), *Handbuch Jugend – Musik – Sozialisation* (S. 219–248). Wiesbaden: Springer.

Pitts, S. (2009). Roots and routes in adult musical participation: investigating the impact of home and school on lifelong musical interest and involvement. *British Journal of Music Education, 26*(3), 241–256.

Rawls, J. (1971). *A Theory of Justice*. Oxford: Oxford Paperbacks.

Reinwand-Weiss, V.-I. (2012). Künstlerische Bildung – Ästhetische Bildung – Kulturelle Bildung. In H. Bockhorst, V.-I. Reinwand-Weiss & W. Zacharias, *Handbuch Kulturelle Bildung* (S. 108–114). München: kopaed.

Schorb, B. (Hrsg.) (2012). *Klangraum Internet.: Report des Forschungsprojektes Medienkonvergenz Monitoring zur Aneignung konvergenter Hörmedien und hörmedialer Online-Angebote durch Jugendliche zwischen 12 und 19 Jahren, 12*. Leipzig: SLM.

Schrödter, M. (2012). Wohlergehensfreiheit – Welche Lebenschancen brauchen junge Menschen? Der Capabilities-Ansatz als möglicher Orientierungsrahmen. In H. Bockhorst, V.-I. Reinwand-Weiss & W. Zacharias, *Handbuch Kulturelle Bildung* (S. 262–268). München: kopaed.

Schwanenflügel, L. von & Walther, A. (2012). Partizipation und Teilhabe. In H. Bockhorst, V.-I. Reinwand-Weiss & Wolfgang Zacharias, Handbuch Kulturelle Bildung (S. 274–278). München: kopaed.

Sen, A. (1979). *Equality of What? The Tanner Lecture on Human Values*. Cambridge, Mass.: Belknap Press of Harvard Univ. Press.

Sen, A. (2009). *Die Idee der Gerechtigkeit*. München: dtv Sachbuch.

Southgate, D. E. & Roscigno V.J. (2009). The Impact of Music on Child Achievement. *Social Science Quarterly 90*(1), 4–21.

Steckmann, U. (2010). Autonomie, Adaptivität und das Paternalismusproblem – Perspektiven des Capability Approach. In H.-U. Otto & H. Ziegler (Hrsg.), *Capabilities. Handlungsbefähigung und Verwirklichungschancen in der Erziehungswissenschaft*. 2. Aufl. (S. 90-115). Wiesbaden: VS Verl. für Sozialwissenschaften.

UNESCO (2006). *Leitfaden für kulturelle Bildung. Schaffung kreativer Kapazitäten für das 21. Jahrhundert*. Paris.

Vogt, J. (2004). (K)eine Kritik des Klassenmusikanten. Zum Stellenwert Instrumentalen Musikmachens in der Allgemeinbildenden Schule. *Zeitschrift für kritische Musikpädagogik*, 1–17. http://home.arcor.de/zfkm/vogt7.pdf [30.12.2013].

Vogt, J. (2009). Gerechtigkeit und Musikunterricht. Eine Skizze. *Zeitschrift für kritische Musikpädagogik,* 39–53. http://www.zfkm.org/09-vogt.pdf [30.12.2013].

Vogt, J. (2013a). Benachteiligung und Teilhabe im Kontext von Kultur- und Musikpädagogik. *Zeitschrift für kritische Musikpädagogik*, 1–19. http://www.zfkm.org/13-vogt.pdf [30.12.2013].

Vogt, J. (2013b). Schwierige Gleichheit. Vom Nutzen gerechtigkeitsphilosophischer Überlegungen für die Musikpädagogik. In S. Gies & F. Heß (Hrsg.), *Kulturelle Identität und soziale Distinktion. Herausforderungen für Konzepte musikalischer Bildung* (S. 45–58). Innsbruck: Helbling.

Wright, R. & Davies, B. (2010). Class, Power, Culture and the Music Curriculum. In R. Wright (Hrsg.), *Sociology and Music Education* (S. 35–50). Farnham und Burlington: Ashgate.

Andreas Lehmann-Wermser & Valerie Krupp
Universität Bremen
Institut für Musikwissenschaft & Musikpädagogik
Postfach 330 440
D-28334 Bremen
lehmann-wermser@uni-bremen.de; krupp@uni-bremen.de

Kerstin Heberle & Ulrike Kranefeld

Zur Konstruktion von Leistungsdifferenz im instrumentalen Gruppenunterricht
Theoretische Perspektiven und forschungspraktische Überlegungen

About the construction of difference in group instrumental lessons

The current political discussion on education justice is closely connected to the discourse on the right way to deal with the heterogeneity of abilities among students. With this in mind, the project "Heterogenität" (heterogeneity) analyses the handling and the construction of differences in students' ability levels in-group instrumental lessons. Within the frame of a qualitative video study, we focus on the classroom situation. According to the strategy of Grounded Theory Methodology, we identify basic patterns of the construction of difference. The analyses explain coherences between teachers' feed-back-strategies and the "Exposition" of students. Moreover, they refer to the common construction of performance criteria and their partly situational character.

Einleitung

Die aktuelle bildungspolitische Diskussion um Chancengleichheit und Bildungsgerechtigkeit ist eng verknüpft mit einem insbesondere erziehungswissenschaftlichen Diskurs um einen angemessenen Umgang mit den unterschiedlichen Lernvoraussetzungen von Schülerinnen und Schülern. Dabei steht die Forderung nach einer „[s]ozialen Anerkennung" (Kron, 2010) im Zentrum, die sich nicht nur auf die Gleichheit von Schülerinnen und Schülern bezieht, sondern auch die „Anerkennung der Differenz" (ebd.) umfasst (u.a. Kron, 2010; Heinzel & Prengel, 2012; Schür, 2010; Seitz, 2008; für die Musikpädagogik: Vogt et al., 2012). Dies stellt Lehrende vor die Herausforderung einer binnendifferenzierten Unterrichtsplanung und -gestaltung, die sich an den individuellen Bedürfnissen, Fähigkeiten und Interessen der Schülerinnen und Schüler orientiert.

Gleichzeitig bergen die einer solchen Unterrichtsgestaltung zugrunde liegenden diagnostischen Prozesse jedoch die Gefahr einer Etikettierung und Kategorisierung der Schülerinnen und Schüler. Diese können zu Hierarchisierungen und sogar Diskriminierungen führen (Heinzel & Prengel, 2012; Prengel, 2003; Seitz, 2008) und sich auch in den Leistungsbeurteilungen der Lehrenden niederschlagen (Trautwein & Baeriswyl, 2007). Der „pädagogische Anspruch, Gemeinsamkeit und Vielfalt auf Basis von Gleichwertigkeit zu denken" (Seitz, 2008, S. 229), kann somit erst mit der „Überwindung hierarchischen Denkens in Differenzierungsmustern [...] in eine für didaktisches Handeln handhabbare Form überführt werden" (ebd., 2008, S. 229).

Vor diesem Hintergrund widmet sich die Studie Heterogenität[1] im Rahmen einer empirischen Untersuchung dem Phänomen der Leistungsdifferenz im instrumentalen Gruppenunterricht. Dabei soll die Unterrichtssituation selbst in den Blick genommen und der Umgang mit und die Konstruktion von Leistungsdifferenz untersucht werden.

Der folgende Beitrag skizziert die der Untersuchung zugrundeliegende theoretische Perspektive auf Differenz bzw. Leistungsdifferenz und erläutert den daran anschließenden erkenntnistheoretischen und methodologischen Zugang zu dem Phänomen. Anschließend soll das konkrete forschungspraktische Vorgehen anhand einer Fallanalyse, die im Rahmen der Studie entstanden ist, exemplarisch dargestellt und das Potential eines mikroanalytischen Zugangs aus fachdidaktischer Perspektive diskutiert werden.

Differenz als Konstruktion

Der Studie liegt die Annahme zu Grunde, dass es sich bei dem Phänomen Differenz um eine Konstruktion handelt. So stellt die Feststellung von Unterschiedlichkeit keine objektive Eigenschaft einer Grundgesamtheit dar, sondern ist stets das Ergebnis eines Vergleichs, der hinsichtlich eines bestimmten Kriteriums gezogen worden ist. Je nach angelegtem Kriterium des Bewertenden kann dieses Ergebnis dabei unterschiedlich ausfallen (Wenning, 2007). Die Feststellung von Gleichheit bzw. Ungleichheit ist somit perspektivisch gebunden und wird erst durch die „Vergleichsoperation *zugeschrieben*" (Wenning, 2007, S. 23) bzw. hergestellt.

Entsprechend der Grundannahmen alltagssoziologischer Theorien, die die Alltagswelt als eine Wirklichkeit verstehen, „die von Menschen begriffen und gedeutet wird und ihnen subjektiv sinnhaft erscheint" (Berger & Luckmann, 2010, S. 21), ist davon auszugehen, dass die jeweiligen Differenzlinien ebenfalls das Ergebnis eines Konstruktionsprozesses darstellen und sich im Alltag vor dem Hintergrund subjektiver Erfahrungen und in Aushandlung mit anderen konstituieren, oftmals auch implizit (Blumer, 1973/2004).

Übertragen auf den Kontext Schule bedeutet dies, dass die Kriterien zur Wahrnehmung von Differenz gedeutet werden können als „soziale und kulturelle Kon-

---

1 Diese Studie wird gefördert im Kontext des Rahmenprogramms des Bundesministeriums für Bildung und Forschung (BMBF) zur Förderung der empirischen Bildungsforschung, Schwerpunktbereich „Empirische Fundierung der Fachdidaktiken", dritte Förderkohorte.

struktionsakte, die in Schule und Unterricht in Interaktionen, in räumlichen Arrangements, in symbolischen Ausdrucksformen, in Artefakten, usw. generiert, verhandelt und festgeschrieben werden" (Budde, 2013, S. 15).

Untersuchungen zu Differenzkonstruktionen innerhalb des erziehungswissenschaftlichen Diskurses

Bereits in den 1990er Jahren untersuchten West & Fenstermaker in ethnographischer Forschungshaltung unter dem Stichwort *Doing Gender* die Etablierung von Differenzmerkmalen innerhalb sozialer Interaktion zunächst bezüglich der Kategorie Geschlecht. Später wurden auch weitere soziale Kategorien hinzugezogen (West & Fenstermaker, 1995). Der in diesem Zusammenhang publizierte Aufsatz „Doing Difference" (1995) gilt dabei als „wichtiger Bezugspunkt der methodologisch-methodischen Debatten zum Thema der empirischen Erforschung von Differenzkategorien" (Fritzsche & Tervooren, 2012, S. 28).

Innerhalb der letzten Jahre wurde ein entsprechender Diskurs um Differenzkonstruktionen auf den Lernort Schule übertragen. Dabei wurden auch in diesem Bereich bisher vor allem soziale Kategorien, wie z.B. die Konstruktion von Geschlecht (z.B. Budde, Scholand & Faulstich-Wieland, 2008; Breidenstein & Kelle, 1998) in den Blick genommen.

Zur Konstruktion von Leistungsdifferenz

Daneben gibt es auch einige Studien, die sich explizit der Konstruktion von Leistungsdifferenz widmen. Diese Studien nehmen zumeist das lehrerzentrierte Unterrichtsgespräch in den Blick und kommen zu dem Ergebnis, dass sowohl der inhaltliche Kommentar des Lehrers auf einen Schülerbeitrag als auch bereits die Auswahl des Lernenden bei der turn-Zuweisung Rückschlüsse auf die Leistungseinschätzung des Lernenden seitens des Lehrers zulassen. Damit verweisen sie auf einen „systematischen Zusammenhang zwischen dem laufenden Vollzug von Unterricht und den beobachtbaren Akten implizierter Leistungsbewertung" (Breidenstein & Bernhard, 2011, S. 321).

So weist beispielsweise Kalthoff (2000) in einer ethnographischen Studie zur mündlichen Bewertungspraxis im Mathematikunterricht darauf hin, dass die „Auswahl- und Bewertungspraktiken rekursiv organisiert sind" (ebd., S. 429). Indem Lehrende bei der Erarbeitung neuer Unterrichtsinhalte Schülerinnen und Schüler in Abhängigkeit zu den Erfordernissen der Gesprächssituation aufrufen, können sie den Gesprächsverlauf entsprechend steuern: So gibt es Lernende, die für schwierige Transfer-Fragen ausgewählt werden, andere sollen durch ihre Wiederholung zeigen, dass die Antwort für die gesamte Klasse verständlich war. Durch diese Praxis des

„Vorauswählens" (ebd., S. 441) verfestigen sich entsprechende unterscheidbare „Zuständigkeiten" (ebd.), die in Zusammenhang mit ihrem erwarteten Leistungsvermögen stehen. Durch diese unterschiedlichen Zuständigkeiten werden nach Kalthoff
bereits „unterscheidbare Standards von Schulwissen erzeugt, so dass die Kommunikation von ‚Stoff' eine Differenz von guten und schlechten Schülern bewahrt" (ebd.).

Aufbauend auf diese Studie widmen sich zudem Breidenstein und Bernhard solchen „in das laufende Unterrichtsgeschehen eingestreuten Akten der Leistungsbewertung" (Breidenstein & Bernhard, 2011, S. 321). Dabei stellten sie fest, dass auch
Lob bei einer vermeintlichen einfachen Reproduktionsfrage oder die besondere Betonung des Bemühens eines Lernenden seitens des Lehrers bei einer fehlerhaften
Antwort als Rückmeldung eines eher geringen Leistungsvermögens interpretiert
werden kann.

Innerhalb einer Untersuchung im Mathematikunterricht stellen Gellert & Hümmer (2008) darüber hinaus fest, dass auch die Kriterien für Leistungsdifferenz subjektiv konstruiert sind. So kam er zu dem Ergebnis, dass die Einschätzung der Lehrenden zur Leistungsfähigkeit ihrer Schülerinnen und Schüler nicht nur von der fachlichen Richtigkeit des Unterrichtbeitrags abhängt, sondern zudem das Sozialverhal-
ten oder die Präsentation der Antwort mit entsprechenden Fachtermini und im Sinne
des vom Lehrer geplanten Lösungsweges ebenfalls in die Bewertung mit einfließt,
mitunter sogar höher gestellt wird (ebd.).

> „Die Spezifik der Anforderungen an die Schüler und die starke Codierung des regulati-
> ven und instruktionalen Diskurses bewirken im Mathematikunterricht sekundäre Leis-
> tungsdisparitäten. Als leistungsstark gelten Schüler, die den regulativen und instrukti-
> onalen Diskurs des Lehrers decodieren können und Wissen regelkonform präsentie-
> ren." (ebd., S. 305).

Mit Hinweis auf weitere entsprechende Forschungsarbeiten von Haig und Oliver
(2003) und Morgan, Tsatsaroni und Lerman (2002) weist Gellert darauf hin, dass
Leistungsunterschiede „nicht als präzise Abbilder objektiver kognitiver Unterschiede, sondern als im Unterricht generierte (inter-)subjektive Konstruktionen auf der
Grundlage teilweise impliziter, möglicherweise unbewusst gewählter Bewertungskriterien" (ebd., S. 290) erscheinen.

Erkenntnisinteresse der Studie *Heterogenität*

Aus fachdidaktischer Perspektive stellt sich für die Studie *Heterogenität* vor diesem
Hintergrund die Frage, welche Rolle die Konstruktion von Leistungsdifferenz im
Kontext musikpädagogischer Lehr-Lernprozesse spielt. Sind im Hinblick auf die bereits dargestellten Ergebnisse ähnliche Handlungsmuster zu rekonstruieren oder
lassen sich möglicherweise fachspezifische Muster und Strategien erkennen? Gleichzeitig stellt sich die Frage nach fachspezifischen Erhebungs- und Auswertungsme-

thoden. Welche Zugänge zum Material können gefunden werden, um insbesondere die fachspezifischen Aspekte zu erfassen?

Diesen Fragen soll am Beispiel des instrumentalen Gruppenunterrichts im Programm *Jedem Kind ein Instrument* nachgegangen werden, der sich aus mehreren Gründen als Forschungsgegenstand im Hinblick auf den Umgang mit und der Konstruktion von Leistungsdifferenz im musikpädagogischen Kontext besonders eignet:

– Wie oben dargestellt, widmet sich ein Großteil der bisherigen Studien zu Leistungsdifferenz der Thematik vor allem aus erziehungswissenschaftlicher Perspektive und nimmt dabei insbesondere das lehrerzentrierte Klassengespräch in den Blick. Der instrumentale Gruppenunterricht stellt dagegen ein spezifisch musikpädagogisches Format dar, das die Möglichkeit bietet ggf. fachspezifische Besonderheiten im Umgang mit Leistungsdifferenz zu erschließen. Gleichzeitig erfordert dies einen spezifischen forschungsmethodischen Zugang, der auch nonverbale und musikbezogene Kommunikation berücksichtigt.

– Das Programm *Jedem Kind ein Instrument* formuliert keine differenziert ausgearbeiteten Ziele oder Kompetenzvorgaben (www.jedemkind.de), so dass die Differenzlinien der Lehrenden in besonders starkem Maße als individuelle Linien des Lehrenden auszufassen sind.

– JeKi-Lehrende bringen spezifische Erfahrungen ihres Alltags an der Musikschule mit, die nun auf den Kontext Grundschule treffen. Dass die damit verbundenen Leistungskriterien angesichts des neuen Lernorts nun eine Aushandlung in der Unterrichtssituation erfahren, erscheint naheliegend. Oftmals wird musikpädagogischen Lehr-Lernprozessen zugeschrieben, sich der Möglichkeit einer standardisierten Kompetenz- und Leistungsüberprüfung aufgrund des ästhetischen Gegenstandes zu entziehen (Knigge & Lehmann-Wermser, 2008). Umso interessanter ist es, die entsprechenden expliziten und impliziten Differenzlinien der Lehrenden zu beobachten.

Methodisches Design der Studie *Heterogenität*

Im Folgenden soll der Frage nachgegangen werden, welche methodischen Entscheidungen vor welchem erkenntnistheoretischen bzw. methodischen Hintergrund getroffen wurden, um eine solche fachspezifische Untersuchung der Konstruktion von Differenz im instrumentalen Gruppenunterricht zu ermöglichen.

Zur systematischen Analyse von Differenzkonstruktionen wären zwei unterschiedliche forschungsmethodische Zugänge denkbar, die Ophardt und Thiel (2007) als die Rekonstruktion von „Orientierungsmustern" bzw. von „Handlungsmustern" beschreiben: Insbesondere Interviewstudien zielen auf die Rekonstruktion von Orientierungsmustern der Lehrenden, ihrer Einstellungen und Einschätzungen zu Differenzen.

Hinsichtlich der zentralen Annahme der Studie jedoch, dass die soziale und symbolische Ordnung situativ in zwischenmenschlichen Interaktionen verhandelt und
hergestellt wird, erscheint es sinnvoll, die Ebene der Handlungsmuster zu fokussieren und die Akteure innerhalb ihrer alltäglichen Interaktionen im Unterricht zu beobachten. Auf diese Weise können die Prozesse aus interaktionsbezogener Perspektive beschrieben werden und dabei auch möglicherweise implizite und unbewusste
Phänomene berücksichtigt werden.

Innerhalb der letzten Jahre wurden unterrichtliche Lehr-Lernprozesse sowohl in
erziehungswissenschaftlichen als auch fachdidaktisch orientierten Studien verstärkt
aus alltagssoziologischer Perspektive betrachtet und als soziale Praxis gedeutet
(Sturm, 2012). Auch wenn sich die einzelnen Ansätze in ihrem konkreten erkenntnistheoretischen Hintergrund und anschließendem methodischen Vorgehen im Detail
unterscheiden[2], teilen sie doch die Grundannahme, dass „alltägliches und nicht not-
wendiger Weise durch Reflexion zugängiges Wissen" (Sturm, 2012, S. 2) durch eine
Interaktionsanalyse aufgedeckt werden kann. Zudem sprechen sie dem Einzelfall
einen hohen Stellenwert zu und wählen ein mikroanalytisches, meist transkriptba-
siertes Vorgehen, um den Forschungsgegenstand in seiner Tiefenstruktur zu erschließen (Koller, 2008; Sturm, 2012). Sie legen somit die erkenntnistheoretische
Grundlage für die Rekonstruktion expliziter und impliziter Handlungsmuster und
Strategien und bieten einen Orientierungsrahmen für eine methodisch kontrollierte,
qualitative Analyse des instrumentalen Gruppenunterrichts.

Zur Erfassung dieser Interaktion eignet sich besonders die videobasierte Unterrichtsforschung, da sie neben der verbalen Interaktion (Dinkelaker & Herrle, 2009)
auch die Analyse der non-verbalen und musikbezogenen Interaktion ermöglicht (Gebauer, 2011). Im Rahmen der Studie wurden über einen Zeitraum von drei Jahren
fünf JeKi-Instrumentalgruppen von der zweiten bis zur vierten Klasse einmal im Jahr
videografiert. Die Analyse dieser Videoaufnahmen erfolgte dabei in der Forschungshaltung der Grounded Theory Methodology (Glaser & Strauss, 1998; Mey & Mruck,
2009; Breuer, 2009). Dabei muss berücksichtigt werden, dass es sich hierbei eher um
eine methodologische Grundhaltung des Forschenden, nicht um eine eindeutige Ana-
lysestrategie handelt. Das konkrete forschungspraktische Vorgehen orientiert sich
am konkreten Untersuchungsgegenstand und den jeweiligen Fragestellungen
(Strauss, 2004).

Im Hinblick auf die Fragestellung dieser Studie erscheint es beispielsweise notwendig, die einzelnen Perspektiven der beteiligten Akteure nicht unabhängig voneinander zu untersuchen, sondern sie aufeinander zu beziehen und in ihrem Zusammenspiel zu rekonstruieren. Vor diesem Hintergrund ist es sinnvoll, sequenzanalyti-
sche Verfahren in die Analyse mit einzubeziehen und dadurch auch die Reihenfolge
der Interaktionsbeiträge oder die Bezugnahme der Interaktanten aufeinander zu er-

---

2   An dieser Stelle sei insbesondere auf die Interpretative Unterrichtsforschung (z.B. Krumm-
    heuer & Naujok, 1999), die Ethnographie (z.B. Breidenstein, 2006) und die praxeologische
    Wissenssoziologie in Referenz auf Mannheim (z.B. Sturm, 2012) verwiesen.

fassen (Koller, 2008). Anschließend werden diese Befunde in den weiteren Kodier-
prozess integriert.

Auf die forschungspraktische Durchführung einer solchen Kombination wird auch
in anderen Studien hingewiesen (z.B. Breidenstein, Meier & Zaborowski, 2011; Diaz-
Bone & Schneider, 2008).

Doppelter Maßstab: Mikroanalyse einer Rückmeldesituation

Im Rahmen von Studien zur Leistungsbewertung werden besonders Rückmeldesituationen ins Auge gefasst. So beobachtet Breidenstein (2006) insbesondere das lehrerzentrierte Unterrichtsgespräch und dabei u.a. die Rückgabe von Klassenarbeiten
und die damit verbundene Bekanntgabe der Noten, um lehrercharakteristische In-
szenierungen zu identifizieren. Innerhalb der musikpädagogischen Situation des instrumentalen Gruppenunterrichts gehören Rückmeldesituationen der Lehrenden im
Anschluss an das gemeinsame Spiel zu den zentralen Orten der Konstruktion von
Leistungsdifferenz. Hier ist besonders interessant, wie sich die Lehrenden hinsichtlich des Spiels der Schülerinnen und Schüler äußern und wie dies in der weiteren
Interaktion von den beteiligten Akteuren aufgegriffen wird. Eine solche Rückmeldesituation ist folgende:

*Im Akkordeonunterricht wird die Gruppe vom Lehrenden aufgefordert gemeinsam ein
Stück zu spielen. Alle vier Schüler spielen dabei die gleiche Stimme. Währenddessen
sitzt ihnen ihr Lehrer gegenüber und verfolgt aufmerksam ihr Spiel. Als sie enden,
schließt sich folgende Interaktion an:*

Trankskript (07:54–09:23)

Lehrer:	Ja. *(Steht auf und setzt sich auf den Tisch vor Hendrik, beugt sich zu ihm hinüber)* Hendrik, du warst manchmal noch ein bisschen da-neben, auch mit dem Bass vor allen Dingen. Spielst du *(zeigt auf seine Noten)* noch einmal die erste Reihe hier vor?
Hendrik:	*(spielt)*
Lehrer:	Es geht mit dem C-Bass los. Das war nämlich eben auch so. C.
Hendrik:	*(spielt)*
Lehrer:	Dritter Finger E und jetzt kommt der E-Bass. Okay.
	So. Eine Schwierigkeit, die manche andere auch noch haben. Ver-sucht bitte mindestens einen Takt auf einer Balgbewegung zu spielen, also auf einem Atemzug. Hendrik, du hast das jetzt gerade so gemacht: Du spielst zwei Basstöne und die Töne dann in der rechten Hand schon wieder in die andere Richtung. Dann geht der Balg immer nur hin und her, *(bewegt seine Hände schnell anei-*

	nander) aber wir haben gar keine Möglichkeit, dass sich eine Melodie entfaltet.
Hendrik:	*(probiert die Balgbewegung aus)*
Lehrer:	Ein bisschen kräftiger. Genau. Stefan, machst du das mal einmal vor?
Stefan:	Was? *(Nennt Namen des Stücks)*
Lehrer:	Ja.
Stefan:	*(beginnt das Stück zu spielen)*
Lehrer:	Ja, Stefan spielt sogar zwei Takte – weiter!

Nachdem Stefan das Stück einmal komplett gespielt hat, werden auch die zwei weiteren Schüler aufgefordert das Stück jeweils noch einmal zu spielen.

Transkript (11:13–11:26)

Lehrer:	*(Wendet sich Hendrik zu)* Ja, und Hendrik noch einmal komplett. Also wenigstens einen Takt. Jeweils einatmen und dann beim nächsten ausatmen. Die meisten *(zeigt auf die anderen drei)* haben das jetzt sogar zweitaktig gespielt. Muss aber nicht sein.

Bei dieser Szene handelt es sich um eine Situation, wie sie im Rahmen des instrumentalen Gruppenunterrichts häufig zu beobachten ist. Im Anschluss an das gespielte Stück trifft der Lehrende eine oftmals situative Entscheidung, welche Inhalte er im Anschluss vertiefen und entsprechend rückmelden möchte. In diesem Fall weist er einen Schüler auf Fehler in der Tonfolge hin und bittet ihn die entsprechende Zeile noch einmal zu spielen. Dabei korrigiert er die falschen Töne. Im Anschluss daran thematisiert er gegenüber der gesamten Gruppe die Balgführung auf dem Instrument.

Interpretative Unterrichtsforschung zielt genau auf solche alltäglichen Situationen mit dem Ziel „Verfestigungen und Unreflektiertheiten sowie als problematisch erachtete Erscheinungen im Unterrichtsalltag aufzudecken, zu beschreiben und auf sie hinzuweisen" (Krummheuer & Naujok, 1999, S. 17).

Welche interaktionsbezogenen Merkmale lassen sich in einer solchen alltäglichen Rückmeldesituation aufdecken und beschreiben? Im Folgenden wird vor dem Hintergrund der in Kapitel 4 dargestellten theoretischen und methodischen Überlegungen zur Konstruktion von Leistungsdifferenz eine entsprechende Analyse durchgeführt und damit exemplarisch deutlich gemacht, was ein mikroanalytischer Zugriff im Hinblick auf das leitende Erkenntnisinteresse leisten kann. Notwendigerweise wird dabei die Komplexität des Unterrichtsgeschehens bezüglich des leitenden Erkenntnisinteresses reduziert dargestellt.

Wie werden Kriterien für Differenz in die Unterrichtssituation eingebracht?

Einen zentralen Teilaspekt dieser Studie stellt die Frage dar, anhand welcher Kriterien Differenz innerhalb der Interaktion konstruiert wird und wie die Kriterien in die Situation eingebracht werden. Innerhalb dieser Sequenz lassen sich zunächst zwei Kriterien identifizieren, die durch die unmittelbare Rückmeldung des Lehrers an die Situation explizit anlegt werden und anhand derer das Spiel in der Situation bewertet wird: Die richtige Tonfolge (*„Hendrik, du warst manchmal noch ein bisschen daneben, auch mit dem Bass vor allen Dingen"*) und die mindestens eintaktige Balgführung beim Spiel des Stücks (*„Versucht bitte mindestens einen Takt auf einer Balgbewegung zu spielen, also auf einem Atemzug"*).

Betrachtet man nun den weiteren Interaktionsverlauf, so gibt dieser jedoch Hinweise darauf, dass Kriterien nicht nur durch die Lehrkraft, sondern oftmals auch durch eine Kombination von Lehrer- und Schülerhandlung in die Unterrichtssituation hineingebracht werden können. Indem der Lehrer in Rahmen seiner Rückmeldung die Formulierung *„mindestens"* wählt, eröffnet er an dieser Stelle einen Spielraum, auf den die Schüler reagieren können. Anstatt an Hendrik, der bereits den Versuch startet, das Stück entsprechend zu spielen, wendet sich der Lehrer nun Stefan zu und fordert ihn auf, diese Balgtechnik einmal vorzumachen (*„Stefan, machst du das mal einmal vor?"*). Der in diesem Zusammenhang als Modellschüler inszenierte Stefan kommt dieser Aufforderung nach und spielt nun direkt zwei Takte auf einer Balgführung. Hierauf reagiert der Lehrer nun wiederum direkt und meldet ihm wertschätzend zurück, dass er bemerkt hat, dass er zweitaktig gespielt hat (*„Ja, Stefan spielt sogar zwei Takte"*) und beurteilt dies entsprechend positiv, markiert durch das Wort *„sogar"*.

Hier wird also ein zweistufiges Kriterium, nämlich ein Mindeststandard und ein darüberhinausgehendes Kriterium (zweitaktig zu spielen), durch eine Kombination von Lehrer- und Schülerhandlung in die Unterrichtssituation hineingebracht. Dabei kann man vermuten, dass es sich bei dieser Etablierung nicht um eine bewusste Planungsentscheidung des Lehrers handelt, sondern, dass die Veränderung des Kriteriums Balgführung im Prozess interaktionsbedingt ist und situativen Charakter hat.

Welche Rückmeldestrategien bedingen eine leistungsbezogene Exposition?

Innerhalb der Sequenz ist zudem insbesondere der an diese Interaktion anschließende Kommentar des Lehrers von Interesse, mit dem er sich nach dem Spiel der drei anderen Schüler wieder Hendrik zuwendet und ihn auffordert, das Stück auch noch einmal zu spielen: *„Ja, und Hendrik noch einmal komplett. Also wenigstens einen Takt"*. Mit der Formulierung *„wenigstens"* knüpft er an das eingangs der Szene aufgestellte Kriterium an. Er bleibt somit im Maßstab zunächst konstant. Direkt im Anschluss fügt er aber Folgendes hinzu: *„Die meisten haben das jetzt sogar zweitaktig gespielt. Muss aber nicht sein"*. Auch hier verweist er durch die Formulierung *„sogar"* wieder auf die höhere Bewertung einer Balgführung über zwei Takte hinweg.

Dadurch tritt das erstbenannte Kriterium (1 Takt) zunächst in den Hintergrund. Die Komplexität dieser Äußerung wird ersichtlich, wenn man nun die anschließende Bemerkung *„Muss aber nicht sein"* in diesen Deutungskontext miteinbezieht.

Ziel eines interpretativen Verfahrens zur Wissenserschließung ist das „Einordnen von Sinneinheiten (Handlungen, Gesprächsäußerungen, Texten) in einen umgreifenden Bedeutungshorizont, ihr Verständlich- und Nachvollziehbarmachen innerhalb eines gegebenen bzw. unterstellten Interpretationsrahmens." (Breuer, 2010, S. 44). In diesem Sinne ergeben sich hinsichtlich der Adressierung und Intention dieser letzten Bemerkung mindestens zwei unterschiedliche Lesarten:

Rein transkriptbasiert kann man die Äußerung dahingehend interpretieren, dass der Lehrende allen Schülern gegenüber noch einmal das Kriterium zusammenfassend darstellen möchte: Mindestmaß stellt für ihn die eintaktige Balgführung dar, eine zweitaktige geht darüber hinaus.

In diesem Zusammenhang liefert jedoch der videografische Zugriff weitere Informationen. Der Lehrer zeigt während der Äußerung *„Die meisten haben das jetzt sogar zweitaktig gespielt"* auf die drei anderen Schüler und wendet sich bei der Formulierung *„Muss aber nicht sein"* dann wiederum Hendrik zu. Das Zusammenspiel der Äußerungen des Lehrers mit seiner Körperhaltung und vor allem seiner Blickrichtung legt also eine andere Deutung nahe: Mit dem letzten Satz wird explizit Hendrik angesprochen. Wenn man diesen Satz aus dieser Perspektive der Adressierung und Zuwendung interpretiert, dann bekommt die Formulierung *„Muss aber nicht"* einen individualisierten Charakter und begründet eine Separation des Schülers von der Gruppe.

Für unsere zugrundgelegte Fragestellung ist diese Szene von besonderem Interesse, weil sie eine deutliche Ambivalenz in der Handlung des Lehrers aufdeckt: Innerhalb der beobachteten Interaktion lässt sich einerseits rekonstruieren, dass der Lehrer unterschiedliche Ansprüche an die Leistung seiner Schüler stellt und dementsprechend unterschiedliche Aufgaben formuliert. Ein solcher Ansatz von Individualisierung und Differenzierung gilt innerhalb der aktuellen Diskussion um Leistungsdifferenzen prinzipiell als zentrales Merkmal eines angemessenen Umgangs mit der Heterogenität (z.B. Wischer, 2007). Dabei benötigen Lehrende eine hohe Diagnosekompetenz, um zunächst eine Vorstellung über individuelle Leistungsvoraussetzungen des jeweiligen Kindes zu erhalten und darauf aufbauend ein Angebot mit entsprechenden individuellen Aufgaben, Zielen und Inhalten bereit stellen zu können (Trautmann & Wischer, 2011; Helmke, 2013). Allerdings gibt bereits Clausen (2002) zu bedenken, dass aus Sicht der Schülerinnen und Schüler eine Leistungsgruppierung auch als Abwertung bzw. Verstoß gegen die Gleichbehandlungsnorm empfunden werden könnte.

Indem der Lehrer die Notwendigkeit der Differenzierung explizit formuliert und dabei nur einen Schüler adressiert, kann die damit möglicherweise intendierte entlastende Funktion wieder aufgehoben werden. Denn die Differenzierung des individualisierten Maßstabes markiert gleichzeitig, dass der Schüler lediglich einen Mindeststandard erfüllt, während die anderen Kinder darüber hinausgehen.

In diesem Zusammenhang verweist diese Szene noch auf eine besondere Herausforderung, mit der Lehrende kontinuierlich umgehen müssen: Zwar stellen Rückmeldungen und Feedback ein alltägliches Moment im Rahmen von Unterricht dar, gleichzeitig fordern diese Situationen jedoch ein besonderes Augenmerk, da sie Schülerinnen und Schüler einerseits motivieren können, gleichzeitig aber auch die Gefahr bergen, den Lernenden und sein Lernen negativ zu beeinflussen (Jachmann 2003, S. 25). Bedeutsam ist dabei immer auch das soziale Setting, in dem eine solche Rückmeldung stattfindet:

> „Für alle ‚pädagogischen' Anliegen, die sich mit der Praxis der Leistungsbewertung verknüpfen lassen, ist die Öffentlichkeit der Schulklasse der entscheidende Verstärker und Resonanzboden: Jedes Lob – so die implizite Überzeugung – wird verstärkt durch das Publikum der Mitschüler und jede Mahnung wirkt vielfach, wenn sie die ganze Klasse mithört – nicht nur auf den Betroffenen durch den öffentlichen Charakter der Beschämung, sondern auch auf alle anderen durch die Wirkung des abschreckenden Beispiels" (Breidenstein 2011, S. 357).

Gerade im instrumentalen Gruppenunterricht des JeKi-Programms ist dieser öffentliche Charakter der Situation besonders ausgeprägt. So bestehen die Gruppen dort aus 3-5 Kindern. Zudem gilt es im Instrumentalunterricht als eine zentrale Aufgabe, die Schülerinnen und Schülern bei ihrer Entwicklung auf dem Instrument zu begleiten, ihnen im Anschluss an ihr Spiel eine individuelle Rückmeldung zu geben und sie auf Fehler hinzuweisen (Greuel, 2007). Im Hinblick auf diese zentrale Funktion der Rückmeldungen und die eher frontale Gestaltung stellt der instrumentale Gruppenunterricht für die Schülerinnen und Schüler somit ein Setting dar, in dem sie stets präsent und hörbar im Fokus der Aufmerksamkeit aller Beteiligten stehen.

Hier offenbart sich ein mögliches Dilemma der Lehrenden: Zum einen stellt sich für die Lehrkraft der Anspruch, sich ihren Schülerinnen und Schülern individuell zuzuwenden und sie auf ihre Fehler hinzuweisen, gleichzeitig kann damit jedoch auch verbunden sein, sie in Bezug auf ihre Leistung zu exponieren. Dies sollte reflektiert werden.

Fazit und Ausblick

Die differenzierte Analyse der kurzen Unterrichtssequenz lieferte Hinweise auf grundlegende Muster der Konstruktion von Leistungsdifferenz im instrumentalen Gruppenunterricht. In einem anschließenden Prozess des Vergleichens und Kontrastierens (Kelle & Kluge, 2010) sowohl auf der Ebene des Innerfallvergleichs als auch fallübergreifend konnten solche, zunächst auf der Einzelfallebene identifizierte Phänomene als übergreifende Muster bestätigt werden, so auch der in diesem Beitrag darstellte Zusammenhang zwischen den Rückmeldestrategien der Lehrenden und der Exposition eines „Modell-" bzw. eines „Problemschülers". Das gilt ebenso für die Annahme des teilweise situativen Charakters der Aushandlungen von Leistungskriterien. Darüber hinaus zeigt das Fallbeispiel, dass Kriterien nicht nur durch die Setzung des Lehrenden, sondern auch u.U. in der Interaktion gemeinsam mit Schülerinnen und Schülern konstruiert werden.

In diesem Sinne ermöglicht der mikroanalytische Zugang zum Videomaterial die Rekonstruktion von Interaktionsmustern, die auf das dahinterliegende Phänomen der Konstruktion von Leistungsdifferenz verweisen. Gerade bei der berichteten Unterrichtssequenz wurde in methodischer Hinsicht deutlich, auf welche Art und Weise insbesondere die durch den videographischen Zugriff mögliche Einbeziehung von Aspekten wie Körperhaltung und Blickrichtung einen analytischen Mehrwert bedeuten kann. Dabei zielt die empirische Rekonstruktion nicht auf eine normative Bewertung dieser Handlungsmuster, sondern stellt eine Möglichkeit dar, die Komplexität der Interaktionsprozesse im Rahmen musikpädagogischer Alltagssituationen für eine differenziertere Reflexion und Diskussion zugänglich zu machen.

Literatur

Berger, P. L. & Luckmann, T. (2010). *Die gesellschaftliche Konstruktion der Wirklichkeit: Eine Theorie der Wissenssoziologie* (23. Auflage.). Frankfurt a. M.: Fischer-Taschenbuch-Verlag.

Blumer, H. (1973/2004). Der methodologische Standort des Symbolischen Interaktionismus. In J. Strübing & B. Schnettler (Hrsg.), *Methoden interpretativer Sozialforschung* (S. 429–553). Konstanz: UVK-Verlagsgesellschaft.

Breidenstein, G. (2006). *Teilnahme am Unterricht: Ethnographische Studien zum Schülerjob.* Wiesbaden: VS Verlag für Sozialwissenschaften.

Breidenstein, G. (2011). Zusammenfassende und vergleichende Betrachtungen. In U. K. Zaborowski, M. Meier & G. Breidenstein (Hrsg.), *Leistungsbewertung und Unterricht. Ethnographische Studien zur Bewertungspraxis in Gymnasium und Sekundarschule* (S. 345–366). Wiesbaden: VS Verlag für Sozialwissenschaften.

Breidenstein, G. & Bernhard, T. (2011). Unterrichtsinteraktion und implizite Leistungsbewertung. In U. K. Zaborowski, M. Meier & G. Breidenstein (Hrsg.), *Leistungsbewertung und Unterricht. Ethnographische Studien zur Bewertungspraxis in Gymnasium und Sekundarschule* (S. 321–343). Wiesbaden: VS Verlag für Sozialwissenschaften.

Breidenstein, G. & Kelle, H. (1998). *Geschlechteralltag in der Schulklasse. Ethnographische Studien zur Gleichaltrigenkultur.* Weinheim: Juventa.

Breidenstein, G., Meier, M. & Zaborowski, K. U. (2011). Das Projekt Leistungsbewertung in der Schulklasse. In U. K. Zaborowski, M. Meier & G. Breidenstein (Hrsg.), *Leistungsbewertung und Unterricht. Ethnographische Studien zur Bewertungspraxis in Gymnasium und Sekundarschule* (S. 15–38). Wiesbaden: VS Verlag für Sozialwissenschaften.

Breuer, F. (2010). *Reflexive Grounded Theory. Eine Einführung für die Forschungspraxis* (2. Auflage). Wiesbaden: VS Verlag für Sozialwissenschaften.

Budde, J. (Hrsg.) (2013). *Studien zur Schul- und Bildungsforschung. Unscharfe Einsätze: (Re-)Produktion von Heterogenität im schulischen Feld.* Wiesbaden: Springer Fachmedien.

Budde, J., Scholand, B. & Faulstich-Wieland, H. (2008). *Geschlechtergerechtigkeit in der Schule. Eine Studie zu Chancen, Blockaden und Perspektiven einer gender-sensiblen Schulkultur.* Weinheim: Juventa-Verlag.

Clausen, M. (2002). *Qualität von Unterricht – Eine Frage der Perspektive?.* Münster: Waxmann.

Diaz-Bone, R. & Schneider, W. (2008). Qualitative Datenanalysesoftware in der sozialwissenschaftlichen Diskursanalyse – Zwei Praxisbeispiele. In R. Keller, A. Hirseland, W. Schneider & W. Viehöver (Hrsg.), *Handbuch Sozialwissenschaftliche Diskursanalyse. Band 2: Forschungspraxis* (3., akt. u. erweit. Aufl.) (S. 491–530). Wiesbaden: VS Verlag für Sozialwissenschaften.

Dinkelaker, J. & Herrle, M. (2009). *Erziehungswissenschaftliche Videographie. Eine Einführung.* Wiesbaden: VS Verlag für Sozialwissenschaften.

Faulstich-Wieland, H., Weber, M. & Willems, K. (2004). *Doing Gender im heutigen Schulalltag.* Weinheim und München: Juventa.

Fritzsche, B. & Tervooren, A. (2012). Doing difference while doing ethnography? Zur Methodologie ethnographischer Untersuchungen von Differenzkategorien. In B. Friebertshäuser, H. Kelle, H. Boller, S. Bollig, C. Huf & A. Langer (Hrsg.), *Feld und Theorie. Herausforderungen erziehungswissenschaftlicher Ethnographie* (S. 25–39). Opladen: Budrich.

Gebauer, H. (2011). „Es sind Kamera-Themen." Potenziale und Herausforderungen videobasierter Lehr-Lernforschung in der Musikpädagogik. *Beiträge Empirischer Musikpädagogik 2*(2), 1–58. http://www.b-em.info/index.php?journal=ojs&page=article&op=view&path%5B%5D=57&path%5B%5D=147 [24.12.2012].

Gellert, U. & Hümmer, A.-M. (2008). Soziale Konstruktion von Leistung im Unterricht. *Zeitschrift für Erziehungswissenschaft, 11*(2), 288–311.

Glaser, B. G. & Strauss, A. L. (1998). *Grounded Theory: Strategien qualitativer Forschung.* Bern: Huber.

Greuel, T. (2007). Theorie musikpädagogischer Diagnose. In T. Greuel (Hrsg.), *In Möglichkeiten denken – Qualität verbessern. Auf dem Weg zu einer musikpädagogischen Diagnostik* (S. 25–56). Kassel: Bosse.

Haig, Y. & Oliver, R. (2003). Language variation and education: Teachers' perceptions. *Language and Education, 17*, 266–280.

Heinzel, F. & Prengel, A. (2012). Heterogenität als Grundbegriff inklusiver Pädagogik. *Zeitschrift für Inklusion, 3,* 1–9. http://www.inklusion-online.net/index.php/inklusion/article/view/161/151 [21.05.2013].

Helmke, A. (2013). Individualisierung: Hintergrund, Missverständnisse, Perspektiven. *Pädagogik 2*, 34–37.

Huf C. & Friebertshäuser, B. (2013). Über Felder, Theorien und Horizonte ethnographischer Forschung in der Erziehungswissenschaft – eine Einleitung. In B. Friebertshäuser, H. Kelle, H. Boller, S. Bollig, C. Huf & A. Langer (Hrsg.), *Feld und Theorie. Herausforderungen erziehungswissenschaftlicher Ethnographie* (S. 25–39). Opladen: Budrich.

Jachmann, M. (2003). *Noten oder Berichte? Die schulische Beurteilungspraxis aus der Sicht von Schülern, Lehrern und Eltern* (=Schule und Gesellschaft, 29). Opladen: Leske & Budrich.

Kalthoff, H. (2000). „Wunderbar, richtig". Zur Praxis des mündlichen Bewertens im Unterricht. *Zeitschrift für Erziehungswissenschaft, 3*, 429–446.

Kelle, U. & Kluge, S. (2010). *Vom Einzelfall zum Typus. Fallvergleich und Fallkontrastierung in der qualitativen Sozialforschung* (2. überarb. Aufl.). Wiesbaden: VS Verlag für Sozialwissenschaften.

Knigge, J. & Lehmann-Wermser, A. (2008). Bildungsstandards für das Fach Musik – Eine Zwischenbilanz. *Zeitschrift für Kritische Musikpädagogik*, 59–98.

Koller, H.-C. (2008). Interpretative und partizipative Forschungsmethoden. In H. Faulstich-Wieland & P. Faulstich (Hrsg.), *Erziehungswissenschaft. Ein Grundkurs* (S. 606–621). Reinbek b. Hamburg: Rowohlt.

Kron, M. (2010). Ausgangspunkt: Heterogenität. Weg und Ziel: Inklusion? Reflexionen zur Situation im Elementarbereich. *Zeitschrift für Inklusion, 3,* 1–7. http://www.inklusion-online.net/index.php/inklusion/article/view/65/68 [08.05.2013].

Krummheuer, G. & Naujok N. (1999). *Grundlagen und Beispiele Interpretativer Unterrichtsforschung.* Opladen: Leske & Budrich.

Mey, G. & Mruck, K. (2009). Methodologie und Methodik der Grounded Theory. In W. Kempf & M. Kiefer (Hrsg.), *Forschungsmethoden der Psychologie. Zwischen naturwissenschaftlichem Experiment und sozialwissenschaftlicher Hermeneutik, Band 3. Psychologie als Natur- und Kulturwissenschaft. Die soziale Konstruktion der Wirklichkeit* (S. 100–152). Berlin: Regener.

Morgan, C., Tsatsaroni, A. & Lerman, S. (2002). Mathematics teachers' positions and practices in discourses of assessment. *British Journal of Sociology of Education, 23*, 445–461.

Ophardt, D. & Thiel, F. (2007). Klassenmanagement als professionelle Gestaltungsleistung. In D. Lemmermöhle, M. Rothgangel, S. Bögeholz, M. Hasselhorn & R. Watermann (Hrsg.), *Professionell Lehren – Erfolgreich Lernen* (S. 133–145). Münster: Waxmann.

Prengel, A. (2003). Kinder akzeptieren, diagnostizieren, etikettieren? Kulturen- und Leistungsvielfalt im Bildungswesen. In B. Warzecha (Hrsg.), *Heterogenität macht Schule. Beiträge aus sonderpädagogischer und interkultureller Perspektive* (S. 27–40). Münster: Waxmann.

Schür, S. (2010). Inklusion und Diversity Management – Perspektiven einer Pädagogik für alle Kinder. *Zeitschrift für Inklusion, 3,* 1–11. http://www.inklusion-online.net/index.php/inklusion/article/view/68/72 [08.05.2013].

Seitz, S. (2008). Leitlinien didaktischen Handelns. *Zeitschrift für Heilpädagogik, 59,* 226–233.

Strauss, A. L. (2004). Methodologische Grundlagen der Grounded Theory. In J. Strübing & B. Schnettler (Hrsg.), *Methoden interpretativer Sozialforschung* (S. 429–553). Konstanz: UVK-Verlagsgesellschaft.

Sturm, T. (2012). Praxeologische Unterrichtsforschung und ihr Beitrag zu inklusivem Unterricht. *Zeitschrift für Inklusion, 1-2,* 1–20. http://www.inklusion-online.net/index.php/inklusion/article/view/151/143 [09.05.2013].

Trautmann, M. & Wischer, B. (2011). *Heterogenität in der Schule. Eine kritische Einführung.* Wiesbaden: VS Verlag für Sozialwissenschaften.

Trautwein, U. & Baeriswyl, F. (2007). Wenn leistungsstarke Klassenkameraden ein Nachteil sind. Referenzgruppeneffekte bei Übertrittsentscheidungen. *Zeitschrift für Pädagogische Psychologie, 21*(2), 119–133.

Vogt, J., Heß, F. & Rolle, C. (Hrsg.) (2012). *Musikpädagogik und Heterogenität auf dem Weg zur Vermittlungswissenschaft? Sitzungsbericht 2011 der Wissenschaftlichen Sozietät Musikpädagogik.* Münster: Lit Verlag.

Wenning, N. (2007). Heterogenität als Dilemma für Bildungseinrichtungen. In S. Boller, E. Rosowski & T. Stroot (Hrsg.), *Heterogenität in der Schule und Unterricht* (S. 21–31). Weinheim und Basel: Beltz.

West, C. & Fenstermaker, S. (1995). Doing Difference. *Gender and Society*, 9(1), 8–37.

Wischer, B. (2007). Heterogenität als komplexe Anforderung an das Lehrerhandeln. Eine kritische Betrachtung schulpädagogischer Erwartungen. In S. Boller, E. Rosowski & T. Stroot (Hrsg.), *Heterogenität in der Schule und Unterricht* (S. 21–31). Weinheim u. Basel: Beltz.

Kerstin Heberle & Ulrike Kranefeld
Universität Bielefeld
Fakultät für Linguistik und Literaturwissenschaft
Musikpädagogische Forschungsstelle
Postfach 10 01 31
D-33501 Bielefeld
kerstin.heberle@uni-bielefeld.de; ulrike.kranefeld@uni-bielefeld.de

Thomas Busch, Ulrike Kranefeld & Svenja Koal

Klasseneffekte oder individuelle Einflussgrößen

Was bestimmt die Teilnahme am Instrumentallernen im Grundschulalter?

Class level or first level effects: What determines participation in instrumental learning during primary school?

Within the current discussion on cultural participation of children, a social selectivity in the active and receptive participation in the arts is often reported. Within the context of the program "An instrument for every child" (JeKi), this contribution examines which factors affect (non-)participation in either the JeKi-program, private instrumental lessons outside school, and in both options. Aspects of the parental and familial cultural capital, parental support and interaction, and the musical self-concept of children dominate the decision to participate in one of the forms of instrumental learning, in none of them or in both. The present contribution shows, that also within the frame of the program "An instrument for every child" social and cultural disparities become visible in the way children participate in the different options of instrumental learning, and that this participation is also subject to a certain social and cultural selectivity.

Einleitung

In den vergangenen Jahren hat die Diskussion um kulturelle Teilhabe im Rahmen der Ergebnisse großer Bildungsstudien zugenommen. Diese hatten eine hochgradige Abhängigkeit des Bildungserfolgs und des Kompetenzerwerbs vom sozialen Hintergrund der Kinder und ihrer Familien konstatiert (u.a. Ehmke & Jude 2010, S. 250). Auch für den Teilaspekt der kulturellen Teilhabe ließen sich in Studien soziale Disparitäten feststellen: Die rezeptive Nutzung kultureller Angebote durch Kinder und Jugendliche unterliegt einer deutlichen sozialen Selektivität (Autorengruppe Bildungsberichterstattung 2012, S. 165).[1]

---

1   Dabei scheint das Konstrukt der kulturellen Teilhabe in den vorliegenden Studien sehr unterschiedlich konturiert zu sein. Eine eingehende Diskussion des Konstrukts kann an dieser Stel-

Gleichzeitig ist mit dem Programm *Jedem Kind ein Instrument* eine große Initiative zur Förderung frühen Instrumentallernens in der Grundschulzeit angelaufen. Die Initiatoren[2] verfolgen dabei explizit das Ziel, die Kluft „zwischen kulturaffinen Elternhäusern und bildungsfernen Schichten" (Kulturstiftung des Bundes, 2012) in Bezug auf kulturelle Bildung zu verringern, eine „Grundversorgung" (ebd.) sicherzustellen und im demokratischen Sinne niemanden von der Alphabetisierung in Sachen Kunst auszuschließen (Völckers, 2007). Die Teilnahme von Kindern an Instrumentalunterricht während der Grundschulzeit wird hier also als ein Aspekt aktiver kultureller Teilhabe gedeutet und wird im Folgenden einer Analyse unterzogen.

Stand der Forschung zur Teilhabe an kulturellen Aktivitäten und zur Teilnahme am Instrumentallernen

Teilhabe an kulturellen Aktivitäten

Zur Teilhabe an kulturellen Aktivitäten als Teilaspekt kultureller Teilhabe sind in den vergangenen Jahren eine Reihe von Wirkungsstudien entstanden, die sich um die Bestimmung von Prädiktoren für eine solche Teilhabe bemüht haben.[3]

Eine Gruppe dieser Prädiktoren umfasst Merkmale, die nach Bourdieu (1987, S. 183ff.) als Elemente des kulturellen Kapitals bezeichnet werden können[4]. McManus und Furnham (2006, S. 570) fanden in einer britischen Studie zu verschiedenen Formen kultureller Aktivitäten heraus, dass der Bildungshintergrund von Studierenden und deren Eltern kleine Effekte auf das Ausmaß ihrer kulturellen Aktivitäten hat. Bei Huth und Weishaupt (2009, S. 232) findet sich ein Einfluss des individuellen und des väterlichen Bildungsniveaus auf die Teilhabe an kulturellen Aktivitäten. Bei van Wel et al. (2006, S. 75ff.) konnten solche direkten Einflüsse in Strukturgleichungs-

---

le nicht geführt werden. Für einen Überblick zur Unschärfe des Begriffs siehe Lehmann-Wermser & Jessel-Campos (2013, S. 131ff.).

2   Das Programm *Jedem Kind ein Instrument* in NRW wurde im Jahr 2007 initiiert von der Kulturstiftung des Bundes, dem Land Nordrhein-Westfalen und der Zukunftsstiftung Bildung in der GLS Treuhand e.V. unter Beteiligung der Kommunen des Ruhrgebiets, privater Förderer und der teilnehmenden Familien.

3   Es muss dazu angemerkt werden, dass die Operationalisierung der Teilhabe an kulturellen Aktivitäten in den im Folgenden aufgeführten Studien recht unterschiedlich ist. In der Regel umfasst die Definition aber Besuche in unterschiedlichen kulturellen Einrichtungen (Theater, Konzerte, Ballett, Kino, Zoo, Messen, Sportveranstaltungen etc.).

4   Er unterscheidet zwischen ökonomischem, kulturellem, sozialem und symbolischem Kapital (Kramer, 2011, S. 42). Die Position einer Person innerhalb des sozialen Raums lässt sich nach Bourdieu anhand von zwei verschiedenen Dimensionen bestimmen: Quantitativ über den Gesamtumfang an Kapital, über das die Person verfügt, und qualitativ über die Zusammensetzung dieses Gesamtkapitals als Verhältnis der verschiedenen Kapitalsorten zueinander (Bourdieu, 1985, S. 11).

modellen nur für rezeptive Aspekte der Teilhabe an kulturellen Aktivitäten gefunden werden, während indirekte Einflüsse des Bildungsniveaus der Mutter sowohl auf die Teilhabe an aktiven wie rezeptiven Aktivitäten offensichtlich wurden. Für Variablen zum Bildungshintergrund der Eltern und zum sozioökonomischen Status in der Kategorie „Sozialer Hintergrund" stellten Kröner et al. (2008, S. 107f.) positive Zusammenhänge dieser Kategorie mit der Teilhabe an hochkulturellen Aktivitäten wie Opern- und Theaterbesuchen in der schulischen Sekundarstufe fest.

Zudem treten auch Einflüsse aus dem Bereich des ökonomischen Kapitals als Prädiktoren für kulturelle Teilhabe auf: Der sozioökonomische Status hängt, gemessen am Haushaltseinkommen der Familie, mit einer signifikanten Steigung der kulturellen Aktivität zusammen (Huth & Weishaupt, 2009, S. 233; Keuchel & Larue, 2012, S. 4).

Neben Merkmalen des kulturellen und ökonomischen Kapitals werden in vielen Studien auch Merkmale der Persönlichkeit als wichtige Prädiktoren für die Teilhabe an kulturellen Aktivitäten vermutet. Besonders häufig wird bei der Untersuchung auf das persönlichkeitspsychologische Konzept der fünf großen Persönlichkeitsmerkmale („Big Five") zurückgegriffen (Extraversion, Verträglichkeit, Gewissenhaftigkeit, Neurotizismus, Offenheit; siehe DeRaad, 2000). Die Befunde hierzu sind allerdings uneinheitlich: Oft finden sich nur Einflüsse aus dem Bereich der Offenheit (u.a. Kraaykamp & van Eijck, 2005, S. 1684; Kröner et al., 2012, S. 22), in anderen Studien mindestens auch indirekte Einflüsse aller fünf Bereiche (u.a. McManus & Furnham, 2006, S. 570f.). Eine wichtige Rolle scheint zudem der individuell der kulturellen Aktivität zugemessene Wert zu spielen (Kröner & Dickhäuser, 2009, S. 59). Auch das musikalische Selbstkonzept zeigte in Studien einen substantiellen Effekt auf die kulturelle Aktivität im Bereich der Musik (Fritzsche, Kröner & Pfeiffer, 2011, S. 109).

Ebenfalls bei Kröner finden sich Einflüsse der kulturellen Aktivität des Umfeldes (kulturelle Affinität der Familie und der Peer Group) auf die eigene kulturelle Aktivität (Kröner et al., 2012, S. 20; Kröner & Dickhäuser, 2009, S. 59).

Schließlich werden demografische Faktoren in verschiedenen Studien als Prädiktoren für die Teilhabe an kulturellen Aktivitäten genannt: Van Wel et al. (2006, S. 75) fanden Einflüsse des Geschlechts auf die aktive und rezeptive kulturelle Partizipation – mit stärkeren Ausprägungen bei Mädchen und Frauen, ebenso Huth & Weishaupt (2009, S. 232). Bei van Wel et al. (2006, S. 75) ließ sich auch ein indirekter negativer Effekt eines Migrationshintergrunds auf die kulturelle Partizipation bestätigen.

Laut aktueller Forschungslage stellen also Einflussgrößen aus den Bereichen Bildungshintergrund, sozioökonomischer Status, Persönlichkeit, kulturelle Aktivität des sozialen Umfelds, sowie demografische Faktoren wie Geschlecht und Migrationshintergrund wesentliche Prädiktoren kultureller Teilhabe dar. Sie kommen daher trotz der Unterschiedlichkeit des Fokus in der Untersuchung auch für eine Prüfung ihrer Einflüsse auf die Teilnahme am Instrumentallernen in der Grundschulzeit in Betracht.

Musikpädagogische Forschung zur Teilnahme am Instrumentallernen

Auch im Feld der Musikpädagogik sind in der Vergangenheit einige Forschungsarbeiten zu Einflussgrößen auf die Teilnahme und das Ausscheiden aus dem Instrumentallernen entstanden. Eine Reihe von gemessenen Einflussgrößen überschneidet sich dabei mit denen aus der oben dargestellten Forschung zur Teilhabe an kulturellen Aktivitäten, andere treten musikspezifisch hinzu.

Zusammenfassend konnten die folgenden Gruppen an Einflussgrößen auf die Teilnahme an Instrumentallernen identifiziert werden:[5]

– der sozioökomonische Status der Familie (Klinedinst, 1991, S. 233f.; Hollingshead, 1957; Albert, 2006)

– motivationale Einflussgrößen (Hallam, 1998, S. 126f.) und die Interessenlage der Kinder und Jugendlichen (Hurley, 1995, S. 51)

– Einflüsse durch Unterstützung und interpersonale Beziehungsmuster von Lehrern (Hallam, 1998, S. 126) und Eltern (Creech, 2010, S. 25)

– das Ausmaß des Übens (Sloboda, Davidson, Howe & Moore, 1996, S. 287),

– musikalische Aktivitäten der Familie und deren Nähe zur Musik (Hurley, 1995, S. 48)

– das musikalische Selbstkonzept (Kröner, Schwanzer & Dickhäuser, 2009, S. 234)

– sozioökonomische Faktoren wie Teilnahmegebühren (Beckers & Beckers, 2008, S. 97f.)

Allein schon angesichts der zugrundeliegenden durchaus heterogenen Studiendesigns dieser Forschungsarbeiten sind die Ergebnisse nicht unmittelbar auf die besondere Situation des Instrumentallernens von Schülerinnen und Schülern an JeKi-Grundschulen übertragbar, liefern aber Hinweise auf mögliche Prädiktoren, die teilweise auch in Bezug auf die (kontinuierliche) Teilnahme am JeKi-Programm untersucht wurden. Busch, Dücker und Kranefeld (2012, S. 228f.) konnten in logistischen Regressionen Einflussfaktoren auf die Entscheidung zu einer weiteren Teilnahme am JeKi-Unterricht zeigen: Hier spielten die Relevanz von JeKi für die kindliche Entwicklung in der Elternwahrnehmung, die wahrgenommene Angemessenheit der Programmgebühren und das musikalische Selbstkonzept der Schüler die wichtigste Rolle. In Mehrebenenanalysen stellten Kranefeld, Busch und Dücker (2014, i. Dr.) heraus, dass eine Reihe von Faktoren aus dem Bereich von Persönlichkeit, Elternunterstützung und Organisationsfaktoren eine Rolle bei der Teilnahmeentscheidung am JeKi-Programm spielen. Bei Nonte und Schwippert (2014, i. Dr.) wird deutlich, dass das JeKi-Programm in Hamburg – dem dortigen Ansatz eines Schwerpunktes der Ar-

---

5   Für eine ausführlichere Darstellung der Forschungslage sei auf den Beitrag der Autoren im AMPF-Band Nr. 33 verwiesen (Busch, Dücker & Kranefeld, 2012, S. 214ff.).

beit an Schulen mit soziokulturellem Entwicklungsbedarf entsprechend – in stärkerem Maße Kinder aus potentiell bildungsbenachteiligten Risikogruppen erreicht als in Nordrhein-Westfalen. In keiner der bisherigen Studien wurde jedoch die Teilnahme an JeKi-Unterricht und außerschulischem Instrumentalunterricht – und damit die Teilnahme an Instrumentalunterricht in der Grundschulzeit insgesamt – zugleich betrachtet. Denn: Eine Besonderheit im Forschungsfeld JeKi besteht darin, dass für die Kinder der beteiligten Grundschulen prinzipiell eine Möglichkeit zur doppelten Angebotsnutzung (JeKi-Unterricht und außerschulischer Instrumentalunterricht) besteht. Zu fragen ist also, welche Einflüsse in dieser Situation möglicher doppelter Angebotsnutzung dazu beitragen, dass bestimmte Schüler keinerlei Instrumentalunterricht wählen, andere sich für eine der beiden Möglichkeiten entscheiden und wiederum andere das Angebot beider Formen von Instrumentalunterricht wahrnehmen.

Hypothesen

Der in den vorangegangenen Abschnitten aufgeführte Stand der Forschung stellt die theoretische Basis für die Bildung der folgenden, die Untersuchung leitenden Hypothesen dar:

- Hohe Anteile an ökonomischem und kulturellem Kapital, positives musikalisches Selbstkonzept, starke Elternunterstützung, hohe Lern- und Leistungsfähigkeit der Schüler, weibliches Geschlecht und kein Migrationshintergrund erhöhen die Wahrscheinlichkeit, gleichzeitig an JeKi-Unterricht und außerschulischem Instrumentalunterricht teilzunehmen.

- Eine Entscheidung für die alleinige Teilnahme am JeKi-Unterricht ist eher von wenig kultureller Partizipation und einer geringen Relevanz des Musikmachens in der Familie geprägt.

- Bei der Entscheidung zur alleinigen Teilnahme an außerschulischem Instrumentalunterricht werden Aspekte des kulturellen Kapitals wie das Instrumentalspiel der Eltern, starke kulturelle Partizipation und Einflüsse des ökonomischen Kapitals wirksam.

- Niedrige Anteile an ökonomischem Kapital, geringes kulturelles Kapital, gering ausgeprägte musikalische Selbstkonzepte, wenig Elternunterstützung, geringe Lern- und Leistungsfähigkeit der Schüler, männliches Geschlecht und Migrationshintergrund erhöhen die Wahrscheinlichkeit, an keiner der beiden Angebotsformen für Instrumentalunterricht teilzunehmen.

Stichprobe und Untersuchungsdesign

Die vorliegende Untersuchung basiert auf den Daten der Bielefelder Evaluationsstudie zum Gruppeninstrumentalunterricht (BEGIn, 2008-2013). Sie erweitert die Kernfrage der Studie nach Gründen für die Teilnahme und das Ausscheiden aus dem Programm *Jedem Kind ein Instrument* um die Frage nach Ursachen für die Teilnahme an außerschulischem Instrumentalunterricht und kombiniert diese beiden Fragen in einer gemeinsamen Auswertung. Dazu wurde aus den beiden Items zur Teilnahme an Instrumentalunterricht (JeKi/außerschulisch) eine neue Variable gebildet, welche nominales Skalenniveau und vier Ausprägungen aufweist:

1. Keine Teilnahme an JeKi, keine Teilnahme an außerschulischem Instrumentalunterricht (n=130, 25%)

2. Teilnahme an JeKi, nicht aber an außerschulischem Instrumentalunterricht (n=254, 54%)

3. Keine Teilnahme an JeKi, aber an außerschulischem Instrumentalunterricht (n=40, 8%)

4. Teilnahme an JeKi und an außerschulischem Instrumentalunterricht (n=82, 16%)

Es werden exemplarisch die Fragebogendaten des zweiten Erhebungszeitpunktes vom Beginn der dritten Klassenstufe (Erhebungszeitpunkt: Herbst 2010) herangezogen. Als Datenquellen stehen Aussagen von 506 Eltern und Schülern aus 57 Klassen zur Verfügung.[6] Im Schülersample sind zu 56% Schülerinnen (n=286) und zu 44% Schüler (n=220) vertreten.

Für die Prüfung der aufgestellten Hypothesen wurden die folgenden Items und Skalen herangezogen:[7]
- Demografische Faktoren: Geschlecht, Migrationshintergrund
- Ökonomisches Kapital: Haushaltseinkommen der Eltern

---

6   Für die verwendeten Analysen mussten vollständige Datensätze erzeugt werden. Zufällig fehlende Werte wurden dazu mit Reihenmittelwerten ersetzt. Datensätze mit systematisch fehlenden Werten wurden nicht in die Auswertung einbezogen. Es muss daher einschränkend erwähnt werden, dass die so aus dem Nordrhein-Westfälischen Gesamtsample (n=1283) ausgewählten Daten einen systematischen Bias aufweisen, der Auswirkungen auf die Ergebnisse und auf deren Interpretation haben kann: Elterndaten von Schülern, die bereits nach dem Ende der ersten Klasse das Programm „Jedem Kind ein Instrument" verlassen haben, wurden bei der zweiten Erhebungswelle nicht erhoben. Die für das ausgewählte Teilsample von 506 Eltern und Schüler vorliegenden Daten mögen daher positiv konfundiert sein, und es könnte eine Verzerrung der Prädiktorenstruktur in den durchgeführten Regressionsanalysen vorliegen.

7   Die jeweiligen Frage- und Antwortformate können auf Anfrage beim BEGIn-Projekt bezogen werden (thomas.busch@uni-bielefeld.de).

- Kulturelles Kapital: Skala zur Teilhabe der Familie an kulturellen Aktivitäten, kulturelle Praxis der Familie (Bücherbesitz), Aktives Instrumentalspiel der Eltern, erfolgte Teilnahme des Kindes an musikalischer Früherziehung, Relevanz des Musik machens in der Familie, Instrumentalspiel der Eltern
- Individuelle Schülermerkmale: Skala Musikalisches Selbstkonzept „Musik machen", Skala Lern- und Leistungsverhalten des Kindes
- Elternunterstützung: Skala zur Elternunterstützung in schulischen Angelegenheiten

In früheren Veröffentlichungen (u.a. Busch, Dücker & Kranefeld, 2012) haben die Autoren Einflüsse von Faktoren der Schüler- und Elternebene auf die Teilnahme am Programm *Jedem Kind ein Instrument* dargestellt. Da sich für die Variable zur Teilnahme am JeKi-Programm für jeden Klassenstufenübergang nur eine dichotome Antwortmöglichkeit (ja/nein) ergibt, wurde zur Prüfung der Einflussgrößen auf die Teilnahmeentscheidung der Einsatz von logistischen Regressionen notwendig (siehe u.a. Backhaus, Erichson, Plinke & Weiber, 2011, S. 249ff.). Bislang wurden die entsprechenden Einflussgrößen nur auf individueller Ebene geprüft, obwohl durch die Wahl der Erhebungsform in Schulklassen, wie sie in der Praxis der Bildungsforschung üblich ist, eine Grundannahme vieler Verfahren der multivariaten Statistik verletzt wird: Die erhobenen Daten sind mit hoher Wahrscheinlichkeit nicht unabhängig voneinander (Geiser, 2010, S. 199) und besitzen eine hierarchische Struktur:[8] Die Daten der Schüler und Eltern können übergeordneten Einheiten (Klassen, Schulen) zugeordnet werden. Die Analyse hierarchischer Daten ohne Berücksichtigung ihrer Mehrebenenstruktur kann daher zu „gravierenden Fehlern" führen (Ditton, 1998, S. 13) und „unter Umständen sogar völlig unbrauchbar sein" (ebd.). Deshalb wurde in der vorliegenden Untersuchung das in der deutschen Musikpädagogik bislang selten (u.a. bei Nonte & Naacke, 2010, S. 122ff.) verwendete Mehrebenenmodell eingesetzt (siehe u.a. Ditton, 1998, Hox, 2010). Die neu gebildete vierstufige Variable zur Teilnahme an Instrumentalunterricht (siehe oben) wurde dabei als abhängige Variable verwendet. Konkret kam wegen der Skaleneigenschaften dieser Variable eine multinomial logistische Mehrebenenregression zum Einsatz (siehe u.a. Hox, 2010, Kap. 6; Muthén & Muthén, 2010, S. 246ff.). Dabei wird davon ausgegangen, dass Effekte eines Einflussfaktors gleichzeitig sowohl auf das einzelne Individuum als auch auf dessen Zugehörigkeit zu einer bestimmten Kontexteinheit – in unserem Fall einer Schulklasse – zurückgehen können (Christ & Schlüter, 2012, S. 130). Der Effekt dieses Faktors mag also eine Mischung aus Effekten innerhalb und zwischen den Klassen darstellen (Ditton, 1998, S. 87). Deswegen werden in der Mehrebenenregression Mittelwerte der unabhängigen Variablen auf der Klassenebene gebildet und diese aggregierten Individualdaten als sogenannte „analytische Aggregatvariablen" (Lazarsfeld & Menzel, 1961) verwendet. Die Schreibweise für ein klassisches Modell

---

8   Dies führt zu einer Verzerrung der Schätzwerte für die Standardfehler und zur Fehlinterpretation von Effekten (siehe u.a. Ditton 1998, S. 14, S. 21ff.).

einer solchen Mehrebenenregression (Intercept-As-Outcome-Model) ist in Abb. 1 dargestellt.

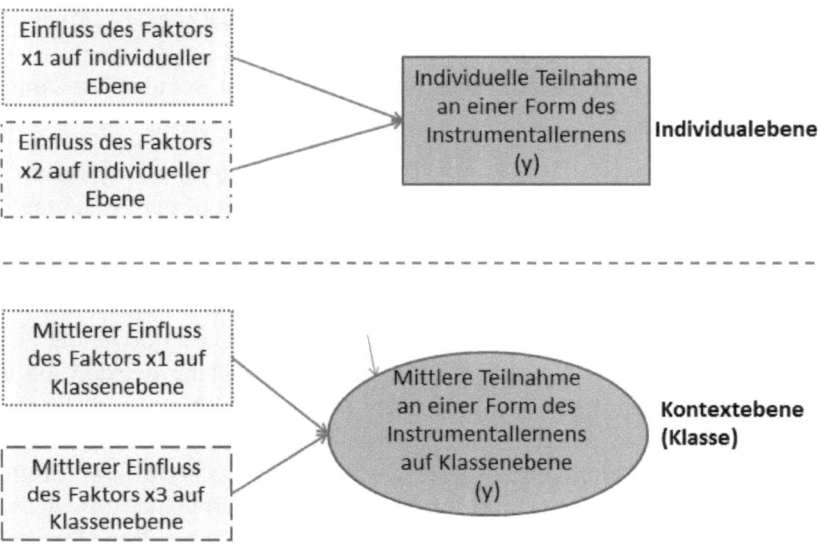

Abb. 1: Modell einer Mehrebenenregression

Dabei wirken Einflussgrößen von der „Within" genannten, oben dargestellten Individualebene auf die individuelle Teilnahme am Instrumentallernen, Einflussgrößen auf der „Between" genannten Kontextebene auf die Teilnahme am Instrumentallernen in der jeweiligen Klasse.

Die Mehrebenenregressionen wurden mit dem Programm Mplus 7 (Muthén & Muthén, 2012) durchgeführt.[9] Im Zuge der Analyse wird eine der Antwortmöglichkeiten der abhängigen Variablen „Teilnahme am Instrumentallernen" als Referenzkategorie zum Vergleich mit den anderen Antwortmöglichkeiten herangezogen. Als Referenzkategorie wurde hier die Nicht-Teilnahme an JeKi und an außerschulischem Instrumentalunterricht („Kein Instrumentalunterricht") gewählt. Die erzeugten Ergebnisse stellen also immer eine Relation des Ergebnisses einer anderen Antwortkategorie zur Referenzkategorie dar. Leitfrage für die Interpretation ist dabei: Was trägt in welchem Maße dazu bei, dass sich das Verhältnis der Wahrscheinlichkeit der

---

9   In der multinomialen logistischen Mehrebenenregression sind die in Mplus 7 zur Verfügung stehenden statistischen Interpretationsmöglichkeiten (u.a. Gütemaße) aufgrund des nicht-linearen Modells deutlicher beschränkt als in der linearen Mehrebenenregression. Als Gütemaße für die erzeugten Modelle können daher nur Informationskriterien wie AIC oder BIC (siehe Weiber & Mühlhaus, 2010, S. 173) angegeben werden.

Zugehörigkeit zu dieser Antwortkategorie gegenüber der zur Zugehörigkeit zur Referenzkategorie verschiebt?

Um auch Prädiktoren für die Erklärung der Zugehörigkeit zur Referenzkategorie zu identifizieren, wurde zusätzlich eine weitere logistische Mehrebenenregression gerechnet. Dazu wurde eine dichotome Variable „Weder Teilnahme an JeKi, noch an außerschulischem Instrumentalunterricht" (ja/nein) neu gebildet und als abhängige Variable eingesetzt.

Ergebnisse

Um zu prüfen, ob eine Mehrebenenanalyse für die abhängige Variable der Teilnahme an Instrumentallernen überhaupt sinnvoll ist, wurde der Intraklassenkoeffizient (ICC) für das vorliegende Sample (n=506, Klassen=57) berechnet. Der ICC= .15 zeigt an, dass über die Individualebene hinaus Einflüsse aggregierter Individualdaten wirksam werden und eine Mehrebenenanalyse lohnenswert erscheint.[10]

Die multinomial logistische Mehrebenenregression liefert die folgenden Ergebnisse für die Gruppe der Kinder, die sowohl am JeKi-Programm als auch an außerschulischem Instrumentalunterricht teilnehmen (Tab. 1)[11]:

Einflussgröße	STDYX / STDY[12]	P	Odds Ratio
Individualebene			
Geschlecht (1=männlich, 0=weiblich)	-.43 (Y)	.029	0.46
Elternteil spielt ein Instrument	.63	.001	3.05
Musikalisches Selbstkonzept „Musik machen"	.26	.033	1.61
Teilnahme an musikalischer Früherziehung	.60 (Y)	.001	2.91
Elternunterstützung in schulischen Angelegenheiten	.36	.000	1.89
Relevanz des Musik machens in der Familie	.28	.004	1.65
Kulturelle Praxis der Familie (Bücherbesitz)	.37	.000	1.93

10 Als Schwellenwert für einen untersuchungswerten Effekt auf der Kontextebene wird oft ein ICC > .10 angegeben (Byrne 2012, S. 354).

11 N=506, Df=57, AIC=1152. Der AIC-Wert ist niedriger als in vergleichbaren Modellen. Daher wird das Intercept-as-Outcome-Modell für die Interpretation der Daten bevorzugt.

12 Nach Muthèn und Muthèn (2013) werden bei der multiplen Regression in der Regel vollstandardisierte beta-Koeffizienten verwendet (STDYX). Im Falle der logistischen Regression mit dichotomen unabhängigen Variablen jedoch weisen die Werte im Falle einer x- und y-Standardisierung eine größere Verzerrung auf, als wenn nur die y-Variable standardisiert wird (STDY). Beide Werte können parallel berichtet werden.

Klassenebene

Kulturelle Praxis der Familie (Bücherbesitz)[13]	**-1.19**	**.000**	-
Kulturelle Partizipation der Familie	**.57**	**.011**	-

Tab. 1: Teilnahme an beiden Angebotsformen des Instrumentalunterrichts anstelle von keiner Teilnahme an Instrumentalunterricht

Legende:

Nicht signifikant auf der Individualebene: Migrationshintergrund, Elternunterstützung in Musik, Lern- und Leistungsverhalten des Kindes, Kulturelle Partizipation der Familie, Haushaltseinkommen der Eltern.

Nicht signifikant auf der Klassenebene: Migrationshintergrund, musikalisches Selbstkonzept, Haushaltseinkommen, Lern- und Leistungsverhalten des Kindes.

STDYX = unabhängige und abhängige Variable standardisiert; STDY = nur unabhängige Variable standardisiert; p = Signifikanzniveau; Odds Ratio = Wahrscheinlichkeitsverhältnis, interpretierbar als „Relatives Risiko".

Exkurs: Interpretation der logistischen Mehrebenenregression

Bei der Interpretation von Ergebnissen der logistischen Mehrebenenregression sind die beta-Koeffizienten, die OddsRatios (OR; Chancenverhältnisse) und die Anzahl der Antwortstufen zu berücksichtigen. Zugelassen als signifikante Prädiktoren werden nur Items mit signifikanten beta-Koeffizienten. Für die Interpretation spielt besonders das Chancenverhältnis (Odds Ratio) eine wichtige Rolle: Es gibt hier die Veränderung der Wahrscheinlichkeit an, einer bestimmten Gruppe zuzugehören, die durch den jeweiligen Prädiktor für sich betrachtet hervorgerufen wird. Eine Odds Ratio von OR > 1 erhöht dabei die Wahrscheinlichkeit einer solchen Zugehörigkeit um den Wert der Odds Ratio pro Faktorstufe, während eine OR < 1 diese Wahrscheinlichkeit in demselben Maße verringert. Variablen mit zahlreichen Antwortstufen vermögen insgesamt stärker zur Veränderung dieser Wahrscheinlichkeiten beizutragen, weil die Odds Ratio zwischen jeder Antwortstufe dieser Variable wirksam wird (siehe Backhaus et al. 2011, S. 249ff.).

Auf der Individualebene haben Jungen eine deutlich geringere Wahrscheinlichkeit der Gruppe der doppelt musik-aktiven Schüler und stattdessen eine höhere Wahr-

---

13 Die kulturelle Praxis über den Bücherbesitz der Familie zu messen, ist gängige Praxis in den großen Schulleistungsstudien.

scheinlichkeit der Gruppe der Schüler ohne Instrumentalunterricht zuzugehören (β= -.43, p= .029, Odds Ratio OR=0.46).

Verschiedene weitere Faktoren tragen wesentlich zu der Entscheidung bei, beide Formen des Instrumentalunterrichts aufzunehmen anstatt keinen Instrumentalunterricht zu nehmen: Die größten OR-Werte weisen das Item „Eltern spielen ein Instrument" (OR=3.05) und die Teilnahme an musikalischer Früherziehung (OR=2.91) auf. Jedoch ist zu bedenken, dass die Wahrscheinlichkeit, der Gruppe mit beiden Formen von Instrumentalunterricht zuzugehören, im Falle beider Variablen aufgrund des nur zweistufigen Antwortformats nur einmal schrittweise (um den Faktor 3.05 bzw. 2.91) steigen kann. Spielen die Eltern ein Instrument oder haben Schüler an musikalischer Früherziehung teilgenommen, haben sie also eine etwa dreifach höhere Wahrscheinlichkeit, beide Formen des Instrumentalunterrichts aufzunehmen. Über diese beiden Variablen hinaus spielen die Elternunterstützung in schulischen Angelegenheiten (OR=1.89) und die Relevanz des Musikmachens in der Familie (OR=1.65) eine Rolle. Damit treten gleich drei der verwendeten Variablen aus dem Bereich der Elternunterstützung als relevante Prädiktoren für die Zugehörigkeit zu dieser Gruppe der Kinder mit doppeltem Instrumentalunterricht in Erscheinung. Zudem wird mit der kulturellen Praxis ein Einflussfaktor aus dem Bereich des kulturellen Kapitals wirksam (OR=1.93). Aus dem Bereich der Persönlichkeitsmerkmale ist das musikalische Selbstkonzept im „Musik machen" auf der Individualebene von Relevanz. Es können hingegen keine Effekte etwa für das Lern- und Leistungsverhalten des Kindes und für Einflussfaktoren aus dem sozioökonomischen Bereich (Haushaltseinkommen) nachgewiesen werden (siehe Tab. 1).

Über die Individualebene hinaus liegen Einflüsse auf der Klassenebene vor: Es überrascht zunächst, dass die Wahrscheinlichkeit der Gruppe der Kinder mit doppeltem Instrumentalunterricht zuzugehören in Klassen mit stärkerer kultureller Praxis der Familie (Bücherbesitz) deutlich geringer ist (ß=-1.19). Dass dieser Effekt einer ausgeprägten kulturellen Praxis (Bücherbesitz) für Kinder mit Teilnahme an beiden Formen des Instrumentalunterrichts auf der Klassenebene negativ ist, mag damit zusammenhängen, dass sich Eltern in solchen Klassen mit ausgeprägter kultureller Praxis für eine der Formen des Instrumentalunterrichts entscheiden.

Gleichzeitig steigt aber mit dem Grad der kulturellen Partizipation der Familien einer Klasse die Wahrscheinlichkeit der Zugehörigkeit der Kinder zur Gruppe derjenigen mit doppeltem Instrumentalunterricht. Die Tatsache des Vorliegens von deutlichen Klasseneffekten unterstreicht, dass die Wahrscheinlichkeit, zu der Gruppe der Kinder mit doppeltem Instrumentalunterricht zu gehören, nicht nur von Individualfaktoren bestimmt ist, sondern erheblich von der Zugehörigkeit zu bestimmten Klassen abhängt.

Als nächstes soll nun ein Blick auf die Gruppe der Kinder geworfen werden, die nur am JeKi-Unterricht, nicht aber an außerschulischem Instrumentalunterricht teilnehmen (Tab. 2):

Einflussgröße	STDYX / STDY	P	Odds Ratio
Individualebene			
Elternteil spielt ein Instrument	.35	.005	2.03
Musikalisches Selbstkonzept „Musik machen"	.23	.020	1.31
Elternunterstützung in schulischen Angelegenheiten	.42	.001	1.51
Lern- und Leistungsverhalten des Kindes	.38	.004	1.44
Kulturelle Praxis der Familie (Bücherbesitz)	.44	.002	1.52
Klassenebene			
Keine Effekte			

Tab. 2: Teilnahme ausschließlich an JeKi, anstelle von keiner Teilnahme an Instrumentalunterricht

Legende:

Nicht signifikant, Individualebene: Migrationshintergrund, Geschlecht, Teilnahme an musikalischer Früherziehung, Relevanz des Musikmachens in der Familie, Kulturelle Partizipation der Familie, Haushaltseinkommen der Eltern.

Nicht signifikant, Klassenebene: Migrationshintergrund, musikalisches Selbstkonzept, Haushaltseinkommen der Eltern, Kulturelle Praxis der Familie (Bücherbesitz), Kulturelle Partizipation der Familie, Lern- und Leistungsverhalten des Kindes.

Auch hier spielen das Item „Elternteil spielt ein Instrument" (OR=2.03) und die Elternunterstützung in schulischen Angelegenheiten (OR=1.51) eine wichtige Rolle bei der Erhöhung der Wahrscheinlichkeit, an JeKi teilzunehmen anstatt keinen Instrumentalunterricht zu haben. Aus dem Bereich des kulturellen Kapitals ist wiederum die kulturelle Praxis der Familie auf Individualebene wirksam (OR=1.52) – diesmal aber nicht auf Klassenebene. Beide Variablen aus dem Bereich der Persönlichkeitsmerkmale spielen eine Rolle: Schüler mit hohem musikalischen Selbstkonzept und besserem Lern- und Leistungsverhalten haben eine erhöhte Wahrscheinlichkeit, an JeKi teilzunehmen anstatt keinen Instrumentalunterricht zu erhalten (OR=1.31; OR=1.44). Auf der Klassenebene konnten keine Effekte aggregierter Individualvariablen beobachtet werden.

Schließlich soll vergleichend berichtet werden, welche Einflussfaktoren in der Gruppe derjenigen Kinder wirksam werden, die nicht am JeKi-Programm teilnehmen, aber außerschulischen Instrumentalunterricht erhalten (Tab. 3):

Einflussgröße	STDYX / STDY	P	Odds Ratio
Individualebene			
Elternunterstützung in schulischen Angelegenheiten	.22	.049	1.46
Relevanz des Musik machens in der Familie	.30	.046	1.66
Lern- und Leistungsverhalten des Kindes	.36	.003	1.84
Haushaltseinkommen der Eltern	.42	.001	2.02
Klassenebene			
Keine Effekte	-	-	-

Tab. 3: Teilnahme ausschließlich an außerschulischem Instrumentalunterricht, anstelle von keiner Teilnahme an Instrumentalunterricht

Legende:

Nicht signifikant, Individualebene: Migrationshintergrund, Geschlecht, Allgemeines Elterninteresse, Musikalisches Selbstkonzept, Teilnahme an musikalischer Früherziehung, Relevanz des Musikmachens in der Familie, Kulturelle Partizipation der Familie, Kulturelle Praxis der Familie (Bücherbesitz).

Nicht signifikant, Klassenebene: Migrationshintergrund, musikalisches Selbstkonzept, Haushaltseinkommen der Eltern, Kulturelle Praxis der Familie (Bücherbesitz), Kulturelle Partizipation der Familie, Lern- und Leistungsverhalten des Kindes.

Wiederum zeigen sich starke positive Effekte für die Elternunterstützung in schulischen Angelegenheiten (OR=1.46) und für das Lern- und Leistungsverhalten des Kindes (OR=1.84). Sie tragen zu einer Erhöhung der Wahrscheinlichkeit bei, außerschulischen Instrumentalunterricht zu erhalten anstatt keinen Instrumentalunterricht zu nehmen. Neu hinzu tritt mit erheblicher Stärke aber das Haushaltseinkommen der Eltern (OR=2.02): Hier wird erstmals ein Einflussfaktor aus dem Bereich des ökonomischen Kapitals wirksam. Wegen der Sechsstufigkeit der Variablen erhöht sich die Wahrscheinlichkeit der Teilnahme an außerschulischem Instrumentalunterricht fünfmal von Stufe zu Stufe um den in der Odds Ratio angegebenen Faktor: Das Haushaltseinkommen stellt damit einen sehr wichtigen Prädiktor für die Vorhersage der Zugehörigkeit zu dieser Gruppe dar. Darüber hinaus zeugt die „Relevanz des Musikmachens in der Familie" von der Wichtigkeit von Einstellungen im familiären Bereich für diese Form der Teilhabe an Instrumentalunterricht. Wiederum finden sich auf Klassenebene keine signifikanten Einflüsse.

Da die Ausprägung der abhängigen Variablen, keinerlei Instrumentalunterricht zu erhalten, bislang als Referenzkategorie gedient hat, konnten hierfür noch keine Prädiktoren präsentiert werden, die eine solche Wahl beeinflussen. Daher werden nun Ergebnisse einer separaten Mehrebenenregression dargestellt, bei der die Wahlentscheidung keinen Instrumentalunterricht zu nehmen (ja/nein) als abhängige Variable dient.

Keine Teilnahme an JeKi, keine Teilnahme an außerschulischem Instrumentalunterricht (Referenzkategorien: alle anderen Optionen)[14]

Einflussgröße	STDYX / STDY	P	Odds Ratio
Individualebene			
Elternteil spielt ein Instrument	**-.18**	**.007**	**0.45**
Musikalisches Selbstkonzept „Musik machen"	**-.12**	**.009**	**0.72**
Elternunterstützung in schulischen Angelegenheiten	**-.22**	**.001**	**0.62**
Lern- und Leistungsverhalten des Kindes	**-.18**	**.006**	**0.68**
Kulturelle Praxis der Familie (Bücherbesitz)	**-.22**	**.002**	**0.62**
Klassenebene			
Keine signifikanten Effekte			

Tab. 4: Keine Teilnahme an Instrumentalunterricht, anstelle einer Teilnahme

Legende:

Nicht signifikant, Individualebene: Migrationshintergrund, Geschlecht, Allgemeines Elterninteresse, Teilnahme an musikalischer Früherziehung, Relevanz des Musikmachens in der Familie, Kulturelle Partizipation der Familie.

Nicht signifikant, Klassenebene: Migrationshintergrund, musikalisches Selbstkonzept, Haushaltseinkommen der Eltern, Kulturelle Praxis der Familie (Bücherbesitz), Kulturelle Partizipation der Familie, Lern- und Leistungsverhalten des Kindes.

Für diese Gruppe kehren sich die meisten in den vorherigen Gruppen beobachteten Effekte um: Je geringer das musikalische Selbstkonzept (OR=0.72), die Elternunterstützung in schulischen Angelegenheiten (OR=0.62), die kulturelle Praxis der Familie (OR=0.62) und je schwächer das Lern- und Leistungsverhalten des Kindes (OR=0.68), desto höher ist die Wahrscheinlichkeit, dieser Gruppe zuzugehören und nicht einer der übrigen drei Gruppen. Auch wenn Eltern kein Instrument spielen, ist die Wahrscheinlichkeit der Zugehörigkeit zu dieser Gruppe deutlich erhöht (OR=0.45). Auf Klassenebene sind wieder keine Effekte zu beobachten – die Zugehörigkeit zur Gruppe der Kinder, die gar keinen Instrumentalunterricht erhalten, scheint also allein von Einflussfaktoren auf der Individualebene abzuhängen.

---

14 N=506, df=22, AIC = 641, Pseudo-R^2= .32.

Diskussion

Die im Rahmen dieser Untersuchung gefundenen Einflussgrößen auf das Teilhabeverhalten am Instrumentalunterricht während der Grundschulzeit bestätigen eine Reihe von Ergebnissen anderer Studien zu kultureller Teilhabe im Allgemeinen und der Teilhabe am Instrumentallernen und stehen im Widerspruch zu anderen:

Der bei van Wel et al. (2006, S. 75) sowie bei Huth und Weishaupt (2009, S. 232) gefundene Einfluss des Geschlechts auf die kulturelle Partizipation kann im Rahmen der hier dargestellten Untersuchung nur für die Gruppe der Kinder bestätigt werden, die an beiden Formen des Instrumentalunterrichts (JeKi und außerschulischer Instrumentalunterricht) teilnehmen, anstatt keinen Instrumentalunterricht zu erhalten: Hier sind Jungen deutlich weniger stark vertreten als Mädchen. Direkte Einflüsse des Migrationshintergrunds konnten wie bei van Wel et al. (2006, S. 75) in der vorliegenden Studie für keine Gruppe festgestellt werden.[15]

Einflussgrößen aus dem Bereich des kulturellen Kapitals der Eltern (Kulturelle Praxis – Bücherbesitz, Teilhabe der Familie an kulturellen Aktivitäten, Eltern spielen ein Instrument) spielen in allen untersuchten Gruppen eine wesentliche Rolle. Diese Befunde unterstreichen die Ergebnisse von McManus und Furnham (2006, S. 570), Huth und Weishaupt (2009, S. 232) und Kröner et al. (2008, S. 107f.) – obwohl dort andere Variablen zur Messung des kulturellen Kapitals herangezogen wurden. Sie schließen auch an die Ergebnisse von Hurley (1995, S. 48) und Kröner et al. (2012, S. 20) an, die deutliche Einflüsse musikalischer Aktivitäten der Familie und von deren Nähe zur Musik auf die Teilhabe am Instrumentallernen gefunden hatten.

Auch die Elternunterstützung in schulischen Angelegenheiten wird in jeder der Gruppen wirksam bei der Entscheidung über die Teilhabe an Instrumentallernen in der Grundschulzeit: Hier sind in der Literatur zur allgemeinen kulturellen Teilhabe bislang weniger Befunde zu finden. Die Ergebnisse sind aber anschlussfähig an die Arbeiten von Hallam (1998, S. 126) und Creech (2010, S. 25), bei denen Einflüsse durch Unterstützung und interpersonale Beziehungsmuster von Lehrern und Eltern beobachtet werden konnten.

Einflüsse aus dem Bereich der Persönlichkeit des Kindes, wie sie für das musikalische Selbstkonzept unter anderem bei Kröner und Dickhäuser (2009, S. 59) und bei Fritzsche, Kröner und Pfeiffer (2011, S. 109) gefunden werden konnten, treten auch in der vorliegenden Untersuchung für das musikalische Selbstkonzept zum „Musik machen" häufig auf.

Die von Huth und Weishaupt (2009, S. 233) bzw. Keuchel und Larue (2012, S. 4) gefundenen Einflüsse aus dem Bereich des sozioökonomischen Kapitals können in der vorliegenden Untersuchung hingegen nur für die Gruppe der Kinder beobachtet

---

15 Allerdings sind die bei van Wel et al. (2006, S. 75) gefundenen indirekten Einflüsse des Migrationshintergrunds in der hier durchgeführten Mehrebenen-Regression nicht geprüft worden. Eine solche Prüfung im Rahmen von Strukturgleichungsmodellen wäre vor dem Hintergrund von van Wel's Ergebnissen lohnenswert.

werden, die ausschließlich außerschulischen Instrumentalunterricht erhalten. Sie treten hier also wesentlich weniger dominant zutage, als in den beiden genannten Studien oder in den musikpädagogischen Studien von Klinedinst (1991, S. 233f.) oder Albert (2006).

Effekte auf der Klassenebene treten vergleichsweise selten auf und sind nur für die Gruppe der Kinder, die beide Formen des Angebots von Instrumentalunterricht nutzen, statistisch nachweisbar. Hierzu liegen bislang keine Ergebnisse aus den anderen genannten Studien vor.

Insgesamt scheinen Einflussgrößen aus den Bereichen des kulturellen Kapitals der Eltern bzw. Familie und die vom Kind erfahrene Elternunterstützung sowie das musikalische Selbstkonzept als Merkmal der Schülerpersönlichkeit bei der Entscheidung für eines der Modelle zur Teilhabe am Instrumentallernen im Grundschulalter zu dominieren. Dass die Einflussgrößen nicht völlig deckungsgleich mit den Ergebnissen der zuvor aufgeführten Studien sind, erscheint angesichts der Verschiedenheit der zugrunde liegenden Konstrukte und der daraus resultierenden Variablen sowie angesichts der Spezifik des Forschungsfeldes „JeKi" einleuchtend.

Die vorliegende Untersuchung fußt auf den vorliegenden Daten aus dem Programm „Jedem Kind ein Instrument". Ihre Gültigkeit ist daher auf den Bereich von Schulen beschränkt, an denen die Möglichkeit zur Teilnahme am JeKi-Programm bestand. Auch stellt die Verfügbarkeit von Elterndaten zum Zeitpunkt der dritten Erhebungswelle der BEGIn-Studie eine Beschränkung der Gültigkeit der Ergebnisse dar: Daten von Kindern, die bereits nach der ersten Klasse aus dem Programm ausschieden, konnten wegen fehlender Elterndaten nicht in die Berechnungen einbezogen werden. Eine gewisse Verzerrung der vorliegenden Ergebnisse ist damit zumindest denkbar.

Es ist daher empfehlenswert, ein möglichst breit aufgestelltes Set möglicher Prädiktoren aus den Bereichen des kulturellen, des sozialen und des ökonomischen Kapitals, zu Persönlichkeitsmerkmalen, Elternunterstützung und kulturellen Aktivitäten der Familie und zu demografischen Faktoren mehrebenenanalytisch an anderen Stichproben zu testen, um die hier gefundenen Ergebnisse überprüfen zu können. Zudem empfiehlt sich eine Erweiterung des hier genutzten Sets an Prädiktoren u.a. um Einflussgrößen zur Persönlichkeit (z.B. „Big Five", siehe Kraaykamp & van Eijck, 2005, S. 1684) und um Items zur Motivationslage der Schüler (u.a. Hallam, 1998) und zu deren Übeverhalten (u.a. Sloboda, Davidson, Howe & Moore, 1996). Schließlich könnten Mehrebenen-Strukturgleichungsmodelle einen weiteren Beitrag dazu leisten, die Beziehungen der Einflussgrößen untereinander besser zu klären.

Es bleibt für die vorliegende Arbeit aber festzuhalten, dass sich auch im Kontext des Programms *Jedem Kind ein Instrument* die von der Autorengruppe Bildungsberichterstattung (2012, S. 165) gefundenen sozialen und darüber hinaus kulturellen Disparitäten im Teilhabeverhalten spiegeln und dass die Nutzung des Angebots auch hier einer gewissen sozialen wie kulturellen Selektivität unterliegt.

Literatur

Albert, D. J. (2006). Socioeconomic Status and Instrumental Music: What Does the Research Say about the Relationsship and Its Implications? *Update: Applications of Research in Music Education, 25*(1), 39–45.

Autorengruppe Bildungsberichterstattung (Hrsg.) (2012). *Bildung in Deutschland 2012: Ein indikatorengestützter Bericht mit einer Analyse zur kulturellen Bildung im Lebenslauf.* Bielefeld: Bertelsmann.

Beckers, E. & Beckers, R. (2008). *Faszination Musikinstrument – Musikmachen motiviert: Bericht über die zweijährige Evaluationsforschung zum Bochumer Projekt „Jedem Kind ein Instrument"* (= Theorie und Praxis der Musikvermittlung, 7). Berlin: LIT.

Backhaus, K., Erichson, B., Plinke, W. & Weiber, R. (2011). Multivariate Analysemethoden. Eine anwendungsorientierte Einführung (13. überarb. Auflage). Berlin: Springer.

Bourdieu, P. (1985). *Sozialer Raum und „Klassen".* Frankfurt a. M.: Suhrkamp.

Bourdieu, P. (1987). *Die feinen Unterschiede: Kritik der gesellschaftlichen Urteilskraft.* Frankfurt a. M.: Suhrkamp.

Busch, T., Dücker, J. & Kranefeld, U. (2012). JeKi-Unterricht: Nein, danke? – Eine Analyse der Entscheidung für oder gegen die Teilnahme am Programm „Jedem Kind ein Instrument" in Nordrhein-Westfalen. In J. Knigge & A. Niessen (Hrsg.), *Musikpädagogisches Handeln. Begriffe, Erscheinungsformen, politische Dimensionen* (S. 213–236). Essen: Die Blaue Eule.

Byrne, B. (2012). *Structural Equation Modeling with Mplus. Basic Concepts, Applications, and Programming.* New York: Routledge.

Christ, O. & Schlüter, E. (2012). *Strukturgleichungsmodelle mit Mplus. Eine praktische Einführung.* München: Oldenbourg.

Creech, A. (2010). Learning a Musical Instrument: The Case for Parental Support. *Music Education Research, 12*(1), 13–32.

De Raad, B. (2000). *The Big Five Personality Factors: The Psycholexical Approach to Personality.* Seattle u.a.: Hogrefe & Huber.

Ditton, H. (1998*). Mehrebenenanalyse: Grundlagen und Anwendungen des Hierarchisch-Linearen Modells.* München: Juventa.

Ehmke, T. & Jude, N. (2010). Soziale Herkunft und Kompetenzerwerb. In E. Klieme et al. (Hrsg.), *PISA 2009, Bilanz nach einem Jahrzehnt* (S. 231–254). Münster: Waxmann.

Fritzsche, E., Kröner, S. & Pfeiffer, W. (2011). Chorknaben und andere Gymnasiasten – Determinanten musikalischer Aktivitäten an Gymnasien mit unterschiedlichen Schulprofilen. *Journal für Bildungsforschung Online, 3*(2), 94–118.

Geiser, C. (2010). *Datenanalyse mit Mplus. Eine anwendungsorientierte Einführung.* Göttingen: VS Verlag.

Hallam, S. (1998). The Predictors of Achievement and Dropout in Instrumental Tuition. *Psychology of Music, 26,* 116–132.

Hollingshead, A. (1957). *Two-factor index of social position,* New Haven, CT. Unveröffentlichtes Manuskript.

Hox, J. (2010). *Multilevel Analysis. Techniques and applications* (2nd Edition). New York: Routledge.

Hurley, C. G. (1995). Student motivations for beginning and continuing/discontinuing string music instruction. *The Quarterly Journal of Music Teaching and Learning, 6*(1), 44–55.

Huth, R. & Weishaupt, H. (2009). Bildung und hochkulturelle Freizeitaktivitäten. *Journal für Bildungsforschung Online, 1*(1), 224–240.

Keuchel, S. & Larue, D. (2012). *Das 2. Jugend-Kulturbarometer: Fazit und Ausblick.* URL: http://www.miz.org/artikel/Fazit_2%20_JugendKulturBarometer.pdf [17.11.2013].

Klinedinst, R. E. (1991). Predicting Performance Achievement and Retention of Fith-Grade Instrumental Students. *Journal of Research in Music Education, 39*(3), 225.

Kraaykamp, G. & van Eijck, K. (2005). Personality, media preferences, and cultural participation. *Personality and Individual Differences, 38*, 1675–1688.

Kramer, R.-T. (2011*). Abschied von Bourdieu? Perspektiven ungleichheitsbezogener Bildungsforschung.* Wiesbaden: VS Verlag.

Kranefeld, U., Busch, T. & Dücker, J. (2014, i.Dr.). Instrumentaler Gruppenunterricht in der Grundschule: Teilnahme, Selbstkonzepte, Inszenierungsmuster (BEGIn). In Bundesministerium für Bildung und Forschung (Hrsg.), *Instrumentalunterricht in der Grundschule. Prozess- und Wirkungsanalysen zum Programm „Jedem Kind ein Instrument"* (Arbeitstitel), Reihe Empirische Bildungsforschung. Berlin u.a.: BMBF, S. 1–41 (Manuskript).

Kröner, S. et al. (2008). Wer geht ins Theater? Künstlerisches Interesse und Offenheit für Erfahrung als Prädiktoren für Veränderungen kultureller Partizipation in der Emerging Adulthood. *Zeitschrift für Entwicklungspsychologie und Pädagogische Psychologie, 40*(2), 100–110.

Kröner, S. et al. (2012). Highbrow cultural activities, social background, and openness in lower-secondary level students. *Journal für Bildungsforschung Online, 4*(2), S. 3–28.

Kröner, S. & Dickhäuser, O. (2009). Die Rolle von Eltern, Peers und intrinsischem Wert für die rezeptive hochkulturelle Praxis von Gymnasiasten der Sekundarstufe II. *Zeitschrift für Pädagogische Psychologie, 23*(1), 53–63.

Kröner, S., Schwanzer, A. & Dickhäuser, O. (2009). Jenseits von Mozart – eine Pilotstudie zu Determinanten musikalischer Aktivitäten während der Grundschulzeit. *Psychologie in Erziehung und Unterricht, 56*, 224–238.

Kulturstiftung des Bundes (Hrsg.) (2012). Jedem Kind ein Instrument, http://www.kulturstiftung-des-bundeses.de/cms/de/programme/kunst_der_vermit tlung/archiv/jedem_kind_ein_instrument_2929_162.html [15.04.2012].

Lazarsfeld, P. & Menzel, H. (1961). On the Relation between Individual and Collective Properties. In A. Etzioni (Hrsg.), *Complex Organisations* (S. 422–440). New York: Holt.

Lehmann-Wermser, A. & Jessel-Campos, C. (2013). Aneignung von Kultur. Wege zu kultureller Teilhabe und zur Musik. In A. Hepp & A. Lehmann-Wermser (Hrsg.), *Transformationen des Kulturellen. Prozesse des gegenwärtigen Kulturwandels* (S. 131–146). Berlin: Springer.

McManus, I.C. & Furnham, A. (2006). Aesthetic activities and aesthetic attitudes: Influences of education, background and personality on interest and involvement in the arts. *British Journal of Psychology, 97*, 555–587.

Muthén, B. & Muthén, L. (2010). *Mplus 6 User's Guide*. Los Angeles: Muthèn & Muthèn.

Muthén, B. & Muthén, L. (2012). *Mplus 7*. Los Angeles: Muthèn & Muthèn.

Muthén, B. & Muthén, L. (2013). Mplus Discussion Forum. Std and STDYX coefficients. http://www.statmodel.com/discussion/messages/14/127.hmtl?1354229764 [29.12.2013].

Nonte, S. & Naacke, S. (2010). MUKUS – Die Ergebnisse. In A. Lehmann-Wermser et al., *Musisch-kulturelle Bildung an Ganztagsschulen. Empirische Befunde, Chancen und Perspektiven* (S. 53–210). Weinheim: Juventa.

Nonte, S. & Schwippert, K. (2014, i. Dr.). Teilprojekt „Transfer" – Effekte von JeKi-Programmen auf die Entwicklung sozialer und motivationaler Aspekte von Kindern mit kumulierten Risikofaktoren. In Bundesministerium für Bildung und Forschung (Hrsg.), *Instrumentalunterricht in der Grundschule. Prozess- und Wirkungsanalysen zum Programm „Jedem Kind ein Instrument"* (Arbeitstitel), Reihe Empirische Bildungsforschung. Berlin u.a.: BMBF, S. 1–65 (Manuskript).

Sloboda, J. A., Davidson, J. W., Howe, M. J. & Moore, D. G. (1996). The role of practice in the development of performing musicians. *British Journal of Psychology, 87*(2), 287–309.

Van Wel, F. et al. (2006). Ethnicity, youth cultural participation, and cultural reproduction in the Netherlands. *Poetics, 34*, 65–82.

Völckers, Hortensia (2007). Jedem Kind ein Instrument. *Magazin der Kulturstiftung des Bundes, 9*. http://www.kulturstiftung-des-bundes.de/cms/de/mediathek/magazin/magazin09/index.html [15.04.2013].

Weiber, R. & Mühlhaus, D. (2010). *Strukturgleichungsmodellierung. Eine anwendungsorientierte Einführung in die Kausalanalyse mit Hilfe von AMOS, SmartPLS und SpSS*. Berlin: Springer.

Thomas Busch, Ulrike Kranefeld
Universität Bielefeld
Fakultät für Linguistik und Literaturwissenschaft
Fach Kunst- und Musikpädagogik
Musikpädagogische Forschungsstelle
Postfach 10 01 31
D-33501 Bielefeld
thomas.busch@uni-bielefeld.de; ulrike.kranefeld@uni-bielefeld.de

Johannes Hasselhorn & Andreas C. Lehmann

Entwicklung eines empirisch überprüfbaren Modells musikpraktischer Kompetenz
(KOPRA-M)

Developing an empirically testable model of practical music competency

In the last 10 to 15 years, German educators have become increasingly interested in competency modelling. In this paper, we present a theoretical model regarding basic music performance competency in the music classroom, which would be amenable to empirical verification. To arrive at the model, we consulted literature on music performance and didactic models and analysed the current music curricula for public schools in Germany's federal states. The resulting model consists of three dimensions: singing, basic instrument playing and rhythm production. We discuss the model and give an outlook on its validation in this paper.

Einleitung

Ein erfolgreicher Auftritt eines Schulorchesters ist für Schüler und Zuschauer immer ein beeindruckendes Ereignis. Die Schüler präsentieren zu solchen Gelegenheiten in der Regel ein Programm, an dem sie über Monate hinweg konzentriert gearbeitet haben. Hier werden aus Sicht der Schule mindestens zwei Fliegen mit einer Klappe geschlagen: Die Aufführung hat eine positive Wirkung auf die Außendarstellung der Schule und die mitwirkenden Schüler machen lohnende Erfahrungen. Doch natürlich spielen nicht alle Schüler einer Schule im Schulorchester, sondern nur eine begrenzte Auswahl von Schülern, die sich auch außerschulisch oft unter erheblichem Aufwand von Zeit und Geld in Privatunterricht fortgebildet haben. Doch nicht nur in Schulkonzerten sondern auch in den Klassenzimmern wird im Rahmen des Musikunterrichts viel musiziert. Das praktische Musizieren ist heute sogar so prägend wie es das seit Jahrzehnten nicht mehr gewesen ist (vgl. Schäfer-Lembeck, 2005). Es wurde auch in der musikpädagogischen Diskussion um Kompetenzen als ein möglicher Bereich identifiziert, zu dem es aber bisher kaum empirische Grundlagen gibt (Niessen et al., 2008). Wie musikpraktische Kompetenz bei Schülern verteilt ist und wie sie sich entwickelt, ist aber eine für die Musikpädagogik interessante Frage, zu der die Grundlagenforschung ihren Beitrag leisten muss.

Nachdem für das Schulfach Musik mit dem Kompetenzmodell „Musik wahrnehmen und kontextualisieren" ein erstes empirisch validiertes Kompetenzmodell vorliegt (Jordan et al., 2012), soll mit dieser Studie in Form eines theoriebasierten Modells musikpraktischer Kompetenz der erste Schritt zur empirischen Modellierung eines weiteren Bereichs, nämlich des musikpraktischen, vorgenommen werden.

Kompetenz

Der Kompetenzbegriff ist in der Musikpädagogik nach wie vor umstritten (vgl. Knigge, im Druck), was sicher auch der Tatsache geschuldet ist, dass unterschiedliche Definitionen von Kompetenz den Diskurs behindern. Aus diesem Grund soll hier zunächst erläutert werden, was genau im Rahmen dieses Beitrags unter *Kompetenz* verstanden wird.

Der heute in der Bildungsforschung so einflussreiche und viel genutzte Kompetenzbegriff geht zurück auf Heinrich Roth (1971), der zwischen Selbstkompetenz, Sachkompetenz und Sozialkompetenz unterschied. Mit diesen drei Kompetenzbereichen versuchte Roth den Begriff der Mündigkeit – sein oberstes Erziehungsziel – fassbar zu machen. Roths Überlegungen wurden zum integralen Bestandteil von Weinerts Grundlagenartikel zum Kompetenzbegriff (Weinert, 2001b). Dort wurde keine allgemeingültige Definition von Kompetenz gegeben, es wurden vielmehr aus pragmatischer Sicht sinnvolle Bedingungen einer Kompetenzdefinition benannt (S. 62f.). Diese Bedingungen waren (1) Bezug zu inhaltlichen Anforderungen und Situationen, (2) Mindestmaß an Komplexität, (3) Einschluss von kognitiven, motivationalen, volitionalen, ethischen und sozialen Komponenten und (4) Erlernbarkeit (Weinert, 2001b; vgl. Knigge, im Druck). Weinerts eigene, häufig zitierte Umsetzung dieser Bedingungen von Kompetenz als „kognitive[n] Fähigkeiten und Fertigkeiten, um bestimmte Probleme zu lösen, sowie die damit verbundenen motivationalen, volitionalen und sozialen Bereitschaften und Fähigkeiten, um die Problemlösungen in variablen Situationen erfolgreich und verantwortungsvoll nutzen zu können" (Weinert, 2001a), die später Ausgangspunkt der Bildungsforschung wurde (Klieme et al., 2003), hat nicht nur in der Musikpädagogik teilweise für Irritation gesorgt. Diese Irritation war in den meisten Fällen auf Verständigungsschwierigkeiten zurückzuführen (vgl. Knigge, im Druck).

Die bislang kürzeste Fassung einer Kompetenzdefinition im Sinne Weinerts war wohl die der Kompetenz als „kontextspezifische kognitive Leistungsdisposition" (Klieme et al., 2003). Diese Definition berücksichtigt alle von Weinert geforderten Bedingungen (Klieme & Hartig, 2007). Es hat sich im überwiegenden Bereich der Bildungsforschung bewährt, auf Basis der allgemeinen Kompetenzdefinition nach Weinert und Klieme jeweils schulfachspezifische Modelle zu entwickeln (Hartig & Klieme, 2006; Klieme & Leutner, 2006).

Messung von Kompetenzen: Einschränkungen im Hinblick auf musikpraktische Kompetenz

Kompetenzmodelle und dazugehörige Testverfahren dienen in erster Linie der Messung bzw. Erhebung von Kompetenzausprägungen[1] (Fleischer et al., 2013). Kompetenzen werden für das Fach Musik – und auch in vielen anderen Bereichen – gerade erst modelliert und somit überhaupt zuverlässig messbar gemacht (Knigge, im Druck). Mit Hilfe solcher Modelle und der zugehörigen Testverfahren können dann Entwicklungsverläufe von und Zusammenhänge zwischen Kompetenzen detaillierter untersucht werden (Fleischer et al., 2013). Erst diese Ergebnisse sollten dann direkten Einfluss auf didaktische Handlungen haben. Die Kompetenzmodelle an sich dienen einer Strukturierung und Messbarmachung des „Outcomes" von Unterricht, nicht aber der didaktischen Herangehensweise beim Unterrichten (Klieme & Hartig, 2007).

Kompetenzmodelle sollen sich auf allgemeine Bildungsziele beziehen und idealerweise daraus abgeleitet werden, da sie sonst willkürlich wären (Klieme et al., 2003). Ein Katalog allgemein anerkannter Bildungsziele des Schulfachs Musik existiert jedoch zum gegenwärtigen Zeitpunkt nicht (Niessen et al., 2008). Dennoch scheint es in der Musikpädagogik nach einem längeren Diskurs einen Konsens darüber zu geben, dass nicht nur allgemein der Erwerb und die Entwicklung musikbezogener Kompetenzen musikalische Bildung positiv beeinflussen (Knigge, im Druck), sondern dass im Speziellen Musikpraxis einen entscheidenden Beitrag zu musikalischer Bildung leistet (vgl. z. B. Vogt, 2004; Kaiser, 2010). Mehr über Entwicklungsverläufe hinsichtlich musikpraktischer Kompetenz zu erfahren, ist relevant für eine bildungsorientierte Musikpädagogik. Daher ist es sinnvoll, musikpraktische Kompetenz zunächst zu isolieren und dann zu modellieren.

Ein Kompetenzmodell beschreibt in der Regel entweder die Struktur einer Kompetenz, zeigt also inhaltlich voneinander trennbare Anforderungsdimensionen auf (Kompetenzstrukturmodell), oder es gibt einen Überblick über aufeinander aufbauende Niveaustufen, die in der beschriebenen Kompetenz oder den einzelnen Dimensionen erreicht werden können (Kompetenzniveaumodell; Fleischer et al., 2013). Das Ziel eines Forschungsprojekts muss daher sein, ein empirisch validiertes Kompetenzmodell zu schaffen, das beide Aspekte vereinigt. Im Fach Musik ist das bisher für den Kompetenzbereich „Musik wahrnehmen und kontextualisieren" erfolgreich geschehen (Jordan et al., 2012). Die grundlegende Voraussetzung für die empirische Validierung eines Kompetenzmodells ist die Erstellung eines theoriebasierten Modells, das mindestens die zu erwartende Struktur der untersuchten Kompetenz beschreibt und im Idealfall auch Erwartungswerte für potentielle Kompetenzniveaus

---

1   Im Gegensatz zum Alltagsverständnis von Kompetenz, nach dem eine Person dann als kompetent gilt, wenn sie etwas sehr gut beherrscht, gilt in der Bildungsforschung in Übereinstimmung mit Weinert (2001b), dass jede Person jede denkbare Kompetenz besitzt, allerdings in interindividuell unterschiedlich starken Ausprägungen.

bereit stellt. Die Qualität des theoriebasierten Modells ist dabei von entscheidender Bedeutsamkeit für die spätere Operationalisierung und Validierung (vgl. Klieme & Leutner, 2006, S. 880f.).

Im Falle der musikpraktischen Kompetenz, die von uns untersucht wurde, hielten wir es für sinnvoll, den Begriff der Musikpraxis auf das Musizieren einzuschränken, also auf jene Tätigkeiten, bei denen ein Klangereignis erzeugt wird. Da es sich bei Kompetenzen um Eigenschaften eines Individuums handelt, wurde außerdem vorausgesetzt, dass das Klangereignis von dem jeweiligen Schüler erzeugt wird, dessen Kompetenz gemessen werden soll. Da die Lehrer-Expertise nicht Gegenstand der Untersuchung war, wurden weiterhin nur solche Fähigkeiten und Fertigkeiten berücksichtigt, die der Schüler ohne Hilfestellung eines Lehrers (oder ähnlicher Personen) zu leisten im Stande war. Ebenfalls ausgeschlossen wurden sämtliche rezeptiven und reflexiven Komponenten, die anderen Kompetenzbereichen zuzuordnen wären (Niessen et al., 2008). Das bedeutet nicht, dass gute Hörfähigkeiten oder ausgeprägtes Reflektieren des eigenen Tuns das Musizieren nicht nachhaltig positiv beeinflussen können. Alle musikbezogenen Kompetenzen hängen sicher miteinander zusammen. Um diese Zusammenhänge quantifizieren zu können, müssen aber zunächst die einzelnen Kompetenzen modelliert werden.

Darüber hinaus sollten künstlerisch-ästhetische Kriterien weitgehend ausgeklammert werden, da es eher um eine Messung technischer Grundfertigkeiten gehen sollte. Diese technischen Grundfertigkeiten würden bei ausreichend hoher Niveaustufe künstlerisch-ästhetische Variabilität im Musizieren erst ermöglichen. Dies schließt nicht die ästhetische Wahrnehmung und Ausführung durch den Schüler aus, sie wird nur nicht explizit erfasst. Um letztere Aspekte in einfachen musikpraktischen Aufgaben zu bewerten, gibt es derzeit keine uns bekannten zuverlässigen Bewertungskriterien, die wir bei der theoretischen Modellierung hätten berücksichtigen können.

Ebenfalls ausgeschlossen wurde Kreativität als Persönlichkeitsmerkmal. Für die Bewertung von Lösungen von Kreativaufgaben existieren zwar einige Ansätze, die jedoch in den meisten Fällen nicht Kreativität messen (Hickey, 2013, für eine Diskussion des Problems). Die Bewertungsskalen, die der Erfassung eines Kreativitätskonstrukts nahe kamen, konnten keine ausreichenden Reliabilitätswerte erreichen (Hickey, 2001). Es herrscht zwar Einigkeit darüber, dass musikbezogene Kreativität einer der Kernpunkte von Musikunterricht sein sollte, dass aber zum momentanen Zeitpunkt keine Bewertung dieser Kreativität möglich ist. Die Forschung muss hier wichtige Grundlagen erst noch liefern (Hickey, 2013). Die Grundlagenforschung zu musikbezogener Kreativität sollte also vorerst nicht das Ergebnis sondern den Prozess kreativer Tätigkeiten bei Schülern untersuchen. Das Fehlen von grundständigen Erkenntnissen macht es uns zum gegenwärtigen Zeitpunkt leider unmöglich, musikbezogene Kreativität im Rahmen der theoretischen Modellierung musikpraktischer Kompetenz zu integrieren.

Bei allen diesen Ausschließungen kann das hier erstellte theoretische Modell selbstverständlich keinen Absolutheitsanspruch erheben. Abgesehen davon, dass es zunächst erst einmal die projekteigene Validierung überstehen muss, ist es absolut denkbar, dass das Modell in der Zukunft modifiziert oder erweitert werden wird. Auch wenn das auf dieser Eingrenzung musikpraktischer Kompetenz entwickelte Modell möglicherweise nicht alle Aspekte von Musikpraxis abdecken kann, halten wir die getroffenen Einschränkungen aus der Perspektive forschungsökonomischer Machbarkeit für sinnvoll. Zumindest ein wesentlicher Bereich von Musikpraxis würde somit modellierbar.

Musikpraxis in fachwissenschaftlicher Literatur

Erste musikpädagogische Anknüpfungspunkte für ein theoretisches Kompetenzmodell musikpraktischer Kompetenz lassen sich bereits bei Venus (1969) finden. Von seinen fünf Umgangsweisen mit Musik lassen sich zwei direkt der Musikpraxis zuordnen, nämlich die *Produktion* und die *Reproduktion* von Musik. Die Produktion unterteilt Venus noch in Komposition und Improvisation, die Reproduktion in vokal und instrumental; dort jeweils unterteilt in solistisch und chorisch. Natürlich hatte Venus Ende der 1960er Jahre keine Kompetenzmodellierung im Sinn (selbst die Publikationen von Heinrich Roth erschienen erst in den 1970er Jahren) und bis heute existieren keine empirischen Belege für die psychometrische Nachweisbarkeit von Venus' Unterteilungen. Dies ist bei einem solchen didaktisch motivierten Grundlagenpapier geisteswissenschaftlicher Tradition auch nicht notwendig. Die starke, bis heute anhaltende Rezeption dieses Beitrages dokumentiert indes seine Bedeutung für die Musikpädagogik.

Auch Boyle und Radocy (1987) unterschieden bei der Musikpraxis primär zwischen *Produktion* und *Reproduktion*. Produktion wurde bei ihnen gleich gesetzt mit Improvisation,[2] Reproduktion unterteilt in Musizieren nach Noten und Musizieren nach Gehör. Für alle diese drei Unterteilungen war noch die zusätzliche Unterscheidbarkeit von Gesang und Instrumentalspiel vorgesehen. Diese Unterteilungen waren das Ergebnis einer groß angelegten Analyse von 30 Musik-Testverfahren aus dem anglo-amerikanischen Sprachraum (Johnson & Hess, 1970) und sind daher als nachträgliche Strukturierung der Testpraxis der 1950er und 1960er Jahre zu interpretieren.

Im einzigen empirisch untermauerten Modell, das bisher publiziert wurde, untersuchte McPherson (1995) 101 Schüler aus Blasorchestern (engl.: band) der Jahrgangsstufen 7 bis 12 hinsichtlich ihrer instrumentenspezifischen Fähigkeiten in den fünf Bereichen *vom-Blatt-Spiel, nach-Gehör-Spiel, Auswendig spielen, Geübtes* und *Improvisation*. Alle fünf Bereiche konnten mit ausreichender Reliabilität gemessen werden. Der wichtigste Befund jedoch war, dass die Bereiche stark interkorrelierten ($r =$

---

2   Komposition fehlt bei ihnen an dieser Stelle vermutlich deshalb, weil das Komponieren die Präsentation nicht mit einschließt. Generell lässt sich allerdings die Frage stellen, ob in der Schule Komposition und Improvisation von Schülern überhaupt sinnvoll unterscheidbar ist.

.64 – .77). Dies könnte auf einen übergeordneten Faktor der Performanz hindeuten, der einem Strukturmodell mit statistisch voneinander unterscheidbaren Dimensionen entgegensteht.

In den USA fanden in den Jahren 1997 und 2008 großangelegte Schulleistungstests (*National Assessment of Educational Progress*) statt, innerhalb derer auch das Fach Musik Untersuchungsgegenstand war (Persky et al., 1997; Keiper et al., 2009). Zur Erfassung von Musikpraxis testeten die Bildungsbehörden 1997 die Bereiche *creating* und *performing* in Einzelsitzungen mit Schülern. Aus Kostengründen wurden diese beiden Bereiche in der späteren Testung 2008 nicht mehr durchgeführt. Ausnahme war eine als problematisch anzusehende Kreativaufgabe (Variationen eines vorgegebenen Rhythmusbausteins notieren). Volle Punktzahl erreichten nur ca. 33% der Schüler, weil den anderen die Notation Probleme bereitete. Der Bereich *responding*, der in beiden Testungen vorhanden war, entspricht in etwa dem von Jordan et al. (2012) untersuchten Kompetenzmodell zu „Wahrnehmen und Kontextualisieren".

In der jüngeren deutschsprachigen Musikdidaktik findet sich das mehrdimensionale Modell musikalischer Kompetenz von Jank (2005). Vier seiner sieben genannten Dimensionen können für die Musikpraxis in Betracht gezogen werden: *Bewegen, Singen, Instrumente spielen* und *Bearbeiten und Erfinden*. Dieses heuristische Modell kann als sinnvolle Auflistung von didaktisch relevanten Inhaltsbereichen des Musikunterrichts angesehen werden; eine empirische Validierung und Abgrenzung der Bereiche fehlt bzw. ist nicht vorgesehen.

Die hier skizzierten Modelle unterscheiden sich massiv hinsichtlich ihrer Strukturierung des musikpraktischen Bereichs. Die einzigen empirisch validierten Modelle, die vorliegen, stammen aus dem US-amerikanischen Schulsystem und können daher nur unter Vorbehalt auf Schüler im deutschen Schulsystem angewendet werden. Unterschiede bezüglich der Ziele der Modelle – Grundlagen für Messtheorie bei Radocy und Boyle oder didaktische Grundüberlegungen bei Jank – führen dazu, dass diese nicht ohne weiteres zu einem allgemein anerkannten Strukturmodell musikpraktischer Kompetenz zusammengefasst werden können. Im Sinne Weinerts (1999) sollte sich ein zu erstellendes Modell musikpraktischer Kompetenz auf Fähigkeiten und Fertigkeiten beziehen, die im Rahmen von Schule erlernt und entwickelt werden. Aus diesem Grund ist es sinnvoll, für die Erstellung eines theoriebasierten Modells nicht nur fachwissenschaftliche Grundlagen heranzuziehen, sondern auch auf curriculare Validität zu achten (vgl. Winkelmann et al., 2012). Daher wurden als zusätzliche Informationsquelle die für die Sekundarstufe I in Deutschland gültigen Curricula von uns analysiert.

Curriculare Analysen im Hinblick auf die Musikpraxis

Um eine genaue Vorstellung davon zu bekommen, in welcher Form Musikpraxis in weiterführenden Schulen im Rahmen des regulären Musikunterrichts überhaupt vorkommt, werteten wir die aktuell gültigen Curricula der Sekundarstufe I aller deutschen Bundesländer aus (in Anlehnung an Knigge & Lehmann-Wermser, 2008; siehe Tab. 1 für die von uns verwendeten Dokumente).[3] Es zeigte sich sofort eine große Vielfalt, die eine Vergleichbarkeit der Dokumente erschwerte. Als rechtsgültige Dokumente existierten aufgrund kulturföderaler Eigenständigkeit der Bundesländer: *Bildungspläne* (Bremen, Hamburg), *Bildungsstandards* (Baden-Württemberg), *Kerncurricula* (Niedersachsen), *Kernlehrpläne* (Nordrhein-Westfalen [Gymnasium]), *Lehrpläne* (Hessen, Bayern, Rheinland-Pfalz, Saarland, Sachsen-Anhalt [Sekundarschule], Sachsen, Schleswig-Holstein, Thüringen), *Rahmenlehrpläne* (Berlin, Brandenburg), *Rahmenpläne* (Mecklenburg-Vorpommern) sowie *Rahmenrichtlinien* (Nordrhein-Westfalen [Gesamtschule], Sachsen-Anhalt [Gymnasium]). Einige dieser Dokumente besaßen bereits seit mehr als 10 Jahren Gültigkeit. Alle curricularen Dokumente enthielten unterscheidbare Bereiche, die in der Regel eine Strukturierung sowohl des Dokuments als auch des daraus abzuleitenden Unterrichts ermöglichen sollten. Die musikpraktisch relevanten Bereiche trugen Bezeichnungen wie *Musik gestalten*, *Musik machen*, *singen und musizieren*, *Umgangsweisen mit Musik*, *Musikpraxis*, *Musikpraktische Fertigkeiten*, *Musikreproduktion*, *Musikkreativität* oder *Musik gestalten und erleben*.

Bundesland	Schulform	Dokumentenart	Erscheinungsjahr
Baden-Württemberg	Gymnasium	Bildungsstandards	2004
Baden-Württemberg	Realschule	Bildungsstandards	2004
Baden-Württemberg	Werkrealschule	Bildungsstandards	2004
Bayern	Gymnasium	Lehrplan	2004
Bayern	Mittelschule	Lehrplan	2004
Bayern	Realschule	Lehrplan	2009
Berlin	Alle	Rahmenlehrplan	2006
Brandenburg	Alle	Rahmenlehrplan	2008
Bremen	Gesamtschule	Bildungsplan	2007
Bremen	Gymnasium	Bildungsplan	2007
Bremen	Sekundarschule	Bildungsplan	2007
Hamburg	Gymnasium	Bildungsplan	2011
Hamburg	Stadtteilschule	Bildungsplan	2011

---

3   Aus Gründen der Lesbarkeit wird bei den Curricula auf die übliche Zitierweise verzichtet. Stattdessen siehe Tab. 1 mit den wichtigen Informationen zu diesen Dokumenten.

Hessen	Gymnasium	Lehrplan	2010
Hessen	Hauptschule	Lehrplan	2002
Hessen	Realschule	Lehrplan	2002
Mecklenburg-Vorpommern	Alle	Rahmenplan	2002
Niedersachsen	Gymnasium	Kerncurriculum	2012
Niedersachsen	Hauptschule	Kerncurriculum	2012
Niedersachsen	Realschule	Kerncurriculum	2012
Nordrhein-Westfalen	Gymnasium	Kernlehrplan	2011
Nordrhein-Westfalen	Hauptschule	Kernlehrplan	2013
Nordrhein-Westfalen	Realschule	Kernlehrplan	2013
Rheinland-Pfalz	Alle	Lehrplan	1998
Saarland	Gemeinschaftsschule	Lehrplan	2012
Saarland	Gymnasium	Lehrplan	2006
Sachsen-Anhalt	Gymnasium	Rahmenrichtlinien	2003
Sachsen-Anhalt	Sekundarschule	Fachlehrplan	2012
Sachsen	Gymnasium	Lehrplan	2004
Sachsen	Mittelschule	Lehrplan	2004
Schleswig-Holstein	Alle	Lehrplan	1997
Thüringen	Gymnasium	Lehrplan	1999
Thüringen	Regelschule	Lehrplan	2012

Tab. 1: Verwendete Curricula der Sekundarstufe I

Bei genauer Durchsicht fiel auf, dass schon innerhalb der einzelnen Bundesländer für die verschiedenen Schulformen oft unterschiedliche Strukturierungen und Bezeichnungen gewählt wurden. In der Regel ließen sich diese Unterschiede durch große zeitliche Abstände der Erarbeitungen erklären, so waren z.B. in Thüringen die Lehrpläne für die Regelschule aus dem Jahr 2012 kompetenzorientiert ausgerichtet, die Lehrpläne für das Gymnasium verständlicherweise nicht, weil diese noch aus dem Jahr 1999 stammten. Ein anderes Bild zeigten z. B. die Bremer Bildungspläne für Gymnasium und Sekundarschule (beide von 2007), in denen sich für beide Schulformen die Musik-Ausführungen im Wortlaut weitgehend glichen. Unterschiede existierten lediglich in zusätzlichen Absätzen (z. B. um auf die Vorbereitung der gymnasialen Oberstufe hinzuweisen, was für die Sekundarschule nicht relevant war) sowie in Themenbereichen, die am Gymnasium Unterrichtsgegenstand sein sollten, nicht jedoch in der Sekundarschule („Neue Musik", „Musik als ästhetisches Phänomen", „Musiktheater"). Darüber hinaus gab es marginale Unterschiede in den Inhalten zu einzelnen Themenbereichen.

Insgesamt gab es trotz weitgehender Vergleichbarkeit in Inhalt und Aufbau der cur-ricularen Dokumente *innerhalb* von Bundesländern große strukturelle Unterschiede *zwischen* den Bundesländern. In einigen Ländern wurden für den Musikunterricht für einzelne konsekutive Abschnitte der Sekundarstufe I verpflichtende Unterrichts-inhalte mit dazugehörigen Arbeitsmethoden oder Handlungsweisen angegeben (z. B. Sachsen). In anderen Ländern gab es eine Festsetzung von Unterrichtszielen, zu er-werbenden Kompetenzen oder Leistungsanforderungen jeweils nur zum Ende eines Abschnitts der Sek I (z. B. Baden-Württemberg).

Die gewählten zeitlichen Abschnitte unterschieden sich ebenfalls. In den meisten Ländern wurden jeweils zwei Jahre zu einem Abschnitt zusammengefasst, in Bayern und Sachsen bildete jedes Schuljahr einen eigenen Abschnitt, an hessischen und saar-ländischen Gymnasien wurden die Abschnittsgrenzen in den Jahrgangsstufen 5, 6, 7 und 9 gezogen, an Gymnasien in Nordrhein-Westfalen in den Stufen 6 und 9, an Real-schulen in den Stufen 6 und 10, an Baden-Württembergischen Werkrealschulen in den Stufen 6, 9 und 10, an Regelschulen in Thüringen in den Stufen 6, 8, 9 und 10. Nur Mecklenburg-Vorpommern und niedersächsische Gymnasien verzichteten völlig auf eine Zuweisung von Inhalten oder Anforderungen zu einzelnen Jahrgangsstufen, sondern machten bezüglich der Musikpraxis nur Angaben, die für die gesamte Sek I gültig waren. Insgesamt ergaben sich so 98 auswertbare Einheiten. Problematisch für einen Vergleich war die Tatsache, dass die Sek I je nach Bundesland zwischen den Jahrgangsstufen 5 und 7 beginnt und in Jahrgangsstufe 9 oder 10 endet. Darüber hin-aus variierte die vorgeschriebene Anzahl an Wochenstunden für den Musikunter-richt je nach Bundesland, Schulform und Jahrgangsstufe. Außerdem war der Musik-unterricht in einigen Fällen nur optional (z. B. Bayern, Hauptschule, Jahrgangsstufe 9).

Trotz der Vielfalt wurde der Versuch unternommen, länder- und schulformüber-greifende Kompetenzbereiche zu identifizieren, die in allen curricularen Dokumen-ten auffindbar waren und somit als kleinster gemeinsamer Nenner gelten können. Wir gehen davon aus, dass formulierte Leistungsanforderungen in zielorientierten Curricula auch entsprechende Bereiche und Gegenstände im Unterricht vorausset-zen. Umgekehrt müssen wir ebenfalls annehmen, dass eine Festlegung von Unter-richtsinhalten und Arbeitsweisen einen Kompetenzaufbau bei den Schülern zur Folge haben sollte. Diesen Annahmen folgend sollten im Musikunterricht (wie in jedem anderen Unterricht auch) durch inhaltsgestützte Handlungen bei den Schülern Kom-petenzen entwickelt werden, die dann die von den Schülern gezeigten Leistungen beeinflussen. Diese Leistungen sollte man schließlich mit Kompetenztests erfassen können.

Basierend auf diesen Vorüberlegungen konnten fünf potentielle Kompetenzberei-che für Musikpraxis in der Sek I identifiziert werden:

- *Singen*: Der erste Bereich war der des *Singens*. In allen untersuchten Curricula wurde das Singen in jedem möglichen Teilabschnitt der Sek I eingefordert.[4] In der Regel ging es um das Singen von ein- oder mehrstimmigen Liedern, auch in Verbindung mit anderen Inhaltsbereichen des Musikunterrichts (z. B. das Singen der Arie des „Vogelfängers", wenn Mozarts Zauberflöte gerade das Thema ist).

- *Instrumentales Musizieren*: Das *instrumentale Musizieren*, das den zweiten Bereich darstellte, wurde in 98% aller untersuchten Curricula vorgesehen.[5] Neben dem Klassenmusizieren wurde außerdem häufig das Spielen von Melodien und Begleitstimmen auf Instrumenten, Begleiten von Liedern und das instrumentale Umsetzen von Stücken, die in anderen Kontexten behandelt werden, genannt.

- *Rhythmusproduktion*: Der dritte, in ca. 65% aller möglichen Fälle explizit genannte Bereich war der der *Rhythmusproduktion*. Obwohl beim Singen und instrumentalen Musizieren bereits die rhythmische Komponente enthalten ist, wurde das rein rhythmische Musizieren in Form von Bodypercussion, Erproben von Schlaginstrumenten, Musizieren einfacher bis komplexerer Rhythmen in vielen Fällen gesondert in die Curricula aufgenommen. In einigen Ländern (z. B. Thüringen, Bremen, Berlin) wurde der Bereich *Rhythmusproduktion* nur in den unteren Jahrgangsstufen der Sek I explizit erwähnt.

- *Generative Performanz (sog. „Kreativaufgaben"):*[6] Der vierte identifizierte Bereich umfasste alle Arten *generativer Performanz*, der in 93% aller möglichen Fälle explizit genannt wurde. In diesem Bereich sollte in aller Regel Musik erfunden werden. Die Umsetzung solcher generativer Unterrichtsinhalte sollte unter Anderem unter Verwendung von unvollständigen Vorlagen (z. B. Fortführung einer abgeschnittenen Melodievorlage) oder mit Hilfe von festen Vorgaben (z. B. Vertonung eines Filmausschnitts) durchgeführt werden.

---

4   Einzige Ausnahme bildet hier die Jahrgangsstufe 9 der Hauptschule in Bayern. Hier findet sich im Bereich der Musikpraxis eine ausschließliche Konzentration auf Rhythmik. Dies ist vielleicht darin begründet, dass der Musikunterricht in diesem Jahrgang nur als projektorientierter Wahlunterricht angeboten wird.

5   In der Jahrgangsstufen 10 des bayerischen Gymnasiums wird das instrumentale Musizieren nicht explizit erwähnt, der Abschnitt zur Musikpraxis ist allerdings so knapp formuliert, dass auch instrumentales Musizieren zu rechtfertigen wäre. In der Jahrgangsstufe 9/10 der Hauptschule in Hessen wird aus den ausgewiesenen Arbeitsmethoden nicht deutlich, dass instrumental musiziert werden soll (S. 21–25). Doch auch hier könnte man aus den im Arbeitsbereich Musikpraxis vorgegebenen Mitspielsätzen (S. 10), die später in den Ausformulierungen nicht mehr erwähnt werden, ableiten, dass auch hier instrumental musiziert werden kann.

6   Der Begriff der „generativen Performanz" taucht in den curricularen Dokumenten so nicht auf. Dort ist in der Regel von „Kreativaufgaben" die Rede. Um jedoch auch begrifflich eine saubere Trennung zwischen der Persönlichkeitseigenschaft Kreativität und Kreativaufgaben zu gewährleisten, werden diese in diesem Beitrag in Anlehnung an Lehmann (2005) als generative Aufgaben bezeichnet.

–   *Transfer:* Der fünfte und letzte Bereich, der in den untersuchten Curricula identifiziert werden konnte, umfasste alles, was mit *Transfer von* bzw. *Transfer in* Musik zu tun hatte. Dieser Bereich wurde in 96% aller möglichen Fälle explizit erwähnt. Beispiele sind hier das Malen eines Bildes zu einem Musikstück oder das Tanzen zu einem Musikstück.

Entwurf des eigenen Strukturmodells musikpraktischer Kompetenz bei Schülern

Die vorliegenden Erkenntnisse aus den einschlägigen fachwissenschaftlichen Publikationen und den curricularen Dokumenten ermöglichen die Erstellung eines, bzw. die Zusammenführung der Erkenntnisse zu einem vorläufigen Kompetenzstrukturmodell. Hier muss die Frage beantwortet werden, welche inhaltlich voneinander abzugrenzenden Dimensionen die musikpraktische Kompetenz nach der von uns getroffenen Definition besitzt (vgl. Fleischer et al., 2013). Dem gegenüber lassen sich weder aus den einschlägigen fachwissenschaftlichen Publikationen noch in curricularen Dokumenten ansatzweise einheitliche Vorstellungen über Niveaustufungen ableiten.[7] Daher muss zunächst auf eine theoriebasierte Erstellung eines Kompetenzniveaumodells verzichtet werden. Eine sinnvolle Setzung von Niveaustufen kann dann erst auf Basis von Daten aus einer Validierungsstudie erfolgen.

Ein erster Vergleich der in den Curricula gefundenen Bereiche mit den fachwissenschaftlichen Publikationen zeigt einige Gemeinsamkeiten auf. Sowohl bei Venus (1969), Boyle und Radocy (1987) und Jank (2005) sind vokale und instrumentale Bereiche zu finden, McPherson (1995) bezieht sich hingegen ausschließlich auf *instrumentales Musizieren* und die NAEP-Studie (Persky et al., 1997) unterteilt den *performing*-Bereich nicht mehr weiter, bezieht sich aber auf Leistungsstufen, die im Musikunterricht US-amerikanischer Schulen auf spezifischen Musikinstrumenten (z. B. Trompete, Flöte) erreicht werden sollen. Die Bereiche *Singen* und *instrumentales Musizieren* sind also in ein Modell musikpraktischer Kompetenz aufzunehmen.

Der in den Curricula gefundene *Transfer*-Bereich wird ausschließlich bei Jank (2005) erwähnt. Aufgrund der in diesem Beitrag getroffenen Definition von musikpraktischer Kompetenz (s. o.) wird dieser Bereich nicht weiter berücksichtigt. Bei der Übersetzung von Musik in eine andere Kunstform ist die vom Schüler präsentierte Leistung nicht mehr notwendigerweise klingend, also keine Musik.[8] Bei der Übersetzung externer Reize in Musik wird zwar ein klingendes Ergebnis produziert, es

---

7   Tatsächlich fällt gerade bei den Curricula auf, dass so etwas wie Niveauabstufungen in der Regel nicht vorgesehen ist.

8   Da hier ein offensichtlicher Fächerübergriff stattfindet, ist ohnehin fraglich, wie qualifiziert Musikpädagogen sind, die Ergebnisse solcher Transferleistungen kompetent zu bewerten. Möglicherweise kann dieser Bereich nur als Verbundprojekt mit Kollegen anderer Fachdisziplinen erfolgreich bearbeitet werden.

unterscheidet sich inhaltlich von den anderen Bereichen aber ausschließlich durch den gesetzten externen Reiz. Je nach Art der Aufgabe wäre eine solche gezeigte Leistung den Bereichen *Singen, instrumentales Musizieren, Rhythmusproduktion*, oder *generative Performanz* zuzuordnen.

Der Bereich der *generativen Performanz* findet sich in allen vorgestellten fachwissenschaftlichen Modellen wieder. Er beinhaltet improvisatorische/kompositorische Facetten musikpraktischer Kompetenz. Leider ist er inhaltlich wie messtechnisch problematisch. Einerseits sollte – wenn überhaupt – musikpraktische generative Kompetenz und nicht das Persönlichkeitsmerkmal der Kreativität gemessen werden. Anderseits muss man generell fragen, ob die Qualität des Musizierens von Schülern beim Produzieren eine andere ist als beim Reproduzieren. Die Musikpsychologie geht davon aus, dass beim Musizieren einzelne Schritte durchlaufen werden. Zunächst muss beim Musizierenden eine Zielvorstellung gebildet werden, die anschließend motorisch umgesetzt wird (Lehmann & Ericsson, 1997; Lehmann & Davidson, 2002).[9] Während bei der Reproduktion die Zielvorstellung extern vorgegeben wird, muss diese Zielvorstellung bei der Produktion in einem kreativen Prozess – teilweise unter Vorgaben – selbst generiert werden. Der Unterschied zwischen Produktion und Reproduktion ist demnach allein diese generative Komponente, die sich dann dem externen Beobachter (Lehrer wie Forscher) entzieht. Da die Persönlichkeitseigenschaft Kreativität von uns nicht als genuiner Bestandteil musikpraktischer Kompetenz angesehen wird, bietet der Bereich *generative Performanz* demnach keine inhaltlichen Neuerungen zu den Bereichen *Singen, instrumentales Musizieren* und *Rhythmusproduktion*.[10] Das soll keinesfalls bedeuten, dass Kreativ- oder Transferaufgaben für den Musikunterricht bedeutungslos sind. Bei der Bearbeitung einer guten Kreativaufgabe festigen Schüler nicht nur ihre musikpraktische Kompetenz, sondern sie verknüpfen zusätzlich ihr musikbezogenes (und weiteres) Wissen mit ihrem praktischen Tun, erleben Freiräume der Gestaltung, kommunizieren mit anderen über Musik und noch einiges mehr. Aber wie oben bereits ausgeführt, sind Kompetenzmodelle nicht ohne weiteres in didaktische Überlegungen übersetzbar. Obgleich die Schüler im Musikunterricht in aller Regel keine isolierten Kompetenzen trainieren, sollten diese trotzdem so isoliert wie möglich gemessen werden.

Der in den Curricula gefundene Bereich der *Rhythmusproduktion* wird in keiner der fachwissenschaftlich publizierten Modelle explizit erwähnt. Die Überlegung liegt nahe, dass dieser Bereich redundant sei, da beim Singen und instrumentalen Musizieren ja auch rhythmische Elemente enthalten sind. Allerdings existiert ein ganzes Kapitel „rhythmische Kompetenz" im Unterrichtsmaterial des *Aufbauenden Musikun-*

---

9   Bei Lehmann & Ericsson (1997) ist außerdem noch als dritter Schritt das *self-monitoring* genannt. Dieses kommt aber vor allem in Übekontexten zum Tragen und darf daher für eine Test-Situation unberücksichtigt bleiben.

10 Es ist durchaus denkbar, dass ein weiteres Forschungsprojekts auch eine generative bzw. Innovationskomponente in ein Strukturmodell musikpraktischer Kompetenz aufnehmen kann. Die bisherigen Ergebnisse der psychologischen Kreativitätsforschung deuten darauf hin, dass dies kein triviales Unterfangen sein wird.

terrichts (Jank & Schmidt-Oberländer, 2010), das sich auf das referierte Modell von Jank (2005) bezieht. Außerdem ist gerade in Schulbüchern das elementare rhythmische Musizieren prominent vertreten, sodass ein Auslassen dieser Komponente wenig realitätsnah erschiene. Daher soll dieser Bereich im theoriebasierten Modell vorbehaltlich eines empirisch begründeten nachträglichen Ausschlusses zunächst integriert werden.

Eine Integration des Modells von McPherson (1995) scheint zunächst schwierig. Die vier von ihm getesteten Reproduktionsbereiche (*vom-Blatt-, nach-Gehör-Spielen, Geübtes* und *Auswendig*-Spielen) entstammen der US-amerikanischen Musikunterrichts-Tradition und sind hierzulande eher mit dem außerschulischen Instrumentalunterricht oder möglicherweise noch mit AGs (z. B. Rockband, Perkussionsensemble) in Verbindung zu bringen. Eine Reduktion dieser Bereiche auf zwei, nämlich *Musizieren bekannter Stücke* (*Geübtes* und *auswendig*) und *Musizieren unbekannter Stücke* (*vom-Blatt* und *nach-Gehör*), erlaubt hingegen eine Annäherung an den deutschen Schulmusikunterricht unter Beibehaltung der Grundideen von McPherson. Bei einer Operationalisierung dieser zwei Bereiche als eigenständige Dimensionen ergäbe sich allerdings dann die problematische Frage: was ist ein bekannter, was ein unbekannter Rhythmus? Da sich McPherson überdies mit seinem Modell ausschließlich auf Instrumentalschüler bezieht, liegt es nahe, die Bekanntheit bzw. Unbekanntheit von Stücken nicht als eigenständige Dimensionen musikpraktischer Kompetenz, sondern als schwierigkeitsbestimmendes Merkmal für die Dimensionen *Gesang* und *instrumentales Musizieren* festzulegen.[11]

Insgesamt ergibt sich aus diesen Überlegungen also ein theoriebasiertes Strukturmodell musikpraktischer Kompetenz, das die drei Dimensionen *Singen, instrumentales Musizieren* und *Rhythmusproduktion* umfasst (s. Abb. 1). Entsprechend der untersuchten Curricula umfasst die Dimension *Singen* dabei Singen von Melodien in ein- und mehrstimmigen musikalischen Kontexten. Die Dimension *instrumentales Musizieren* umfasst das Spielen von Melodien und Begleitstimmen auf Instrumenten.[12] Die Dimension *Rhythmusproduktion* beinhaltet das Spielen von vorgegebenen Rhythmuselementen.

---

11 Die Hypothese wäre, dass bekannte Stücke qualitativ besser musiziert werden als unbekannte.

12 Da an keiner Stelle von spezifischen Instrumenten gesprochen wird, muss ein Testverfahren hier instrumentenübergreifende Leistung erheben.

Grafiken von Janka Hofmann

Abb. 1: Theoriebasiertes Strukturmodell musikpraktischer Kompetenz

Ausblick

In einem nächsten Schritt müssen diese drei gefundenen Dimensionen musikprakti-scher Kompetenz für ein testtheoretisch fundiertes Testverfahren operationalisiert werden. Auf diese Weise wird das theoriebasierte Modell empirisch validiert und entweder bestätigt oder entsprechend der Ergebnisse angepasst. Voraussetzung da-für ist, dass die Qualität musikpraktischer Leistung z. B. von Experten eindeutig be-wertbar ist. Diese Voraussetzung muss vor der empirischen Validierung des Modells überprüft werden.[13] Basierend auf dem empirisch gefundenen Leistungsvermögen der Schüler würden dann Niveaustufen festgelegt sowie Richtung und Stärke von schwierigkeitsbestimmenden Merkmalen (z. B. Bekanntheit der Stücke, Notenmate-rial) quantifiziert werden können. Das Resultat wären empirische Daten, die belegen, was Schüler im Bereich der Musikpraxis zu leisten im Stande sind, wie breit sich die-se Leistungen verteilen und wie sich verschiedene externe Faktoren (z. B. außerschu-lischer Instrumentalunterricht) auf diese Leistung auswirken.[14]

---

13   Erste Ergebnisse aus Vorstudien zeigen, dass sich diese Annahme bestätigt. Das liegt vermut-lich vor allem an der großen Heterogenität musikpraktischen Leistungsvermögens der Schü-ler, da dieses Modell ja für alle Schüler gelten soll und nicht für die Leistungsstärksten.

14   Mittlerweile (Stand April 2014) ist ein auf dem vorgestellten theoretischen Strukturmodell basierender Kompetenztest als Gruppentest entwickelt und mit Schülerinnen und Schülern der Jahrgangstufe 9 durchgeführt worden. Erste Ergebnisse sind bereits auf Tagungen vorge-stellt worden (Abeßer et al., 2013; Hasselhorn & Lehmann, 2014) und weitere Analysen sind in Arbeit. Die zusätzliche Vorstellung der Testentwicklung und erster Ergebnisse von der Pi-lotierung in den Schulen hätte den Rahmen dieses Beitrages allerdings deutlich überschrit-ten.

Das hier vorgestellte Modell musikpraktischer Kompetenz hat aufgrund der verwendeten Curricula zunächst nur Gültigkeit für Schülerinnen und Schüler der Sekundarstufe I. Ob es auch zur Beschreibung musikpraktischer Kompetenz in der Primarstufe – dann natürlich mit anderen Niveauabstufungen – verwendet werden kann, müsste zunächst in einer weiteren theoretischen Analyse geklärt werden. Das Modell ist aber trotz seiner Orientierung an den Curricula keineswegs ausschließlich auf die Schule begrenzt. Durch die Integration des Modells von McPherson (1995) sind bereits Anknüpfungspunkte an eine Musikpraxis von Laien außerhalb der Schule vorhanden. Durch eine Ausweitung des Modells auf die Grundschulzeit und die Lebenszeit nach der Schule mit zugehörigen Testverfahren könnten in Querschnittstudien die Verteilungen und in Längsschnittstudien die Entwicklung musikpraktischer Kompetenz sehr detailliert untersucht werden.

Literatur

Abeßer, J., Hasselhorn, J., Dittmar, C., Lehmann, A. C. & Grollmisch, S. (2013). *Automatic Quality Assessment of Vocal and Instrumental Performances of Ninth-grade and Tenth-grade Pupils.* Poster auf der 10th International Symposium on Computer Music Multidisciplinary Research (CMMR), Marseille.

Boyle, J. D. & Radocy, R. E. (1987). *Measurement and Evaluation of Musical Experience.* New York: Schirmer.

Fleischer, J., Koeppen, K., Kenk, M., Klieme, E. & Leutner, D. (2013). Kompetenzmodellierung: Struktur, Konzepte und Forschungszugänge des DFG-Schwerpunktprogramms. *Zeitschrift für Erziehungswissenschaft, 16*(1), 5–22.

Hartig, J. & Klieme, E. (2006). Kompetenz und Kompetenzdiagnostik. In K. Schweizer (Hrsg.), *Leistung und Leistungsdiagnostik* (S. 127–143). Heidelberg: Springer.

Hasselhorn, J. & Lehmann, A. C. (2014, April). *Positiver Transfer von im außerschulischen Instrumentalunterricht erworbenen Fertigkeiten auf instrumentunspezifische (generische) musikpraktische Kompetenzen bei Schülern.* Poster auf der Tagung experimentell arbeitender Psychologen (TeaP), Gießen.

Hickey, M. (2001). An application of Amabile's consensual assessment technique for rating the creativity of children's musical compositions. *Journal of Research in Music Education, 49*(3), 234–244.

Hickey, M. (2013). Standards, assessment, and creativity in American music education: Intersection of opportunities. In T. S. Brophy & A. Lehmann-Wermser (Hrsg.), *Music Assessment Across Cultures and Continents. The Culture of Shared Practice* (S. 15–36). Chicago: GIA. S.

Jank, W. (Hrsg.) (2005). *Musik-Didaktik: Praxishandbuch für die Sekundarstufe I und II.* Berlin: Cornelsen.

Jank, W. & Schmidt-Oberländer, G. (2010). *Music step by step. Aufbauender Musikunterricht in der Sekundarstufe I. Schülerarbeitsheft und Lehrerband.* Esslingen: Helbling.

Johnson, T. J. & Hess, R. J. (1970). *Tests in the arts.* St. Ann, Mo.: Central Midwestern Regional Educational Laboratory.

Jordan, A. K., Knigge, J., Lehmann, A. C., Niessen, A. & Lehmann-Wermser, A. (2012). Entwicklung und Validierung eines Kompetenzmodells im Fach Musik – Wahrnehmen und Kontextualisieren von Musik. *Zeitschrift für Pädagogik, 58*, 500–521.

Kaiser, H. J. (2010). Verständige Musikpraxis. Eine Antwort auf Legitimationsdefizite des Klassenmusizierens. *Zeitschrift für kritische Musikpädagogik, 47–68.*

Keiper, S., Sandene, B. A., Persky, H. R. & Kuang, M. (2009). *The Nation's Report Card: Arts 2008 – Music & Visual Arts. National Assessment of Educational Progress at Grade 8. NCES 2009–488.* National Center for Education Statistics.

Klieme, E., Avenarius, H., Blum, W., Döbrich, P., Gruber, H., Prenzel, M., Reiss, K., Riquarts, K., Rost, J., Ternorth, H.-E. & Vollmer, H. J. (Hrsg.) (2003). *Zur Entwicklung nationaler Bildungsstandards: Eine Expertise.* Berlin: BMBF (Bildungsforschung, 1).

Klieme, E. & Hartig, J. (2007). Kompetenzkonzepte in den Sozialwissenschaften und im erziehungswissenschaftlichen Diskurs. *Zeitschrift für Erziehungswissenschaft, Sonderheft 8,* 11–29.

Klieme, E. & Leutner, D. (2006). Kompetenzmodelle zur Erfassung individueller Lernergebnisse und zur Bilanzierung von Bildungsprozessen. Beschreibung eines neu eingerichteten Schwerpunktprogramms der DFG. *Zeitschrift für Pädagogik, 52*(6), 876–903.

Knigge, J. (im Druck). Der Kompetenzbegriff in der Musikpädagogik: Verwendung, Kritik, Perspektiven. In J. Vogt, M. Brenk & F. Heß (Hrsg.), *(Grund-)Begriffe musikpädagogischen Nachdenkens – Entstehung, Bedeutung, Gebrauch.* Münster: LIT.

Knigge, J. & Lehmann-Wermser, A. (2008). Bildungsstandards für das Fach Musik: Eine Zwischenbilanz. *Zeitschrift für Kritische Musikpädagogik, Sonderedition: Bildungsstandards und Kompetenzmodelle für das Fach Musik,* 60–98.

Lehmann, A. C. (2005). Komposition und Improvisation: Generative musikalische Performanz. In T. H. Stoffer & R. Oerter (Hrsg.), *Allgemeine Musikpsychologie: Allgemeinpsychologische Grundlagen musikalischen Handelns (Enzyklopädie der Psychologie, Bd. DIVIIII)* (S. 913–954). Göttingen: Hogrefe.

Lehmann, A. C. & Davidson, J. W. (2002). Taking an acquired skills perspective on music performance. In R. Colwell & C. Richardson (Hrsg.), *The new handbook of research on music teaching and learning* (S. 543–560). New York: Oxford University Press.

Lehmann, A. C. & Ericsson, K. A. (1997). Research on expert performance and deliberate practice: Implications for the education of amateur musicians and music students. *Psychomusicology, 16,* 40–58.

McPherson, G. E. (1995). The Assessment of Musical Performance: Development and Validation of Five New Measures. *Psychology of Music, 23,* 142–161. DOI: 10.1177/0305735695232003.

Niessen, A., Lehmann-Wermser, A., Knigge, J. & Lehmann, A. C. (2008). Entwurf eines Kompetenzmodells „Musik wahrnehmen und kontextualisieren". *Zeitschrift für Kritische Musikpädagogik. Sonderedition, 2,* 3–33.

Persky, H. R., Sandene, B. A. & Askew, J. M. (1997). *The NAEP 1997 Arts Report Card: Eighth-Grade Findings from the National Assessment of Educational Progress.* ED Pubs.

Roth, H. (1971). *Pädagogische Anthropologie (Bd. 2).* Hannover: Schroedel.

Schäfer-Lembeck, H.-U. (Hrsg.) (2005). *Klassenmusizieren als Musikunterricht!? Theoretische Dimensionen unterrichtlicher Praxen. Beiträge des Münchner Symposions 2005.* München: Allitera

Venus, D. (1969/1984). *Unterweisung im Musikhören. Verbesserte Neuausgabe.* Wilhelmshaven: Heinrichshofen (Musikpädagogische Bibliothek, 30).

Vogt, J. (2004). (K)eine Kritik des Klassenmusikanten. Zum Stellenwert instrumentalen Musikmachens in der allgemeinbildenden Schule. *Zeitschrift für kritische Musikpädagogik, 3.*

Weinert, F. E. (1999). *Concepts of competence: DeSeCo Expert Report.* Neuchâtel: DeSeCo.

Weinert, F. E. (2001a). Vergleichende Leistungsmessung in der Schule eine umstrittene Selbstverständlichkeit. In F. E. Weinert (Hrsg.), *Leistungsmessungen in Schulen* (S. 17–31). Weinheim: Beltz.

Weinert, F. E. (2001b). Concept of Competence: A Conceptual Clarification. In D. S. Rychen & L. H. Salganik (Hrsg.), *Defining and selecting key competencies* (S. 17–31). Seattle: Hogrefe & Huber.

Winkelmann, H., Robitzsch, A., Stanat, P. & Köller, O. (2012). Mathematische Kompetenzen in der Grundschule. Struktur, Validierung und Zusammenspiel mit allgemeinen kognitiven Fähigkeiten. *Diagnostica, 58,* 15–30.

Johannes Hasselhorn & Andreas C. Lehmann
Hochschule für Musik
Hofstallstr. 6-8
D-97070 Würzburg
johannes.hasselhorn@hfm-wuerzburg.de; ac.lehmann@hfm-wuerzburg.de

Ulrike Kranefeld, Kerstin Heberle, Birgit Lütje-Klose &
Thomas Busch

Herausforderung Inklusion?
Ein mehrperspektivischer Blick auf die JeKi-Praxis an Schulen mit gemeinsamem Unterricht (GU)

Inclusion Challenge? A Multiperspective View on 'JeKi' at Schools with Inclusive Schooling

How suitable is the current program "An Instrument for Every Child" (JeKi) for the implementation of inclusive settings in music education in primary school? Seen from a range of perspectives, the actual practice of the program shows a mixed picture: On the one hand side, headmasters and experts display a huge willingness to incorporate inclusive education as a challenge in the JeKi-program. On the other hand, teachers largely remain skeptical about the implementation of inclusive settings in the program, with half of them wanting to refrain from it if possible. Like in a burning glass, several areas of conflict show up in our study: Children with special needs are more often perceived as troublesome and trouble-causing, than as children to be supported and promoted. However, all stakeholders in the program show awareness about the central dilemma of stigmatizing children, when being informed about their special needs status.

Einleitung

Dass die erweiterte Einführung inklusiver Settings in Reaktion auf die Ratifizierung der UN-Behindertenrechts-Konvention von 2008 eine große Herausforderung für allgemeinbildende Schulen darstellt, zeigen die teils heftig geführten öffentlichen Debatten. Aber was bedeuten solche Schulentwicklungsprozesse für Kooperationsprojekte mit außerschulischen Partnern, etwa im Bereich der musikalischen Bildung für ein Programm wie „Jedem Kind ein Instrument"? Zu dieser Frage vergab die Stiftung Jedem Kind ein Instrument in NRW einen entsprechenden Forschungsauftrag an eine Arbeitsgruppe aus Mitgliedern der musikpädagogischen Forschungsstelle und dem Lehrstuhl für Sonderpädagogik an der Uni Bielefeld.[1] Der folgende Beitrag stellt ausgewählte Ergebnisse dieser mehrperspektivischen Studie vor, die von August 2012 bis Februar 2013 durchgeführt wurde.

Schon der Titel des Programms „Jedem Kind ein Instrument" verweist programmatisch auf die Teilhabe aller und korrespondiert so explizit mit den Forderungen der UN-Konvention. Aber auch weitere Elemente des Programms (Stiftung Jedem Kind ein Instrument 2013, Programm) lassen günstige Voraussetzungen für die Einführung inklusiver Settings vermuten: Das Lehrenden-Tandem aus Grund- und Musikschullehrkräften im ersten JeKi-Jahr bietet prinzipiell mit der durchgehenden Doppelbesetzung gute Voraussetzungen für binnendifferenzierende Maßnahmen. In den Klassen 2 bis 4 findet der JeKi-Unterricht in Kleingruppen statt, was prinzipiell individuelle Förderung und auch zum Beispiel den wichtigen Prozess der Diagnose erleichtern könnte. Gemeinsames Musizieren, wie es der instrumentale Gruppenunterricht und noch mehr das Ensemble Kunterbunt in den Klassen 3 und 4 vorsieht, könnte – abhängig vom tatsächlich gewählten Gestaltungsmuster und angemessenen Formaten der Binnendifferenzierung – mit dem assoziiert werden, was in der inklusionspädagogischen Diskussion unter „Herstellung von Gemeinsamkeit" (Prengel, 2006) und unter der „Kooperation am gemeinsamen Gegenstand" (Feuser, 1995) als ideale Voraussetzung guter inklusiver Praxis verstanden wird. Insgesamt weist die Programmkonzeption also Elemente auf, die in den Bereichen Doppelbesetzung, Kleingruppenarbeit und Herstellung von Gemeinsamkeit durchaus günstige Voraussetzungen für inklusive Settings bieten können. Wie aber stellt sich angesichts dieser Konzeption die aktuelle Praxis von JeKi in Grundschulen mit gemeinsamem Unterricht dar?

Der aktuelle Diskurs um Inklusion und gemeinsamen Unterricht

Inklusive Pädagogik

Im pädagogischen Diskussionszusammenhang wird mit dem Begriff der Inklusion das Recht auf volle soziale Partizipation aller Menschen einschließlich solcher mit Behinderungen oder Benachteiligungen in der Gesellschaft und allen ihren Institutionen, also auch in der Schule und im JeKi-Unterricht, angesprochen (Werning & Lütje-Klose, 2012). Während in Deutschland seit den 1970er Jahren vor allem der Integrationsbegriff verwendet wurde und die gemeinsame Unterrichtung von Kindern

---

1   Neben den Autorinnen und Autoren dieses Beitrags arbeiteten Svenja Koal, Hannah Schulz und Astrid Trippe als wissenschaftliche Hilfskräfte in der Datenerhebung und -auswertung mit.

und Jugendlichen mit und ohne Behinderungen (z.B. Schöler, 1993) bzw. in einem anderen Diskurs die Eingliederung von Kindern mit einer familiären Migrationsgeschichte (z.B. Diehm & Radtke, 1999) bezeichnete, ist der Inklusionsbegriff international seit Anfang der 1990er Jahre gebräuchlich und findet sich u.a. in der Salamanca-Erklärung (1994).[2] Auch im deutschsprachigen Raum wurde der Inklusionsbegriff seit 2000 verstärkt berücksichtigt und vom Integrationsbegriff unterschieden (Hinz, 2000; Reiser, 2003; Sander, 2008). Während Integration demnach eine Begutachtung und Etikettierung von Menschen als behindert bzw. sonderpädagogisch förderbedürftig voraussetzt, um sie dann mit besonderen Ressourcen versehen im Regelschulsystem aufzunehmen, versteht sich eine inklusive Schule als grundsätzlich zuständig für alle Kinder mit ihren unterschiedlichen Entwicklungsbedingungen und stellt die je notwendige Unterstützung aufgrund der individuellen Bedürfnisse ohne Klassifikation innerhalb des Regelsystems zur Verfügung (Hinz, 2009). Die Konzeption der Inklusion kann mit Wocken (2011) im Sinne einer kontinuierlichen Entwicklung als Weiterführung und Ausweitung der Integrationsbewegung verstanden werden, die in Deutschland seit Mitte der 1970er Jahre entstanden ist und deren besondere Leistung unter anderem in der Entwicklung pädagogischer und didaktischer Grundlagen eines gemeinsamen Unterrichts für Kinder und Jugendliche mit ganz unterschiedlichen Lernvoraussetzungen liegt (Prengel, 2006).

Im Folgenden wird – im Sinne von Wocken (2011) – ein weiter Inklusionsbegriff vertreten, der die bisherigen Formen der gemeinsamen Unterrichtung von Schülerinnen und Schülern mit und ohne sonderpädagogischen Förderbedarf einschließt. Dies ist auch der o.g. theoretischen Kontinuität geschuldet, mit der zentrale Begründungslinien der inklusiven Pädagogik im Normalitätsverständnis der integrativen Pädagogik bereits grundgelegt sind (Reiser, 2003; Lingenauber, 2008).

Die gemeinsame Unterrichtung (GU) und Förderung von Schülerinnen und Schülern mit und ohne sonderpädagogischen Förderbedarf in NRW

Die Umsetzung einer gemeinsamen Unterrichtung von Schülerinnen und Schülern mit und ohne sonderpädagogischen Förderbedarf erfolgt in Deutschland und auch in NRW bislang noch in einem international betrachtet vergleichsweise geringen quantitativen Umfang: So besteht in NRW im Schuljahr 2012/13 für 6,7% aller Kinder ein sonderpädagogischer Förderbedarf (Schulministerium NRW 2013, Daten). Betrachtet man die Zahlen im Bundesländervergleich, so zeigt sich, dass der Anteil von Kindern mit festgestellten Förderbedarfen in NRW leicht über dem Bundesdurchschnitt

---

2   Bei der offiziellen Übersetzung der Salamanca-Erklärung und auch bei der UN-Konvention über die Rechte von Menschen mit Behinderungen (2008) ins Deutsche wurde der Begriff der „inclusion" jeweils mit „Integration" übersetzt, was die Gleichsetzung der Begriffe im politischen Raum über viele Jahre verdeutlicht.

liegt, der Anteil integrativ bzw. inklusiv unterrichteter Kinder liegt deutlich darunter (Klemm, 2013). Das ist ein Hinweis darauf, dass es von Bundesland zu Bundesland und von Region zu Region offenbar ganz unterschiedliche Konstruktionen darüber gibt, wem ein bestimmter Förderbedarf zugeschrieben wird und wie die Beschulung aussehen sollte (Lütje-Klose, 2013).

Von den Schülerinnen und Schülern mit diagnostiziertem sonderpädagogischem Förderbedarf werden in NRW 33,6% in einer Regelgrundschule und 18,4% in einer Regelschule des Sekundarbereichs unterrichtet, die anderen Schülerinnen und Schüler mit sonderpädagogischen Förderbedarfen besuchen förderschwerpunktspezifische Förderschulen. Allerdings ist in den letzten zwei Jahren in der Folge der UN-Konvention über die Rechte von Menschen mit Behinderungen und ihrer landespolitischen Umsetzung bereits eine massive Ausweitung gemeinsamer Unterrichtung erfolgt, für den Primarbereich von 16,3% auf 33,6% in den letzten 10 Jahren (Schulministerium 2013, Entwicklung), und diese wird sich nach dem Willen der Landesregierung weiter fortsetzen (Löhrmann, 2013).

Die gemeinsame Unterrichtung erfolgt im Primarbereich in NRW in unterschiedlichen Modellen, am häufigsten findet sich dabei das Modell des „Gemeinsamen Unterrichts" (GU) bzw. der Integrationsklasse in Lerngruppen mit bis zu 7 förderbedürftigen Kindern bei einer weitgehenden Doppelbesetzung von Grundschullehrkraft und sonderpädagogischer Lehrkraft.

Wie den Zahlen des Schulministeriums NRW für das Schuljahr 2012/2013 zu entnehmen ist, stellen in NRW Schülerinnen und Schüler mit einem sonderpädagogischen Förderbedarf in den Förderschwerpunkten Lernen mit 2,4%, Sprache mit 1,0% und Emotionale und Soziale Entwicklung mit 1,3% aller Schülerinnen und Schüler zusammen fast drei Viertel aller Kinder mit festgestellten Förderbedarfen (Schulministerium NRW, Daten). Diese Förderschwerpunkte sind zugleich am weitaus häufigsten in Modellen des gemeinsamen Unterrichts vertreten und damit auch im inklusiven JeKi-Unterricht vorzufinden.

Entwicklung der Fragestellungen der Studie vor dem Hintergrund der Theorie inklusiver Prozesse

Um sich der Frage zu nähern, ob die aktuelle JeKi-Praxis günstige Voraussetzungen für die erweiterte Einführung inklusiver Settings bietet und wie die bestehenden Ansätze eines inklusiven JeKi-Unterrichts in Grundschulen mit gemeinsamem Unterricht eingeschätzt werden können, bedarf es eines heuristischen Rahmens, um die unterschiedlichen Aspekte, die mit dieser Frage zusammenhängen, systematisch zu untersuchen. Unserer Analyse der JeKi-Praxis liegt deshalb das von Reiser, Klein, Kreie, Kron und Ziller (1986) entwickelte Ebenenmodell der „Theorie der integrativen Prozesse" zugrunde, das neben Feusers „Theorie der allgemeinen und integrativen Pädagogik" (Feuser, 1995, 2011) als eine der leitenden Theorien der Integrationsbewegung in Deutschland gelten kann. Reiser et al. (1986) zufolge sind Integration und Inklusion kein Zustand, der sich durch das Zusammensein unterschiedlicher Menschen in einem Raum von selbst ergibt oder einmal erreicht wird und dann erhalten bleibt, sondern ein komplexer, fortdauernder und immer wieder neu zu erarbeitender Prozess. Dieser umfasst „Einigungsprozesse in der konflikthaften Dynamik von Annäherung und Abgrenzung in der Auseinandersetzung mit dem Anderen" (Reiser et al., 1986, S. 156), die Klein, Kreie, Kron & Reiser (1987) auf mehreren Ebenen beschreiben:

- Die *innerpsychische Ebene* bezieht sich auf eine grundlegende wechselseitige Wahrnehmung, Akzeptanz und Wertschätzung, die für das Gelingen integrativer Prozesse bei allen beteiligten Personen mit ihren unterschiedlichen Sichtweisen – den Lehrkräften, Schülerinnen und Schülern und Eltern – erforderlich ist (ebd., S. 39).

- Auf der *interaktionellen Ebene* geht es um die Interaktions- und Instruktionsprozesse, die im Unterricht stattfinden und individuelle ebenso wie gemeinsame Lernprozesse ermöglichen sollen (ebd., S. 39).

- Die *institutionelle Ebene* ist angesprochen, wenn es z.B. um Fragen der Unterrichtsorganisation, der inneren und äußeren Differenzierung des Unterrichts, der räumlichen, materiellen und personellen Bedingungen wie etwa Doppelbesetzungen geht (ebd., S. 40).

- Die *kulturell-gesellschaftliche Ebene* betrifft die Frage der grundsätzlichen Akzeptanz inklusiver Zielsetzungen in der Schule und Musikschule sowie über die Schule hinaus die Umsetzung des Rechts auf volle Partizipation an allen Lebensbereichen (ebd., S. 40).

Für jede dieser Ebenen wurden in der Studie „JeKi und gemeinsamer Unterricht" ausgewählte Fragestellungen untersucht,[3] in der vorliegenden Darstellung sollen zwei Aspekte im Vordergrund stehen, die der innerpsychischen und der institutionellen Ebene zugeordnet werden können:

(1) Einstellungen zum Ein- bzw. Ausschluss von Kindern mit sonderpädagogischem Förderbedarf (innerpsychische Ebene):

Als zentrale Ermöglichungsbedingung inklusiver Prozesse gilt die Ebene der Kompetenzen, Einstellungen und Bereitschaften der Lehrkräfte, die seit jeher in der Integrations- und Inklusionsforschung eine große Rolle spielt (z.B. Dumke & Schäfer, 1993) und aktuell in Bezug auf die flächendeckende Umsetzung von Inklusion wieder stark diskutiert wird (Moser, Schäfer & Redlich, 2011; Moser, 2012; Miller & Kemena,

---

3   Siehe zu den Ergebnissen die ausführlichere Darstellung in Kranefeld, Lütje-Klose, Busch & Heberle (2014, i.V.).

2011). Moser et al. (2011) stellen aufgrund einer inhaltsanalytischen Auswertung sonderpädagogischer Fachliteratur unter anderem folgende Einstellungen und Bereitschaften zusammen, die für inklusive Settings als besonders bedeutsam gelten: ein inklusionsorientiertes Schulklima, eine individuell förderbezogene und förderdiagnostische Orientierung, eine biografische und lebenslagenorientierte Perspektive auf Schülerinnen und Schüler und eine Orientierung auf soziales Lernen. Für JeKi-Lehrende ist auf dieser Ebene zu fragen, welche Einstellungen, Bereitschaften und Kompetenzen sie in Bezug auf die Arbeit mit sehr heterogenen Lerngruppen mitbringen, die auch Schülerinnen und Schüler mit besonderen Förderbedarfen einschließen. Grundlegend sind hierbei u.a. ihre Einstellungen zum Ein- bzw. Ausschluss von Kindern mit Förderbedarf, denen wir in unserer Studie nachgegangen sind.

(2) Informationsfluss über das Konzept gemeinsamen Unterrichts und über Kinder mit Förderbedarf (institutionelle Ebene):

Die institutionelle Ebene ist nach Klein et al. (1987) angesprochen, wenn es z.B. um Fragen der Unterrichtsorganisation, der inneren und äußeren Differenzierung des Unterrichts, der räumlichen, materiellen und personellen Bedingungen wie etwa Doppelbesetzungen geht. Kooperation wird in der inklusionsbezogenen Literatur auf dieser Ebene als Grundbedingung gelingender Inklusion betrachtet (Lütje-Klose & Willenbring, 1999; Lütje-Klose & Urban, 2014 i.V.). Hierbei spielt die kollegiale Zusammenarbeit zwischen JeKi-Lehrkräften, Regelschullehrkräften sowie ggf. Sonderpädagoginnen und -pädagogen und Integrationshelferinnen und -helfern eine wichtige Rolle, die ihre unterschiedlichen professionellen Perspektiven in den Unterricht einbringen. Für den JeKi-Unterricht ist dabei von besonderem Interesse, auf welche Art und Weise die JeKi-Lehrkräfte etwa mit ihren Tandem-Partnern der Grundschulen kooperieren und mit ihnen in Bezug auf Kinder mit sonderpädagogischem Förderbedarf kommunizieren.

Bereits im Kontext des BMBF-Forschungsschwerpunkts wurde die Kooperationsqualität in JeKi sowohl auf der Makroebene institutioneller Kooperation als auch auf der Mikroebene unterrichtsbezogener Kooperation in den Blick genommen, insbesondere für das erste JeKi-Jahr, in dem Grund- und Musikschullehrkräfte im Tandem zusammenarbeiten. Die Ergebnisse zur unterrichtsbezogenen Kooperation im Tandem im 1. JeKi-Jahr sind relativ ernüchternd. Eine vertiefte unterrichtsbezogene Kooperation findet kaum statt: Über 97% der Musikschullehrenden bereiten nach Kulin und Özdemir (2011) den JeKi-Unterricht alleine vor. Es findet sich zwar das in der Sonderpädagogik von jeher etablierte Format des „one teach/one assist" (Cook & Friend, 2004), die Rollen in dieser Konstellation modifizieren sich jedoch teilweise: Die Assistenz der Grundschullehrkräfte richtet sich nicht in erster Linie auf einzelne Schüler, sondern verstärkt auf die Tandem-Partnerinnen und -Partnern aus der Musikschule, die gewollt oder ungewollt unterstützt werden (Kranefeld, 2013). Zudem haben die JeKi-Lehrenden nach Lehmann, Hammel und Niessen (2012) an den Grundschulen einen Gaststatus inne, sind oftmals nicht Teil des Kollegiums. Kulin und Schwippert (2012) stellen fest, dass sich JeKi-Lehrende – etwa wenn es um didaktische Fragen geht – eher an Musikschul-Kollegen als an ihre Grundschul-Tandem-Partner wenden. Dies ist deshalb nicht ganz unproblematisch, weil „bei sehr homogenen Netzwerken neue Impulse von außen einen Akteur nur schwer erreichen können" (Kulin & Schwippert, 2012, S. 168). Die Einführung gemeinsamen Unterrichts (GU) an der Grundschule wäre ein solcher Impuls von außen. Deshalb wurde der Frage nachgegangen, inwieweit JeKi-Lehrende in das Konzept des gemeinsamen Unterrichts an den Grundschulen einbezogen werden und wie sich der entsprechende Informationsfluss gestaltet.

Forschungsdesign

Gesamtdesign der Studie

Das Gesamtdesign der Studie „JeKi und gemeinsamer Unterricht (GU)" besteht aus einem theoretischen und einem empirischen Teil: Im theoretischen Teil der Untersuchung wurden die bisherigen Befunde des BMBF-Forschungsschwerpunkts zu „Jedem Kind ein Instrument" gesichtet und insbesondere die unterrichtsbezogenen Ergebnisse an Merkmalen guten inklusiven Unterrichts gemessen, wie sie im Diskurs um inklusive Didaktik diskutiert werden.

In ihrem empirischen Teil geht die Untersuchung der Frage nach, wie sich aktuell die Situation von JeKi in Grundschulen mit gemeinsamem Unterricht (GU) darstellt. Dabei wurden verschiedene Unterfragestellungen verfolgt, die sich auf den bisherigen Einschluss von Kindern mit Förderbedarf, auf die institutionellen Rahmenbedingungen, die Einstellungen der beteiligten Akteure und die gegenwärtige Unterrichtspraxis richten. Für die im vorliegenden Beitrag fokussierten zwei Aspekte „Ein- bzw. Ausschluss" und „Informationsfluss" sind insbesondere die Befunde der Befragungen und Interviews mit Schulleitungen, JeKi-Lehrenden und JeKi-Koordinatoren an Grund- und Musikschulen relevant.

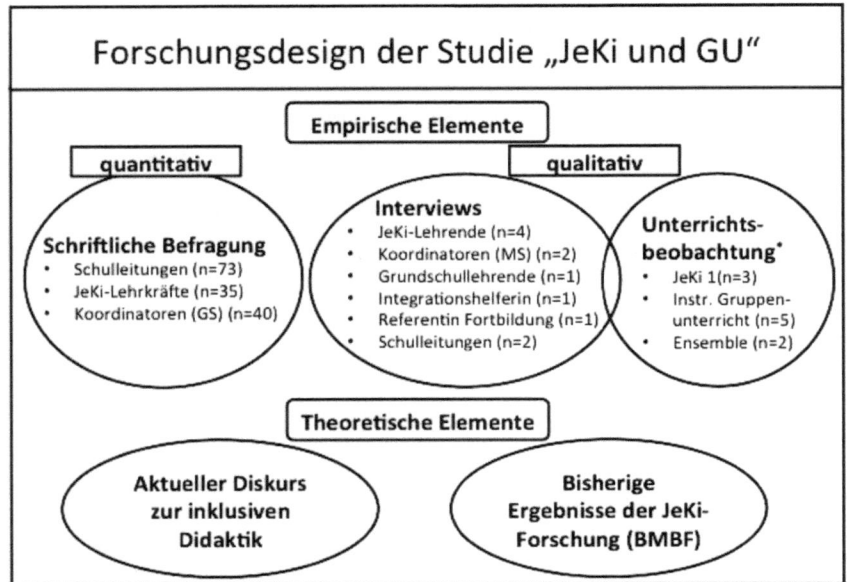

Abb. 1: Überblick über das Forschungsdesign

Die Stichprobe

Die Stichprobe der Studie setzte sich aus zwei Teilsamples zusammen:

(1) Für die quantitative Fragebogenerhebung bei Schulleitungen wurden alle Grundschulen im Ruhrgebiet angeschrieben, die sowohl JeKi- als auch GU-Schule sind. Von den angeschriebenen 380 Schulen erhielten wir 73 Fragebögen, also 19%, ausgefüllt zurück. Aufgrund der oftmals geringen Einbindung von JeKi in die Strukturen der Grundschule sind nicht alle Schulleitungen in gleichem Maße mit der konkreten Unterrichtspraxis in JeKi vertraut. Deshalb bestand die Hoffnung, durch eine ergänzende Befragung von JeKi-Lehrenden (n=35) und JeKi-Koordinatoren an den jeweiligen Grundschulen (n=40) vertiefte Einblicke, gerade in unterrichtsbezogene Fragestellungen, zu gewinnen.

(2) Um bestimmte Aspekte der Fragestellung zu vertiefen, wurde eine qualitative Untersuchung durchgeführt. Dazu wurden drei Grundschulen ausgewählt, an denen die an JeKi beteiligten Akteure per Leitfaden-Interview befragt bzw. in ihrem Unterricht teilnehmend beobachtet wurden. Dabei konnten in der Unterrichtsbeobachtung alle Programmelemente von JeKi, also der JeKi 1-Unterricht im Tandem, der instrumentale Gruppenunterricht (in einem Fall mit Integrationshelferin) und das Ensemble Kunterbunt (in einem Fall mit einem

assistierenden Grundschullehrer) erfasst werden. Zusätzlich wurden drei JeKi-Koordinatorinnen an großen Musikschulen im Ruhrgebiet interviewt, in der Hoffnung, dass diese einen guten Überblick über die inklusive JeKi-Praxis an den Grundschulen in ihrer jeweiligen Kommune haben und durch ihre regelmäßigen Kontakte mit den Lehrenden vor Ort wichtige und vielfältige Praxiseindrücke spiegeln können.

Die Auswahl der Interviewpartner und der entsprechenden Schulen orientierte sich an ihrem „Expertenstatus", der ihnen von Akteuren im Feld (Musik- oder Grundschulleitungen) zugewiesen wurde und bei dem anzunehmen ist, dass Aussagen über die eigene Praxis auf Bedingungen eines gelingenden JeKi-Unterrichts an GU-Schulen verweisen. Der Expertenstatus bezieht sich also auf eine „im jeweiligen Feld vorab erfolgte und institutionell-organisatorisch zumeist abgesicherte Zuschreibung" (Meuser & Nagel, 2003, S. 463). Diese gilt innerhalb des Experten-Paradigmas in der empirischen Bildungsforschung als gängiges Mittel zur Beschreibung von Expertentum, eine allein langjährige Berufserfahrung gilt in der Forschung dagegen nicht per se als Garant dafür.

Vor diesem Hintergrund betrachtet, erheben die Ergebnisse der qualitativen Interviews mit den beteiligten Akteuren gerade nicht den Anspruch auf Repräsentativität, sondern setzen im Gegenteil auf das Selektionskriterium Expertise.

Auswertungsstrategien

Bei der Auswertung der Daten kamen angesichts des mixed-methods-Designs unterschiedliche Auswertungsstrategien zum Einsatz:

(1) Im Rahmen der quantitativen Teilstudie wurden zunächst vorwiegend deskriptive Auswertungen vorgenommen, die um einzelne Messungen von Zusammenhängen und Gruppenunterschieden ergänzt wurden.

(2) Zur Auswertung des qualitativen Datenmaterials aus Interviews und teilnehmender Beobachtung wurde ein inhaltsanalytisches Vorgehen nach Meuser und Nagel (2002, 2003) gewählt. Basis waren die in der Regel transkribierten Interviews, Protokolle von Telefoninterviews mit Schulleitungen und systematische, an bestimmten Kriterien ausgerichtete Beobachtungsprotokolle der Unterrichtsbesuche.

(3) Durch einen anschließenden wechselseitigen Vergleich der Ergebnisse der quantitativen und qualitativen Analysen konnte ein mehrperspektivisches Bild auf das untersuchte Phänomen „JeKi und gemeinsamer Unterricht" gewonnen werden. So differenzieren und begründen die erweiterten Interviews die Aussagen der Fragebogenumfrage. Gleichzeitig ermöglichen es die quantitativen Daten, die Einzelaussagen der Interviewten auf ihren Status und ihre Reichweite hin zu überprüfen.

Ergebnisse

Einstellungen zum Ein- oder Ausschluss von Kindern mit Förderbedarf

Um zu klären, ob es zu einem systematischen Ausschluss von Kindern mit Förderbedarf kommt, haben wir die Schulleitungen gebeten, uns jeweils pro Jahrgangsstufe sowohl den Anteil der Kinder mit Förderbedarf als auch die entsprechenden Einschlusszahlen für JeKi zu übermitteln. Nur 25 von antwortenden 73 Grundschulen sind dieser Bitte im Detail nachgekommen, so dass hier die Datenlage begrenzt ist. Zudem sind die Fallzahlen pro Schule bzw. Jahrgang teilweise so gering, dass diese für valide Aussagen nicht ausreichen. Anders herum liefern die vorliegenden Zahlen aber auch keine Hinweise auf einen systematischen Ausschluss aus JeKi.

Im Kontext der Frage nach einer grundsätzlichen Akzeptanz inklusiver Zielsetzungen haben wir zudem Schulleitungen, JeKi-Koordinatoren an Grundschulen und JeKi-Lehrende gefragt, ob sie sich – wenn sie die Wahl hätten – für JeKi-Unterricht in inklusiven Lerngruppen (im Gegensatz zu nicht-inklusivem Unterricht) entscheiden würden:

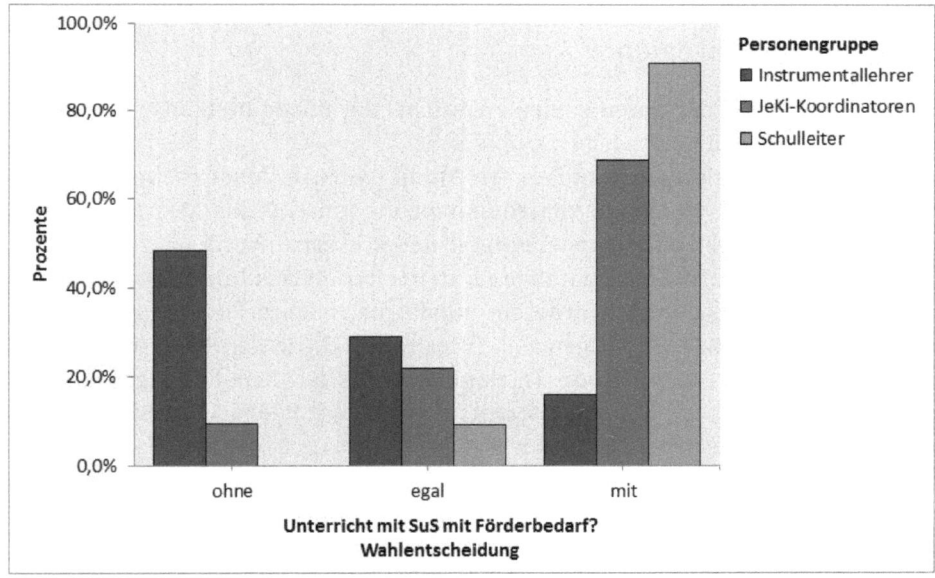

Abb. 2: Wahlentscheidung

Während Schulleitungen[4] (hellgrau) und JeKi-Koordinatoren[5] (mittelgrau) sich in sehr ähnlicher Weise deutlich für einen inklusiven JeKi-Unterricht aussprechen, sind die den Instrumentalunterricht durchführenden JeKi-Lehrkräfte[6] (dunkelgrau) hier wesentlich zurückhaltender: Fast die Hälfte von ihnen spricht sich sogar gegen eine Teilnahme von Kindern mit Förderbedarf aus. Die Unterschiede zu den Aussagen der Koordinatoren und der Schulleitungen fallen bei univariaten Varianzanalysen sehr groß aus.[7] Dass es hier bei der Befürwortung zu Deckeneffekten bei den Schulleitungen kommt, ist bei der Befragung explizit von Grundschulen *mit* gemeinsamem Unterricht (GU) nicht verwunderlich. Die Instrumentallehrkräfte als tragende Säulen eines inklusiven JeKi-Unterrichts stehen diesem aber offensichtlich eher skeptisch gegenüber. Der hohe Anteil der Ablehnung ist umso bemerkenswerter, als dass bei dieser Frage mit einem vermutlich hohen Maß an sozial erwünschten Antworten zu rechnen ist.

Anders bewerten dies die JeKi-Koordinatorinnen und -Koordinatoren an Musikschulen in unseren vertiefenden Experteninterviews: Sie befürworten prinzipiell JeKi an Schulen mit gemeinsamem Unterricht. Allerdings lassen sich auch hier innerhalb der Ausführungen zur tatsächlichen Teilnahme aller Schülerinnen und Schüler zwei unterschiedliche Positionen identifizieren: Neben der klaren Befürwortung einer Teilnahme aller Schülerinnen und Schüler („ich will ja jedes Kind haben", JeKi-Lehrende 3, Z. 863), wird in einem anderen Fall der Ausschluss eines Kindes aus dem Programm unter gewissen Umständen in Betracht gezogen. Dies geschehe jedoch in Abstimmung der beteiligten Akteure im Sinne des Kindes und unter der Annahme, dass für dieses zur gegebenen Zeit ein alternatives musikpädagogisches Angebot sinnvoller sei: „Was ist jetzt für das Kind das richtige? Das könnte auch kein Instrument sein." (JeKi-Koordinatorin MS 1, Z. 597). Hier wird also jenseits des hohen Anspruchs, jedem Kind das Instrumentalspiel ermöglichen zu wollen, implizit für eine individuelle Fallentscheidung plädiert.

Auch geben die Schulleitungen in der Befragung an, dass in der Regel alle Schülerinnen und Schüler an ihren Schulen die Möglichkeit haben, am JeKi-Unterricht teilzunehmen: 56 von 70 Schulleitungen antworteten mit einem uneingeschränkten „Ja", die übrigen zu gleichen Teilen mit „nein" oder „kommt darauf an". Allerdings verweisen die offenen Antworten innerhalb der Schulleiterbefragung darauf, dass in Einzelfällen (wohl vor allem in Bezug auf den instrumentalen Gruppenunterricht) auch ein Ausschluss von Schülerinnen und Schülern seitens der Schule in Betracht gezogen wird. Dabei stellt eine fehlende Motivation beim Kind für die Schulleitung einen solchen Grund dar. Auch wird Kindern von einer Teilnahme an JeKi abgeraten, „wenn sie intellektuell oder verhaltensmäßig dazu nicht in der Lage sind" (SLFI 112, 7.3). Hier werden somit Bedingungen an eine Teilnahme geknüpft, die sich auf das Sozial-

---

4 m=2,91 SD=0,29.
5 m=2,59 SD=0,67.
6 m=1,74 SD=0,82.
7 $F=45{,}75$; $p=.000$; part. $\eta^2 = .42$; $1-\beta=1$; Cohen's $d=1.90$.

verhalten oder die Leistungsvoraussetzungen beziehen. Darüber hinaus wird in einem weiteren Fall explizit der Förderbedarf als Ausschlusskriterium benannt: „Haben wir noch nicht gemacht [das Abraten, UK et al.]. Nur bei einem Schüler, der kein Regelbewusstsein hat. Es handelt sich um einen GU-Schüler Förderschwerpunkt GG [Geistige Entwicklung, UK et al.]" (SLFI 573, 7.3). Allerdings werden die Gründe für einen Ausschluss ab Klasse 2 nicht nur auf Schülerseite gesehen, sondern es wird durchaus auch auf die Kompetenzen der Lehrenden verwiesen, wie folgende Antwort zeigt: „Wenn sie GU-Kinder sind und die Musiklehrer sich nicht in der Lage sehen, diese zu unterrichten" (SLFI 564, 2.2). Hier wird konstatiert, dass eine offensichtliche Diskrepanz zwischen den besonderen Lernvoraussetzungen eines Schülers und den pädagogischen Möglichkeiten eines JeKi-Lehrenden entstehen und zu einem Ausschluss führen kann.

Tatsächlich zeigt unsere Befragung der JeKi-Lehrkräfte, dass sie sich selbst als Lehrende für den inklusiven instrumentalen Gruppenunterricht deutlich weniger gewappnet fühlen als für andere Formate des Instrumentalunterrichts:

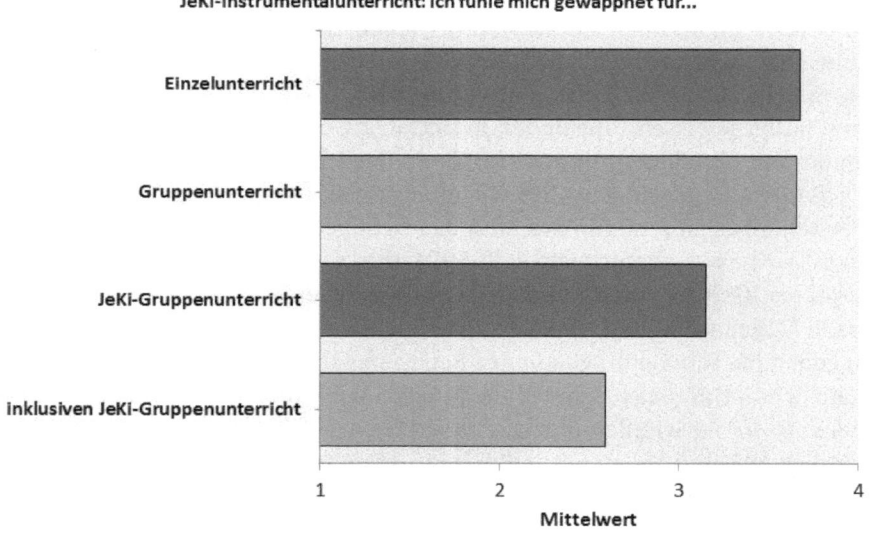

Abb. 3: Einstellung zu Formaten des Instrumentalunterrichts

Beim Vergleich der Formate Einzelunterricht an Musikschulen (1), Gruppenunterricht an Musikschulen (2), Gruppenunterricht in JeKi (3) und inklusiver Gruppenunterricht in JeKi (4) zeigt sich ein deutlicher, sehr starker Unterschied zwischen der Einschätzung im Hinblick auf den Einzelunterricht Musikschule und den Inklusiven JeKi-Gruppenunterricht (Cohen's d=.96). Schon der Übergang vom Musikschulunterricht zum JeKi-Unterricht an der Grundschule verursacht ein anderes Antwortverhalten, ein Rückgang zeigt sich auch im Übergang zum inklusiven Setting. Hier deutet sich also bereits eine erste Antwort auf die Frage im Titel des Beitrags an: Inklusion wird von den Musikschullehrkräften durchaus als Herausforderung in JeKi wahrgenommen.

Dabei muss aber berücksichtigt werden, dass in den Interviews mit den Musikschullehrenden ein sehr weiter und unspezifischer Begriff von Förderbedarf deutlich wird, der sich nicht immer auf einen institutionell festgestellten Förderbedarf bezieht: Verstößt ein Kind häufiger gegen Regeln, wird ihm von den Musikschullehrenden schnell ein Förderbedarf zugeschrieben, obwohl dieser gar nicht diagnostiziert ist. Zudem wird nicht jeder diagnostizierte Förderbedarf von den JeKi-Lehrenden gleichermaßen wahrgenommen, sondern vor allem dann, wenn er in irgendeiner Art und Weise die Durchführung des Unterrichts behindert. So wurde in den Interviews deutlich, dass beispielsweise eine starke Verhaltensauffälligkeit wahrgenommen wurde, während andere Förderschwerpunkte, wie etwa der Förderschwerpunkt Sprache, von den Interviewpartnern nicht bemerkt wurden. Interessant ist dabei die fachspezifisch fokussierte Wahrnehmung der Förderschwerpunkte. Eine Lehrerin, auf den Förderbedarf Sprache einer ihrer Schülerinnen angesprochen, antwortet z.B., dass sie diesen in ihrem Flötenunterricht nicht als besonders auffällig erlebt. Als Grund führt sie an, dass im Unterricht nicht sonderlich viel zu besprechen sei. Nicht der sprachliche, sondern der musikalische Ausdruck würde bei ihnen im Mittelpunkt stehen (JeKi-Lehrkraft 4).

Das trifft vermutlich auch für den größten Förderschwerpunkt Lernen zu, der fast die Hälfte aller Förderbedarfe insgesamt ausmacht, in den Interviews aber kaum thematisiert wird. So bestätigt sich hier, dass Differenzlinien, die im Hinblick auf Förderbedarfe im diagnostischen Prozess formuliert werden, je nach (Fach-)Kontext unterschiedlich relevant werden bzw. für spezifische Kontexte nahezu unsichtbar bleiben: „Ich denke auch, dass die GU-Kinder grundsätzlich eigentlich ja nicht wirklich auffallen." (JeKi-Lehrkraft 3, Z. 91). Unsere Befunde bestätigen damit eine These von Andreas Kloth (2012, S. 101), dass Kinder mit Lernbehinderung im Musikunterricht oftmals nicht auffallen, „da ihre Probleme häufiger an einen Leistungsanspruch im Bereich des Lesens und Schreibens oder im Mathematikunterricht gekoppelt sind."

Neben dieser fachspezifisch geprägten Wahrnehmung des Förderbedarfs zeigt sich deutlich noch ein anderes Differenzkriterium: eine starke Fokussierung auf das „Störpotential". Kinder mit Verhaltensauffälligkeiten werden deutlich wahrgenommen, Kinder mit dem Förderbedarf Sprache oder Lernen geraten paradoxerweise aus dem Blick, weil sie ggf. *nicht* stören. Damit wird es aber auch unwahrscheinlicher, dass eine JeKi-Lehrkraft in ihrem oder seinem Lernarrangement diese Kinder berücksichtigt und ihnen besondere Lernmöglichkeiten zur Verfügung stellt.

Insgesamt liefern die Ergebnisse zu den Einstellungen zum Ein- bzw. Ausschluss von Kindern mit Förderbedarf aus JeKi ein uneinheitliches Bild, das vor allem mit der mehrperspektivischen Anlage der Befragung zusammenhängt. Dem eher systemisch geprägten Blick der Schulleitungen, die in ihrer Rolle und mit ihrer grundsätzlichen Akzeptanz und Befürwortung inklusiver Settings auch die von Klein et al. (1987) angesprochene kulturell-gesellschaftliche Ebene (s.o.) repräsentieren, stehen auch ablehnende Haltungen von Lehrenden gegenüber: Sie sehen sich möglicherweise mit einer herausfordernden Situation konfrontiert und einem Gefühl, für inklusive Didaktik weniger gerüstet zu sein als für vergleichbare Aufgaben in nicht inklusiven Kontexten. Der Blick der Experten in den Interviews zeigt wiederum eine Haltung, die grundiert ist von einer deutlichen Akzeptanz und gleichzeitiger differenzierter Betrachtung der Möglichkeiten.

Kooperation und Informationsfluss

Kooperation gilt als zentrale Gelingensbedingung inklusiver Prozesse (Lütje-Klose & Willenbring, 1999; Werning & Arndt, 2013). Deshalb sind wir der Frage nachgegangen, inwieweit die JeKi-Lehrenden (n=34) in das Konzept des gemeinsamen Unterrichts an den Grundschulen einbezogen wurden und haben gefragt: Finden Gespräche innerhalb der Grundschule zum Konzept des GU statt? Mit einem Mittelwert von 1,74 auf einer vierstufigen Skala bewegen sich die Antworten der Lehrenden mit einer Standardabweichung von ,93 zwischen nein und eher nein. Ein ähnliches Bild ergibt sich bei der Befragung der JeKi-Koordinatorinnen an Grundschulen: Auf die Frage, ob man sich an der Grundschule um die Einbindung der JeKi-Lehrenden in das Konzept des GU intensiv kümmert (m=2,03; SD=0,83) oder ob diese in das Konzept GU eingeführt werden, antworten die Koordinatoren ähnlich negativ (m=1,97, SD=0,86). Eine Antwort einer Schulleitung im offenen Antwortformat bestätigt das Bild, dass es wenig Austausch über gemeinsamen Unterricht oder inklusive Didaktik mit den JeKi-Lehrenden gibt: „Ich weiß ehrlich gesagt nicht, ob die JeKi-Kollegen schon einmal etwas von Inklusion gehört haben. Es war noch nie Gesprächsthema." (SLFI 627, 8.2).

Neben der Frage nach dem grundsätzlichen Austausch, bezogen auf Konzepte, spielt auch die Frage nach dem Austausch auf Fallebene eine Rolle. Hier ist nicht nur interessant, ob dieser stattfindet, sondern gleichermaßen, ob dieser befürwortet wird. Wir haben die Musikschullehrenden gefragt: Werden sie darüber informiert, wenn Kinder mit Förderbedarf in ihrer Lerngruppe sind? Hier zeigt sich mit einem Mittelwert von 2,24 (SD=1,08) auf einer vierstufigen Skala im Antwortverhalten eher eine Tendenz dazu, dass diese nicht informiert werden. Was das in der Praxis bedeuten kann, zeigt ein Bericht einer Lehrerin im Interview: Auf dem Weg zur ersten Stunde in einer neuen Lerngruppe sei sie von der Klassenlehrerin zur Seite genommen und gefragt worden, wie sie diesen Unterricht denn überhaupt durchführen wolle mit den zwei Kindern mit Förderbedarf. Sie sei zuvor nicht darüber informiert worden, dass es sich um eine inklusive Gruppe handelte. Sie berichtet, dass sie in der anschließenden Stunde vor allem (unvorbereitet) damit beschäftigt gewesen sei, darauf zu achten, dass dieser Junge nicht davonläuft, und hätte ihn buchstäblich festhalten müssen. Dadurch seien alle anderen Schüler, zu denen auch noch zwei weitere

Kinder mit Förderbedarf zählten[8], völlig in den Hintergrund geraten. Im Anschluss sei sie „nassgeschwitzt" gewesen (JeKi-Lehrende 4).

Sowohl auf Grundschulseite als auch auf Musikschulseite wird in diesem Zusammenhang aber auch die prinzipielle Frage diskutiert, welche Informationen über die Schülerinnen und Schüler bezüglich ihrer Förderschwerpunktes überhaupt an die JeKi-Lehrenden weitergegeben werden sollten. Einige Grundschulen halten Informationen über Förderschwerpunkte einzelner Schülerinnen und Schüler bewusst zurück, weil sie voreilige Stigmatisierungen befürchten. Gleichzeitig kann aus Sicht der Grundschullehrenden das Bedürfnis der JeKi-Lehrenden nach Information nachvollzogen werden: „Wenn man denkt, da kommt etwas Schwieriges, das der JeKi-Lehrer wissen muss, dann vorab informieren" (Grundschullehrer 1, 1.). Bemerkenswert ist hier, dass sich – möglicherweise aus dem immensen alltäglichen Handlungsdruck heraus – das Kriterium für Informationsbedarf über Kinder mit sonderpädagogischem Förderbedarf insbesondere an der Gefahr möglicherweise drohender Schwierigkeiten ausrichtet, nicht aber an einer ggf. zu berücksichtigenden besonderen Förderung: Als Gelingensbedingung von „JeKi und GU" wird von einigen Akteuren also eher defensiv Störungsfreiheit und wohl auch eine prinzipielle Beteiligung aller gedeutet, anstatt offensiv eine spezifische Förderstrategie zu verfolgen. Zudem offenbart sich in den Äußerungen der beteiligten Akteure zum Informationsfluss ein grundsätzliches Dilemma: Ihrem Wunsch nach Informiertheit steht in ihren eigenen Augen die Gefahr der Stigmatisierung gegenüber.

Diskussion

Unser mehrperspektivischer Einblick in die Praxis JeKi ergab ein gemischtes Bild: Einer großen Bereitschaft der Schulleitungen und Experten, sich auf die Herausforderung Inklusion in JeKi einzulassen, steht die Skepsis der zufällig befragten Lehrenden gegenüber, die zur Hälfte auf Inklusion verzichten würden, wenn sie die Wahl hätten. Wie in einem Brennglas werden in unserer Untersuchung typische Spannungsfelder im Kontext von Inklusion deutlich: So werden Kinder mit Förderbedarf von JeKi-Lehrenden häufiger als Störende, seltener als zu Fördernde wahrgenommen. Außerdem zeigte sich, dass einige Musikschullehrende dem Begriff eines institutionell diagnostizierten Förderbedarfs oftmals eine eigene Konstruktion von „Förderbedarf" entgegensetzen, sei es dass sie Kindern auf Grund ihres Verhaltens Förderbedarf zuschrieben oder auch deutlich machten, dass der diagnostizierte Förderbedarf eines Kindes in musikpädagogischer Hinsicht keine Rolle spielt. Bewusstsein dagegen besteht bei den Akteuren im Feld JeKi über ein zentrales Dilemma inklusiver Prozesse, das im Spannungsfeld von Informationsbedürfnis und der Gefahr der Stigmatisierung liegt. Auch unsere Untersuchung selbst kann sich diesem Dilemma nicht

---

8 Ein Kind mit dem Förderschwerpunkt Geistige Entwicklung, eines mit dem Förderschwerpunkt Sprache.

vollständig entziehen, fragt sie doch die beteiligten Akteure nach dem Umgang mit Kindern mit sonderpädagogischem Förderbedarf in JeKi und nutzt so eine durchaus umstrittene und im Inklusionskontext perspektivisch zu überwindende Klassifizierung (Hinz, 2013; Werning & Lütje-Klose, 2012) von Kindern als Unterscheidungsmerkmal.

Entwicklungsaufgaben wären auf der Basis der beschriebenen Ergebnisse auf zwei Ebenen denkbar: Erstens könnte eine bessere strukturelle Verankerung des Programms JeKi und eine Überwindung des ‚Gaststatus' der Lehrenden in den Grundschulen bewirken, dass auch die JeKi-Lehrenden Teil der Schulentwicklungsprozesse werden und Akteure innerhalb eines gemeinsamen inklusiven Konzepts.

Für eine erfolgreiche inklusive JeKi-Praxis, die die vorhandenen Ressourcen effektiv nutzt, könnte es von zentraler Bedeutung sein, den Informationsfluss über Kinder mit Förderbedarf in den JeKi-Grundschulen zu fördern und JeKi-Lehrende bei Bedarf fallbezogen in die Förderkonzepte bzw. Förderkonferenzen einzubeziehen. Außerdem wäre zu überlegen, Beratungs- und Unterstützungsangebote auf unterschiedlichen Ebenen einzurichten, also etwa verbindliche Ansprechpartner innerhalb der Grundschule zu benennen, interprofessionelle Teamsitzungen durchzuführen, ein (didaktisches) Beratungsangebot und fallbezogene Unterstützung durch Experten anzubieten, z.B. durch eine sonderpädagogisch qualifizierte Fachberatung auf Ebene der Musikschulen oder der Stiftung Jedem Kind ein Instrument.

So zeigen sich schon in den hier berichteten beiden Aspekten *Einstellungen der Akteure* und *Informationsfluss* Ansatzmöglichkeiten, um das zweifelsohne vorhandene Potential, das der JeKi-Unterricht durch seinen partizipatorischen Grundgedanken ebenso wie durch seine spezifischen Fördermöglichkeiten im Rahmen des aktiven, gemeinsamen Musizierens im Hinblick auf inklusive Prozesse bieten kann, in Zukunft besser nutzbar zu machen.

Literatur

Cook, L. & Friend, M. (1995). Co-Teaching: Guidelines for creating effective practices. *Focus on Exceptional Children, 28,* 1–16.

Cook, L. & Friend, M. (2004). *Co-teaching: Principles, practices and pragmatics.* http://frank.mtsu.edu/~tsbrown/coteachingdetailsofModels.pdf [16.11.2012].

Diehm, I. & Radtke, F. O. (1999). *Erziehung und Migration. Eine Einführung.* Stuttgart: Kohlhammer.

Dumke, D. & Schäfer, G. (1993). *Entwicklung behinderter und nichtbehinderter Schüler in Integrationsklassen. Einstellungen, soziale Beziehungen, Persönlichkeitsmerkmale und Schulleistungen.* Weinheim: Deutscher Studien Verlag.

Feuser, G. (1995). *Behinderte Kinder und Jugendliche zwischen Integration und Aussonderung.* Darmstadt: Wissenschaftliche Buchgesellschaft.

Feuser, G. (2011). Entwicklungslogische Didaktik. In A. Kaiser, D. Schmetz, P. Wachtel & B. Werner (Hrsg.), *Didaktik und Unterricht. Enzyklopädisches Handbuch der Behindertenpädagogik* (S. 86–100). Stuttgart: Kohlhammer.

Hinz, A. (2000). Niemand darf in seiner Entwicklung behindert werden – von der integrativen zur inklusiven Pädagogik? In L. Kunze & U. Sassmannshausen (Hrsg.), *Gemeinsam weiter ... 15 Jahre integrative Schule Frankfurt* (S. 69–82). Frankfurt a. M.: Selbstverlag.

Hinz, A. (2009). Inklusive Pädagogik in der Schule. *Zeitschrift für Heilpädagogik, 5,* 171–179.

Hinz, A. (2013). Inklusion – von der Unkenntnis zur Unkenntlichkeit!? – Anmerkungen zu einem Jahrzehnt Diskurs über schulische Inklusion in Deutschland. *Zeitschrift für Inklusion, 1.* http://www.inklusion-online.net/index.php/inklusion/rt/_ [23.04.2014].

Klein, G., Kreie, G., Kron, M. & Reiser, H. (1987). *Integrative Prozesse in Kindergartengruppen. Über die gemeinsame Erziehung von behinderten und nicht-behinderten Kindern.* München: DJI.

Klemm, K. (2013). *Inklusion in Deutschland – eine bildungsstatistische Analyse.* Gütersloh (Erstellt im Auftrag der Bertelsmann Stiftung).

Kloth, A. (2012). Ein Recht auf musikalische Bildung: Auswirkungen von Inklusion auf Musikunterricht. In T. Greuel & K. Sandvoss-Schilling (Hrsg.), *Soziale Inklusion als künstlerische und musikpädagogische Herausforderung* (S. 131–144). Musik im Diskurs; 25. Aachen: Shaker.

Kranefeld, U. (2013). Assistieren. Rekonstruktion eines Kooperationsmusters im Lehrenden-Tandem im Programm „Jedem Kind ein Instrument". In U. Riegel & K. Macha (Hrsg.), *Videobasierte Kompetenzforschung in den Fachdidaktiken.* (S. 232–247). (= Fachdidaktische Forschungen, 4). Münster: Waxmann.

Kranefeld, U., Heberle, K., Lütje-Klose, B., Busch, Th. (2014, i.V.): JeKi im gemeinsamem Unterricht. Ergebnisse einer mehrperspektivischen Studie (Arbeitstitel). In: U. Kranefeld, K. Heberle & Th. Busch (Hrsg.), *Musikpädagogik und Partizipation.*

Kulin, S. & Özdemir, M. (2011). Lehrer-Kooperation im JeKi-Kontext: Erwartungen und Umsetzungen. *Beiträge Empirischer Musikpädagogik, 2*(2).

Kulin, S. & Schwippert, K. (2012). Kooperationsbeziehungen im JeKi-Kontext: Beweggründe zur Kooperation und Merkmale gemeinsamer Reflexion methodischer und didaktischer Fragen. In J. Knigge & A. Niessen (Hrsg.), *Musikpädagogisches Handeln. Begriffe, Erscheinungsformen, politische Dimensionen* (S. 152–171) (=Musikpädagogische Forschung, 33). Essen: Die blaue Eule.

Lehmann, K., Hammel, N. & Niessen, A. (2012). „Wenn der eine den Unterricht macht und der andere diszipliniert...". Aufgabenverteilung im Lehrenden-Tandem des musikpädagogischen Programms „Jedem Kind ein Instrument". In J. Knigge & A. Niessen (Hrsg.), *Musikpädagogisches Handeln. Begriffe, Erscheinungsformen, politische Dimensionen* (S. 195–212) (=Musikpädagogische Forschung, 33). Essen: Die blaue Eule.

Lingenauber, S. (2008). Normalität. In S. Lingenauber (Hrsg.), *Handlexikon der Integrationspädagogik* (S. 160–168). Bochum: Projekt Verlag.

Löhrmann, S. (2013). *Inklusion in NRW. Aktuelle Daten und Maßnahmen im Bereich Schule.* http://www.schulministerium.nrw.de/docs/bp/Ministerium/Presse/Pressekonferenzen/2013/130122_Inklusion/Rede_Inklusion.pdf [27.04.2014].

Lütje-Klose, B. (2013). Inklusion – Herausforderung für Schul- und Unterrichtsentwicklung. *Pädagogik 9*, 34–37.

Lütje-Klose, B. & Urban, M. (2014). Kooperation als wesentliche Bedingung inklusiver Schul- und Unterrichtsentwicklung. *Vierteljahrsschrift für Heilpädagogik und ihre Nachbargebiete (VHN), 83*(2), 111–123.

Lütje-Klose, B. & Willenbring, M. (1999). Kooperation fällt nicht vom Himmel – Möglichkeiten der Unterstützung kooperativer Prozesse in Teams von Regelschullehrerin und Sonderpädagogin aus systemischer Sicht. *Behindertenpädagogik, 38*, 2–31.

Meuser, M. & Nagel, U. (2002). ExpertInneninterviews – vielfach erprobt, wenig bedacht. Ein Beitrag zur qualitativen Methodendiskussion. In A. Bogner, B. Littig & W. Menz (Hrsg.), *Das Experteninterview. Theorie, Methode, Anwendung* (S. 71–93). Opladen: Leske und Budrich.

Meuser, M. & Nagel, U. (2003). Experteninterviews – wissenssoziologische Voraussetzungen und methodische Durchführungen. In B. Friebertshäuser & A. Prengel (Hrsg.), *Handbuch qualitative Forschungsmethoden in der Erziehungswissenschaft* (S. 457–471). Weinheim: Juventa.

Miller, S. & Kemena, P. (2011). Die Sicht von Grundschullehrkräften und Sonderpädagogen auf Heterogenität – Ergebnisse einer quantitativen Erhebung. In B. Lütje-Klose, M.-T. Langer, B. Serke & M. Urban (Hrsg.), *Inklusion in Bildungsinstitutionen. Eine Herausforderung an die Heil- und Sonderpädagogik* (S. 124–134). Bad Heilbrunn: Klinkhardt.

Moser, V. (Hrsg.) (2012). *Die inklusive Schule. Standards für die Umsetzung.* Stuttgart: Kohlhammer.

Moser, V., Schäfer, L. & Redlich, H. (2011). Kompetenzen und Beliefs von Förderschullehrkräften in inklusiven settings. In B. Lütje-Klose, M. Langer, B. Serke & M. Urban (Hrsg.), *Inklusion in Bildungsinstitutionen. Eine Herausforderung an die Heil- und Sonderpädagogik* (S. 144–147). Bad Heilbrunn: Klinkhardt.

Prengel, A. (2006). *Pädagogik der Vielfalt* (3. überarb. Aufl.). Opladen: Leske & Budrich.

Reiser, H. (2003). Vom Begriff der Integration zum Begriff der Inklusion – was kann mit dem Begriffswechsel angestoßen werden? *Sonderpädagogische Förderung, 48*(4), 305–312.

Reiser, H., Klein, G., Kreie, G., Kron, M. & Ziller, H. (1986). Integration als Prozess. *Sonderpädagogik, 16*, 115–122 & 154–160.

Sander, A. (2008). Etappen auf dem Weg zu integrativer Erziehung und Bildung. In H. Eberwein, J. Mand (Hrsg.), *Integration konkret. Begründung, didaktische Konzepte, inklusive Praxis* (S. 27–40). Bad Heilbrunn: Klinkhardt.

Schöler, J. (1993). *Integrative Schule, integrativer Unterricht.* Reinbek: Rowohlt.

Schulministerium, Daten (2013). *Schülerinnen und Schüler mit und ohne sonderpädagogischen Förderbedarf im Schuljahr 2012/13 (Primarstufe und Sekundarstufe I).* http://www.schulministerium.nrw.de/docs/bp/Ministerium/Presse/Pressekonfere nzen/2013/130122_Inklusion/SchuelermitFoerderbedarf.pdf [27.04.2014].

Schulministerium, Entwicklung (2013). *Entwicklung des Anteils der Schülerinnen und Schüler mit sonderpädagogischem Förderbedarf im Gemeinsamen Unterricht (GU).* http://www.schulministerium.nrw.de/docs/bp/Ministerium/Presse/Pressekonfere nzen/2013/130122_Inklusion/Entwicklung_des_Anteils.pdf [27.04.2014].

Stiftung Jedem Kind ein Instrument (2013). „Jedem Kind ein Instrument".
  https://www.jedemkind.de/programm/home.php [19.12.2013].
UNESCO. Die Salamanca Erklärung und der Aktionsrahmen zur Pädagogik für besondere
  Bedürfnisse (angenommen von der Weltkonferenz „Pädagogik für besondere Be-
  dürfnisse: Zugang und Qualität" Salamanca, Spanien, 7.–10. Juni 1994).
  http://bidok.uibk.ac.at/library/unesco-salamanca.html, bidok – Volltextbibliothek:
  Wiederveröffentlichung im Internet [26.04.2013].
UN-Konvention (2008). Gesetz zu dem Übereinkommen der Vereinten Nationen vom 13.
  Dezember 2006 über die Rechte von Menschen mit Behinderungen, ausgegeben zu
  Bonn am 31. Dezember 2008 (S. 1419–1457). *Bundesgesetzblatt Teil II*, 35.
Werning, R. & Arndt, A.-K. (Hrsg.) (2013). *Inklusion: Kooperation und Unterricht entwi-
  ckeln*. Bad Heilbrunn: Klinkhardt.
Werning, R. & Lütje-Klose, B. (2012). *Einführung in die Pädagogik bei Lernbeeinträchti-
  gungen* (3. überarbeitete Auflage). München: Ernst Reinhardt Verlag.
Wocken, H. (2011). *Das Haus der inklusiven Schule*. Hamburg: Curio.

Ulrike Kranefeld
Musikpädagogische Forschungsstelle
Fakultät für Linguistik und Literaturwissenschaft
Fach Kunst- und Musikpädagogik
Universität Bielefeld
Universitätsstraße 25
D-33615 Bielefeld
ulrike.kranefeld@uni-bielefeld.de; kerstin.heberle@uni-bielefeld.de; birgit.luetje@uni-
bielefeld.de; thomas.busch@uni-bielefeld.de

Alexander J. Cvetko

Geschichten erzählen als Methode im Musikunterricht
Ergebnisse und Forschungsmethoden einer historischen Studie[1]

Storytelling as a teaching method in the music classroom. Results and methods of a historical study

Storytelling as a teaching method in the music classroom can no longer be found in repertoires of music teaching methods, even though stories are still being told in music lessons nowadays and storytelling has a long teaching tradition. Numerous sources of the late 18th century and beyond account for different kinds of storytelling in the German music classroom. They have systematically been analysed with regard to certain aspects and teaching patterns. In this way the present study takes account of a decades-old demand within the discipline of historical music pedagogical research, which has postulated a structural historiography. Starting with a reflection of the historiographical research method the author finally illustrates the benefits of combining historical classroom research and the research of current teaching practices.

Erzählen in der musikunterrichtlichen Methodenliteratur

Der Musikpädagoge Heinz Meyer publizierte Mitte der 1970er Jahre einen Erfahrungsbericht über *Methodenprobleme im Musikunterricht der Sekundarstufe I*, um mit Beispielen, Vorschlägen und Überlegungen Lösungsansätze zu bieten. Im Kapitel 5 „Die Lehrerpersönlichkeit" gibt er folgende Beobachtung wieder (Meyer, 1975, S. 50):

> „Nach einem Schulpraktischen Seminar wurden die Schüler gefragt, welche der zehn Lehrerstunden ihnen am besten gefallen habe. Die Wahl fiel einstimmig auf eine Studentin, die, nach ‚objektiven' Gesichtspunkten beurteilt, gewiß nichts Außergewöhnliches geleistet hatte. Begründung der Schüler: ‚Weil sie so mitreißend erzählen konnte'".

---

1   Die Studie „*Geschichten erzählen* als Methode im Musikunterricht. Historische und empirische Studien" ist im Rahmen eines Habilitationsprojektes an der Universität Siegen entstanden.

Meyer konstatiert einerseits, das Erzählen sei nichts Außergewöhnliches und doch wird andererseits gerade der in der Befragung bestabschneidende Studierenden mit ihrer Methode eine Ausnahmestellung zugestanden. Die Analyse der aktuellen musikunterrichtlichen Methodenliteratur untermauert geradezu das Ergebnis Meyers hinsichtlich der Ausnahmestellung des (Geschichten) Erzählens, denn diese Methode findet mittlerweile keine Berücksichtigung in den Methodenrepertoires mehr. Noch in den 1970er Jahren sollte sich das Lernen am Erzählen entzünden (Vogelsänger, 1970, S. 94); auch wurde diese „Lehrerdarbietung" als ein ergänzendes Mittel unter anderen gesehen (Meyer, 1978, S. 95f.); schließlich sei das Erzählen eine Grundform des Lehrens, denn „wer nicht zu aller Wissenschaft hinzu die [zuvor zitierte] Geschichte vom Raben erzählen kann, [...] der bleibt ein dürftiger Lehrer" (Gruhn & Wittenbruch, 1983, S. 91f.). In den aktuelleren Fachrepertoires hingegen ist das Erzählen als Methode nicht auffindbar (vgl. etwa Dembowski, 2001; Mazurowicz, 2005; Heukäufer, 2007; Mittelstädt, ^{2}2010; Beiderwieden, 2008; Nimczik, 2009; Buschendorff, 2010; Buschendorff, 2012). Dennoch gibt es aufgrund eigener Unterrichtserfahrungen und -beobachtungen sowie zufälliger Quellenfunde zwei wesentliche Grundannahmen, die der Gesamtstudie als Prämissen zugrunde liegen: Erstens wird das Geschichtenerzählen als Methode auch gegenwärtig im Musikunterricht praktiziert. Zweitens ist das Geschichtenerzählen eine Unterrichtsmethode, die in historischen Quellen seit Ende des 18. Jahrhunderts dokumentiert und auffindbar ist. Das Augenmerk in vorliegendem Text liegt im Aufweis des Geschichtenerzählens in der historischen Unterrichtswirklichkeit, indem es anhand ausgewählter historischer Quellen systematisch ausgewertet und die dafür angewandte Forschungsmethode reflektiert wird.[2]

Historische Unterrichtspraxis und ihre Forschungsmethoden

Forschungsparadigma und Forschungsstand: Der Studie insgesamt liegt das Verständnis von Musikpädagogik als Wissenschaft zugrunde, die auf Sigrid Abel-Struth rekurriert. Für sie beginnt die Musikpädagogik als Wissenschaft „mit der abstrahierenden Beobachtung von Praxis alles musikalischen Bildungsgeschehens im weitesten Sinne" und umfasst „den Wechselbezug von dieser Praxis und seiner Theorie in der Theoriebildung" (Abel-Struth, 1970, S. 39f.). Sie beschränkt sich dabei nicht nur auf die gegenwärtige Unterrichtspraxis, vielmehr schließt sie auch die historische Unterrichtspraxis dezidiert mit ein (ebd., S. 41). Die Gründe über den Nutzen und Nachteil der Historie sind vielschichtig und bereits umfänglich erörtert worden

---

2   Siehe für die umfangreiche Quellenauswertung sowie für den empirischen Teil der Studie mit Schulbuchanalysen, Videographie und teilnarrativen Interviews die Gesamtstudie bei Cvetko, 2014 (Druck i. V.).

(vgl. Antholz, 1992, S. 140ff. und Pfeffer, 2003, S. 15ff.); sie müssten auch für diese historische Studie zum Geschichtenerzählen und ihre hier ausschnitthaft präsentierten Ergebnisse auf den Prüfstand gestellt werden. Es gibt bisher nur wenige Autoren, die das Geschichtenerzählen in historischer Perspektive beobachtet haben. Insofern bildet Stefan Hörmann mit seiner Monographie zur *Musikalischen Werkbetrachtung im Schulunterricht des frühen 20. Jahrhunderts* in der nationalen und internationalen Forschungsliteratur eine Ausnahme, in welcher er sich am Rande mit „Erzählungen zu Musik und Musikgeschichte" als einem „speziellen Behandlungsansatz" beschäftigt (Hörmann, 1995, S. 155ff., s. a. 158 f. sowie Cvetko, 2009, S. 20ff.).

Q u e l l e n t y p : Wie aber lässt sich die Unterrichtspraxis – hier zum Geschichtenerzählen – in historischer Perspektive beobachten? Während frühere Quellenkompilationen – etwa die *Quellentexte zur Musikpädagogik* (ed. Heise u. a., 1973) – kaum Einblicke in die konkrete historische Schulpraxis gewähren, hat Wilhelm Kramer mit seiner umfangreichen Quellensammlung zur *Praxis des Musikunterrichts in historischen Beispielen* (ed. Kramer, 1981, bes. auch Kramer, 1990, S. 193ff.) ein Fundament gelegt, welches die Beobachtung von historischer Unterrichtspraxis überhaupt erst ermöglicht. Diese Sammlung ist insofern ein Meilenstein in der Historischen Musikpädagogik, da es sich bis heute durch fehlende Rechercheinstrumente als sehr schwierig erweist, Quellen aufzufinden (vgl. Cvetko, 2012, S. 124ff.). Viele dieser Quellen sind im Grundansatz mit modernen Transkripten, wie sie in der empirischen Forschung erstellt werden, vergleichbar. Es finden sich wörtliche Dialoge mit zusätzlichen Ereignissen (wie Beifall, Gesten oder Stimmungen) (sehr anschaulich z. B. bei Ullner, 1932, S. 99f.). Nicht unproblematisch ist die Tatsache, dass der Lehrer nur das in der Retrospektive verschriftlichen kann, was „die Erinnerung zuließ" (ebd.). Aufzeichnungsgeräte wie der Phonograph oder das Telegraphon wären am Ende des 19. Jahrhunderts zu aufwändig und teuer gewesen. Darüber hinaus beschäftigt sich Kramer mit dem Echtheitsproblem, bei dem nicht immer rekonstruiert werden kann, ob die Lehrertranskripte „wirklich Praxis oder nur Ideenprojektionen" abbilden (ed. Kramer, 1981, S. 23). Dennoch sind sie die einzigen zur Verfügung stehen Quellen, die in der Summe hinsichtlich von Handlungsmustern ein konsistentes Bild mit klaren Konturen zeichnen.

F o r s c h u n g s m e t h o d e : Heinz-Elmar Tenorth und Christian Lüders konstatieren aus Sicht der Historischen Bildungsforschung, Historiker hätten im Gegensatz zu den Sozialwissenschaftlern „ein relativ pragmatisches Verhältnis zu ihren Methoden, vielleicht weil sie eine schon etwas längere Forschungspraxis besitzen. [...] Historische Methoden, so könnte man sagen, sind identisch mit der Praxis der Historiker" (Tenorth & Lüders, [4]2000, S. 532f.). Und selbst Historiker wie Thomas Welskopp räumen ein, „der in vielen Wissenschaften gängige Satz ‚Eine Disziplin definiert sich nach ihrer Methode' hat sich gerade in der Geschichtswissenschaft als irrig erwiesen", denn sie nutze zahlreiche Methoden, teils facheigene, teils aber auch im „Methodenklau" aus den benachbarten Sozial- und Kulturwissenschaften (Welskopp,

2008, S. 132). Die Teildisziplin „Historische Musikpädagogik" verfügt über keinen Pool facheigener Forschungsmethoden und hat auch keine Tradition, historische Forschungsmethoden zu reflektieren, zumal die historische Forschung in der Musikpädagogik nicht zwangsläufig von Historikern praktiziert wird; vielmehr würden überhaupt Fachgeschichten innerhalb derjenigen Fachbereiche erforscht, die sich mit dem jeweiligen Gegenstand auch systematisch beschäftigen (vgl. Seiffert, [11]2006, S. 187ff.). Daher lässt sich auch auf keine etablierte Forschungsmethode in der Historischen Musikpädagogik zurückgreifen, so dass auf die Methoden anderer Fachdisziplinen rekurriert werden muss. Dessen ungeachtet sind in der Historischen Musikpädagogik seit den 1970er Jahren bis in die Gegenwart zwei wesentliche methodologische Forderungen erhoben worden (vgl. Abel-Struth, 1970, S. 41; Abel-Struth, 1973a, S. 8; Abel-Struth, 1973b, S. 109 und 111; Antholz, 1975, S. 23; Dahlhaus, 1979, S. 2ff. und S. 6; Abel-Struth, 1982, S. 40 und 49; Weber, 1999, S. 21, 28, 30; Antholz, 2001, S. 323):

> 1. Historische Forschung sollte sich nicht nur mit der Rekonstruktion von Geschichte im Sinne geschichtlicher Daten und Fakten beschränken. Vielmehr sollte sie systematische Perspektiven einnehmen, um strukturelle Zusammenhänge aufweisen zu können. Gefordert wird eine Verarbeitung des historisch Überlieferten unter abstrakteren Aspekten.
>
> 2. Darüber hinaus sollte das Bedeutsame der Vergangenheit in einen Bezug zur heutigen Wirklichkeit gesetzt werden. Voraussetzung wäre daher statt einer Ereignisgeschichte die Entwicklung einer Strukturgeschichte, indem die Aspekte aus den Quellen nicht nur abstrahiert werden, sondern ein Bezugssystem entwickelt wird, das eine Anschlussfähigkeit an die Gegenwart und ihre Forschung ermöglicht. In der Regel nämlich stehen die (ereignisgeschichtlichen) Ergebnisse aus der historischen Forschung für sich, ohne dabei den Nutzen für die Gegenwart zu berücksichtigen. Umgekehrt existieren zahlreiche (empirische) Studien zur aktuellen Unterrichtsforschung, ohne dabei Daten aus der historischen Unterrichtspraxis für die aktuelle Forschung nutzbar zu machen. Historische und empirische Forschungen könnten eine fruchtbare Verbindung eingehen.

Die Strukturgeschichte richtet sich per se „auf Vergangenheit *und* Gegenwart", denn in der Gleichförmigkeit geschichtlicher Entwicklungen „werden Strukturen sichtbar, die der Folge von Ereignissen zugrunde liegen und eine gewisse Verallgemeinerung des singulären Geschehens erlauben" (Goetz, [4]2014, S. 21f., 41 und 331ff.). Hatte noch die ältere idiographische Geschichtsschreibung mit ihrer Ereignisgeschichte vorwiegend Einzelpersonen im Blick, überwiege in der modernen nomothetischen Geschichtsschreibung mit ihrer Strukturgeschichte die Bedeutung des Kollektiven (Jordan, 2008, S. 117f.). Aus der Summe aller handelnden Einzelpersonen lassen sich – bereits in Anlehnung an Karl Mannheim (1921/22, S. 254) – „Homologe Handlungsmuster" bestimmen und mit ihnen Zusammenhänge aufzeigen. Goetz unterscheidet dabei Fragen und Theorien, die induktiv aus dem Quellenmaterial abgeleitet werden, von solchen, die deduktiv von außen durch entsprechende Fragen und Theorien an das Material getragen werden (Goetz, [4]2014, S. 331). Es handelt sich damit um subsumptionslogische Verfahren, die eine Nähe zu inhaltsanalytischen Verfahren wie der „Qualitativen Inhaltsanalyse" aufweisen.[3]

Bezogen auf die Gesamtstudie wurden für die Beobachtung der historischen Unterrichtpraxis hinsichtlich des Geschichtenerzählens in einem ersten Schritt Quellen anhand von Wilhelm Kramers o. g. Sammlung (bes. Kramer, 1990, S. 193ff.) sowie durch viele Zufallsfunde (mühsam nach dem Schneeballprinzip) ausfindig gemacht (vgl. Cvetko, 2012, S. 124ff.) und – zunächst intuitiv – in eine Ordnung gebracht. Dem Ordnungsschema liegen somit induktiv gewonnene Aspekte (1) zugrunde: 1. Wie ist die P e r s p e k t i v e auf die Musik oder die Geschichte: Wird eine Geschichte zur Musik erzählt oder umgekehrt eine Musik zu einer Geschichte komponiert?[4] — 2. Wer sind die H a n d e l n d e n ? — 3. Was sind die H a n d l u n g e n ? — 4. Welches M u s i k g e n r e ist Gegenstand der Erzählung? — Aus diesen Aspekten wurden konkrete Kategorien bestimmt. Eine bestimmte Kombination dieser Kategorien verdichtete sich 5. zu einer Rubrik, die jeweils bezogen auf die Erstpublikation einem genau bestimmbaren Z e i t r a h m e n zugeordnet werden konnte (s. Abb.). An die einzelnen Rubriken wiederum wurden in der Gesamtstudie deduktiv Aspekte (2) angelegt und ausgewertet: 1. Historische und pädagogische Kontexte — 2. Ziele und Begründungen — 3. Schulform und Klassenstufen — 4. Artikulationstypen und methodische Spezifika — 5. T e r m i n i und E r z ä h l q u a l i t ä t — 6. V e r h ä l t n i s von erzählter Musik und Geschichte. Während die induktiven Aspekte (1) im vorliegenden Aufsatz vollumfänglich Eingang finden, werden in Bezug auf die Auswertung deduktiver Aspekte (2) hier nur die letzten beiden Aspekte 5 und 6 für die Analyse und Darstellung der Zusammenhänge aufgegriffen.

Geschichten erzählen über Musik (Perspektive)

Geschichte(n) 1: Bei dieser Rubrik werden von Lehrern (Handelnde) Geschichten erzählt (Handlung) über Texte aus philanthropischen Liederbüchern (Musikgenre). Der zeitliche Rahmen für dieses Handlungsmuster erstreckt sich von ca. 1800 bis ca. 1850 (B2 a, s. Abb. 1).

---

3 Goetz verdeutlicht die Schwierigkeit, angemessene Begriffe zu finden. Würden sie induktiv aus den Quellen gewonnen, könnten diese disparat oder missverständlich sein, werden sie deduktiv angelegt, seien diese nicht immer angemessen (Goetz, 42014, S. 335f.). Auch Barbara Zuber glaubt, man könne nicht von gegenwärtigen Strukturen oder Begriffen ausgehen und diese deduktiv bilden, denn musikdidaktische Fragestellungen seien nicht gleichbleibend und müssten stets im historischen Kontext gesehen werden (Zuber, 1977, S. 36ff. und 43).

4 „Musik zu erzählten Geschichten" (= A1 + A2, s. Cvetko, 2014), aber auch „Lehrer empfehlen fremde Geschichten" (= B1, s. Cvetko, 2014) werden in vorliegendem Text ausgespart zugunsten von „Geschichten erzählen über Musik" (= B2 + B3, s. Abb. 1).

Erste Ansätze in dieser Rubrik finden sich bereits 1767. Konkrete Einblicke in die gewünschte oder reale Unterrichtswirklichkeit geben jedoch erst August Ludwig Hoppenstedts *Lieder für Volksschulen* (1793), in denen das Lied als Mittel zur Belehrung wird, die Liedmelodie indes nur „Vehikel des Textes bleibt" (vgl. Nolte, 1982, S. 136). Prosageschichten existieren seit der zweiten Auflage (1800), im Zuge der dritten Auflage (1807) erschienen darüber hinaus *Fabeln und Erzählungen. Ein Anhang zu den Liedern für Volksschulen* (1808). Einen guten Einblick in die Praxis des Unterrichts ist der *Praktische[n] Anweisung zum Gebrauch der Lieder für Volksschulen, in Schulen und Erziehungsanstalten* (1803) zu entnehmen. Der Lehrer unterrichtet kleinschrittig und sokratisch gelenkt; Bildungsziel ist die sittliche Tugend insgesamt, hier der Erhalt der Unschuld. Erzählt wird etwa die Geschichte von Ferdinand (Hoppenstedt, 1803, S. 130, 136, 140 und 151ff.), er „ward confirmiert. Noch zwei Tage, und er sollte das väterliche Haus verlassen und an einen anderen Ort sich begeben ...". Der Vater gibt dem Sohne auf einem Papier Lehren auf den Weg, die ihn dazu anhalten sollten, gut zu bleiben. Der Sohn kehrt schließlich tugendhaft zurück und der Vater kann friedlich aus dem Leben scheiden. Der Lehrer unterbricht die Geschichtserzählung durch Fragen im katechetischen Stil („Was mag das Papier enthalten haben?", „Wer weiß, wie bald Ferdinand den besorgten Vater vergessen hat[?] Nicht wahr? Christiane"), was der Grund für das gemeinsame Lesen im Klassenplenum sein mag. Der Unterricht schließt mit einem Lehrervortrag über das Ziel der gelesenen Geschichte: „Die Geschichte ist lehrreich; präget sie Euch ein ...". Die Schüler mögen sich ein Beispiel an Ferdinand nehmen und sich in einem vergleichbaren Fall ebenso gut verhalten, um ihre Eltern mit Freude zu erfüllen. Unklar bleibt, ob Lieder dazu gesungen werden. Die Musik als Klangereignis scheint kaum oder keine Rolle zu spielen. Hoppenstedt glaubt also nicht an die erzieherische Wirkung der Lieder allein, sondern fügt ihnen pädagogisch motiviert Geschichten hinzu und verstärkt die Erreichung des Lernziels mit der klar formulierten Analogie, die Kinder mögen sich in gleicher Weise tugendhaft verhalten. Insofern verspricht sich der Autor einen hohen pädagogischen Nutzen von den Geschichten, wie sie auch in der Bibel mit pädagogischer Motivation praktiziert werden.

Geschichte(n) 2: Bei dieser Rubrik werden von Lehrern (Handelnde) Geschichten erzählt (Handlung) über Texte aus kirchlichen Gesangbüchern (Musikgenre). Der zeitliche Rahmen für dieses Handlungsmuster erstreckt sich von 1856 bis 1907 und für Kirchenlieder in der Schule bis 1928 (B2 b).

Beispielhaft ist hier der Magdeburger Pastor Franz Heyne, der in seinen *Gesangbuchstunden für Kirche, Schule und Haus* (1856) nicht nur zahlreiche Geschichten zu den einzelnen Gesangbuchliedern abgedruckt hat, sondern auch den dahinterliegenden Sinn dieser Methode verrät: Die Geschichten „sollen die lieben Lieder dem Herzen tiefer einprägen". Es dürften allerdings nicht zu viele Geschichten erzählt werden, „damit nicht etwa das Lied zuletzt in dem Walde von Zeugnissen vergeblich gesucht werde" (Heyne, 1856, S. V). Er erzählt etwa diese Geschichte:

„Eine Bauernfrau in Ostfriesland ging einst um Mitternacht in die Schenke, um ihren trunkenen Mann heimzuholen. Als sie mit pochendem Herzen die Thür öffnete, drängten sich die Zecher jubelnd um sie und baten sie spottend, ihnen eins vorzusingen; eher ließen sie ihren Mann nicht los. Erst weigerte sie sich, dann trat sie einige Schritte zurück und sang mit heller Stimme das Lied: „Jesus, meine Zuversicht." Da verstummten die Spötter, und unter lautloser Stille folgte der Mann seiner Frau, die ihn an der Hand fortzog" (Heyne, 1856, S. 183).

Einer der größten Geschichtenerzähler und Vertreter einer intuitiven Didaktik ist Heinrich Scharrelmann und hier auch deshalb von großem Nutzen, weil er nicht nur die Stunde selbst in der Retrospektive detailliert abbildet, sondern auch die Stärken und Schwächen reflektiert. In seinem Buch *Die Kunst der Vorbereitung auf den Unterricht* (1928) erzählt er zum Kirchenlied *So nimm denn meine Hände*, das eine Schülerin spontan aus der Sonntagschule in den Unterricht einbrachte, die Geschichte von einer schwerkranken Frau, einst Tochter reicher Eltern, die nun verarmt, einsam und verlassen in ihrer Dachstube haust und dennoch Kraft aus der Hilfe Gottes schöpft. Damit möchte er die Schüler „zum Verständnis dieser gedankentiefen, geradezu Gelübde enthaltenden Verse führen" (Scharrelmann, 1928, S. 148ff.).

Geschichte(n) 3: Bei dieser Rubrik werden von Lehrern (Handelnde) Geschichten erzählt (Handlung) zu Heimat- und Kriegsliedern (Musikgenre). Der zeitliche Rahmen für dieses Handlungsmuster erstreckt sich von ca. 1850 bis 1916 (B2 c).

Es existiert eine Vielzahl von Quellen, die zugleich einen guten Einblick in eine Unterrichtswirklichkeit geben, in der Geschichten zu Heimat- und Kriegsliedern erzählt werden. Zahlreiche Geschichten ranken sich um die Lieder *Ich hatt' einen Kameraden*, *O Straßburg* oder *Der Schweizer* (*Zu Straßburg auf der Schanz*), besonders aber um das Lied *Der Soldat* (*Es geht bei gedämpfter Trommel Klang*): Erzählt wird sehr anschaulich die Geschichte zweier treuer Freunde aus einem Thüringischen Dorfe. Fritz überredet Heinrich, mit in den Krieg zu ziehen. Beide kämpfen erfolgreich Seite an Seite, bis eines abends Heinrich das Lager verlässt, um seiner Schwester und Mutter einen kurzen Besuch abzustatten, um alsbald zurückzukehren. Auf dem Weg dorthin wird er von seinen Kameraden als vermeintlicher Feind entlarvt, sodann aber als Deserteur. Er nimmt die Todesstrafe als gerechtfertigt hin, die Kameraden müssen ihn bei gedämpftem Trommelklang erschießen und – so jedenfalls in einigen Versionen der Geschichte – verfehlen alle den Schuss, der letzte bleibt für Fritz, der seinen guten Freund vaterlandstreu und im Einvernehmen mit Heinrich erschießt. Ziel ist überwiegend das Singen „aus übervoller Brust" (Stiehler, 1890, S. 12ff., 18 und 22). Gesungen wird häufig in Form eines Zyklus, bei der eine übergeordnete Geschichte erzählt wird, unter die sich verschiedene gemeinsam gesungene Heimat- und Kriegslieder subsumieren. Das Singen als Klangereignis hat aber auch hier eine untergeordnete Rolle. Typische Stundenabläufe sind „Da kam ich einmal in die erste Knabenklasse (achtes Schuljahr) und wollte das Lied singen lassen ..." (Stiehler, 1890, S. 34f.) oder spontane Situationen wie „Als das alles [der gesungene Zyklus] erledigt ist und ich schon in unserem vorhin fallen gelassenen Thema fortfahren will, meldet sich Hans noch mal zu Wort und erklärt uns: ‚Nun fehlt ja aber noch einer, der die ganze Geschichte zwischendurch erzählt'. Erzählt? Wir stutzen ..." (Jöde, 1913/14, ed. Lemmermann, 1984, Bd. 2, S. 903) oder schließlich „Ich lege die Violine zur Seite: So, nun wollen wir ein wenig aussetzen und neue Kraft sammeln. Ich werde Euch eine kleine Geschichte erzählen ..." (Weber, 1914, ed. Kramer, 1981, S. 154ff.). Auffällig ist auch die intensive Nachbesprechung im Hinblick auf die Bewertung der Todesstrafe durch z. T. perfide Suggestionen von Seiten des Lehrers: „Was denkt ihr wohl von dem Soldaten, der geflohen ist[?]" Die Schüler äußern viel Verständnis für die Handlung des Soldaten, doch ein Schüler räumt ein: „Das müssen sie [die Offiziere] tun, sonst laufen ihnen viele davon ..." (Plecher, 1910, S. 5f.).

Geschichte(n) 4: Bei dieser Rubrik werden von Lehrern (Handelnde) Geschichten erzählt (Handlung) zu Balladen und Kunstliedern (Musikgenre). Der zeitliche Rahmen für dieses Handlungsmuster erstreckt sich von 1926 bis 1936 (B2 d).

Diese Geschichten sind ähnlicher Machart wie die Geschichte(n) 5. Lesenswert ist besonders das Lehrbeispiel von Richard Gabriel, der über den gewünschten Ablauf eines geplanten Musikunterrichts detailliert informiert. Häufig werden nur Stimmungen oder Bilder zur Musik erzeugt, bei Gabriel wird aber auch Biographisches vermittelt, etwa zu Franz Schuberts *Lindenbaum*: „In einer kleinen deutschen Stadt hatte ein junger Mann seine Jugend verlebt ..." (Gabriel, 1928, S. 139f.).

Geschichte(n) 5: Bei dieser Rubrik werden von Lehrern (Handelnde) Geschichten erzählt (Handlung) zu Instrumentalmusik (Musikgenre). Der zeitliche Rahmen für dieses Handlungsmuster erstreckt sich von 1905 bis 1924 (B2 e).

Ein Auftakt dieser Form des Geschichtenerzählens ist der „Beschluß des Kunsterziehungstages" durch ein „Volksschüler-Konzert" am 15. Oktober 1905, in welchem Geschichten eher im Sinne von musikalischen Erklärungen oder Stimmungsbildern erzählt werden: „Liebe Kinder! An der Spitze unserer heutigen Aufführung steht Rossinis Tell-Ouvertüre. Das schöne Stück beginnt mit einem Cello ..." (Kunsterziehungstag 1906, S. 307ff., s. a. Hörmann 1995, Anlage 16, S. 307ff.). Erwähnenswert sind auch die *Klaviergeschichten* von Kurt Arnold Findeisen, etwa biographische Geschichten zum *Geburtstagsmarsch* von Robert Schumann: „In der alten Muldenstadt Zwickau steht am Hauptmarkt ein altes Haus ..." (Findeisen, 1910/11, S. 352f.).

Geschichte(n) 6: Bei dieser Rubrik werden von Schülern (Handelnde) Geschichten geschrieben (Handlung) zu Instrumentalmusik (Musikgenre). Der zeitliche Rahmen für dieses Handlungsmuster erstreckt sich von 1925 bis 1936 (B3).

Typische Erzählweisen von Seiten der Schüler sind etwa der aus der Quarta und Quinta stammende Text über Edvard Griegs *Glockengeläute*: „Es ist Sonntagmorgen in einem kleinen Dörfchen. Aus der Ferne rufen die Glocken zur Kirche. Die Dorfbewohner rüsten sich zum Kirchgang ..." (Walther, 1933, S. 89f.) oder die einer jungen Volksschülerin über Robert Schumanns *Kuriose Geschichte*: „Bautz, da lag er, der dicke, plumpe Ball. Die dumme Patschhand hatte ihn gefangen. Da tanzte er nun im Zimmer herum, [...] da lag er nun ..." (Müller-Petersen 1934, S. 138). Auffällig ist der typische „Und dann"-Erzählmodus wie ihn Michael Alt sogar mittels eines Telegrammstils fordert, um literarische Ausschmückungen zu verhindern und einen größtmöglichen Rückbezug zur Musik selbst zu gewährleisten (Alt 1935, S. 16).

Evidenz von Strukturen und Zusammenhängen

Die subsumptionslogische Anwendung der Aspekte 1 ergibt ein zeitliches Schema, in welchem sich die jeweiligen Rubriken im Sinne der verschiedenen Erzählformen konturieren lassen (hier im Auszug und verkürzt dargestellt, ausführlich bei Cvetko, 2014, Druck i. V.):

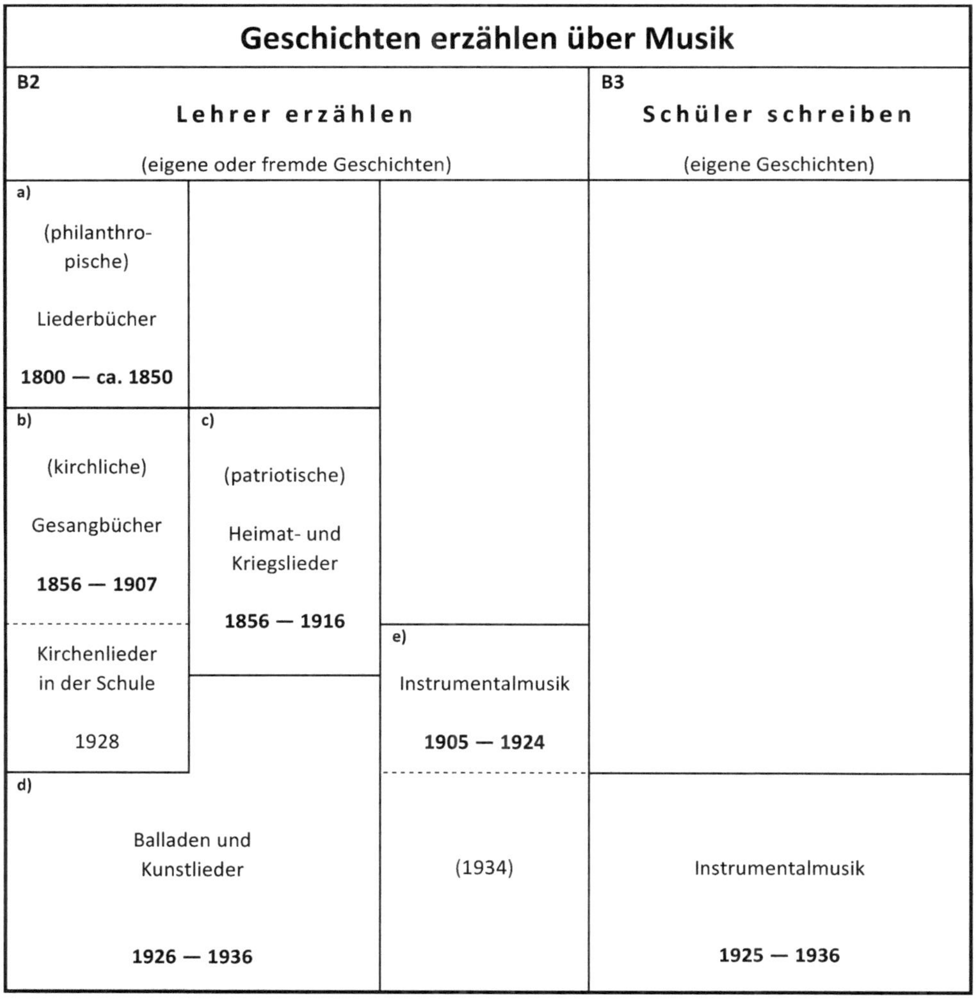

Geschichten erzählen über Musik		
B2 Lehrer erzählen (eigene oder fremde Geschichten)		**B3** Schüler schreiben (eigene Geschichten)
a) (philanthropische) Liederbücher **1800 — ca. 1850**		
b) (kirchliche) Gesangbücher **1856 — 1907** / Kirchenlieder in der Schule 1928	c) (patriotische) Heimat- und Kriegslieder **1856 — 1916** / e) Instrumentalmusik **1905 — 1924**	
d) Balladen und Kunstlieder **1926 — 1936**	(1934)	Instrumentalmusik **1925 — 1936**

Abb. 1: Erzählformen

Findet sich das Erzählen als Methode zunächst nur im philanthropischen Kontext, wird diese Form seit Mitte des 19. Jahrhunderts abgelöst von parallel stattfindenden Erzählungen zu kirchlichen Gesangbüchern und zu Kriegs- und Heimatliedern, die zweifellos im Zusammenhang mit der Nationalstaatsbewegung nach dem Sieg im Zuge der Koalitionskriege gegen Napoleon stehen und ihre Voraussetzung inmitten des Ersten Weltkrieges verlieren. Zugleich wird dokumentiert, wie wenig die Säkularisierung in dieser Zeit durchschlägt, da parallel zu den patriotischen auch zu kirchlichen Liedern erzählt wird. Eine weitere auffällige zeitliche Linie ist die um 1905, die durch den Beginn der Kunsterziehungsbewegung zu erklären ist. Nunmehr wird kaum noch aus kirchlichen Gesangbüchern erzählt, vielmehr kommen Erzählungen zu Instrumentalmusik zum Zuge. Eine Kontur ist auch die Linie um 1916, die nicht nur mit dem Ersten Weltkrieg, sondern auch mit dem Beginn der Arbeitsschulbewegung zu sehen ist. Schließlich ist der auffälligste Umbruch jener Mitte der 1920er Jahre, der besonders mit den Kestenberg-Reformen zu begründen ist: Die Lehrer erzählen nicht mehr selbst Geschichten zu Instrumentalmusik, sondern lassen nun die Schüler zu diesem Musikgenre schreiben; die Lehrer selbst verlagern ihre Erzählungen auf das Musikgenre Balladen und Kunstlieder.

Viele weitere Zusammenhänge lassen sich aus der strukturierten Auswertung der Aspektenliste 2 generieren. Im Folgenden werden lediglich (in Auswahl) die Aspekte Termini und Erzählqualität sowie das Verhältnis von Geschichte und Musik aufgegriffen. Im Konsens mit der Literaturwissenschaft ist eine „Erzählung" in ihrer Minimaldefinition die Darstellung einer vorstell- und miterlebbaren Welt, in der mindestens zwei reale oder fiktive Ereignisse enthalten sind, die wiederum ein Mindestmaß an Kohärenz aufweisen (Prince, 1982, S. 4 und Wolf, 2002, S. 51). Von einer „Geschichte" (oder „plot") wird in der Literaturwissenschaft nur dann gesprochen, wenn das Geschehen (oder „story" = Aneinanderreihung von Ereignissen) ein Mindestmaß an Kohärenz aufweist (vgl. Martinez & Scheffel [9]2012, S. 25, 186ff. und zum Plural „Geschichten" Cvetko 2011, S. 13ff.). Nach Ausmaß und Güte dieser Kriterien bemisst sich demnach die Höhe der Erzählqualität. Zusammenhänge in dieser Hinsicht sind folgende:

- Für die Erzählungen zu philanthropischen und kirchlichen sowie zu Heimat- und Kriegsliedern (Rubrik B2 a – c) finden sich hohe Erzählqualitäten. Die Autoren verwenden (folgerichtig) häufig den Terminus „Geschichten". Hinsichtlich des Verhältnisses von Geschichte und Musik ist zu konstatieren, die Geschichten stehen eindeutig im Vordergrund, während die Musik als Klangereignis eine untergeordnete oder zuweilen auch keine Rolle spielt.

- Für die Lehrererzählungen zu Balladen und Kunstliedern sowie zu Lehrer- und Schülererzählungen zu Instrumentalmusik (B2 d – e und B3) finden sich nur geringe Erzählqualitäten. Die Autoren verwenden (folgerichtig) selten den Terminus „Geschichten" (eher „Bilder", „Vorstellungen", „Aufsatz", „Niederschriften" u. v. m.). Hinsichtlich des Verhältnisses von Geschichte und Musik ist zu konstatieren, dasss die Geschichten eindeutig im Hintergrund stehen, während die Musik als Klangereignis eine übergeordnete Rolle spielt.

- Aus diesem strukturgeschichtlichen Ansatz lässt sich ein wichtiger Zusammenhang ableiten: Je höher die Erzählqualität der „Geschichten" ist, desto weniger steht die Musik selbst im Zentrum. Und je stärker die Musik selbst im Fokus steht, desto geringer ist die Erzählqualität der „Bilder", „Vorstellungen" usw. Das mag ein Grund sein, warum heute kaum noch Geschichten mit hoher Erzählqualität erzählt werden,[5] da die Musik als Klangereignis im heutigen Musikunterricht viel stärker im Zentrum steht.

Ausblick

Schon die hier vorgelegte Teilstudie zeigt, dass durch eine kategorienbasierte Auswertung der historischen Quellen der Informationsgewinn deutlich steigt. Die vielfach geforderte Strukturgeschichte als Erweiterung der Ereignisgeschichte legt das „Substrat des Bedeutsamen" (Abel-Struth, 1973a, S. 8) viel stärker offen, denn erst durch die Anwendung subsumptionslogischer Verfahren können hinsichtlich homologer Handlungsmuster Zusammenhänge abgelesen und aufzeigt werden.

Die induktiv gewonnenen Aspekte (1) aus der historischen Studie lassen sich durch die klaren zeitlichen Konturen der jeweiligen Rubriken validieren und können, auch zusammen mit den deduktiv angelegten Aspekten (2), auf die empirische Forschung gegenwärtigen Unterrichts angewendet werden, da nunmehr Aspekte zur Verfügung stehen und hinsichtlich des Erzählens als Handlungsmuster durchaus auf die Gegenwart anwendbar sind. Damit wird in der Auswertung eine sog. „Daten-Triangulation" (vgl. Flick, [8]2010, S. 310ff.) ermöglicht. Insgesamt lässt sich so das historisch Überlieferte mit der gegenwärtigen Unterrichtspraxis in Verbindung bringen; augenscheinlich wird dann, was heute Novum ist und was nicht.

Umgekehrt werden aus der Beobachtung heutiger Erzählpraxis im Unterricht, auch durch andere Datentypen, weitere Aspekte (3) gewonnen, die in der historischen Auswertung keine Rolle spielen oder nur schwer augenfällig werden. Die Erkenntnisse aus einer empirischen Studie zu gegenwärtigem Unterricht können daher eine neue Lesart der historischen Quellen zur Folge haben: Wenn etwa heutige Lehrer die Spontaneität ihrer Erzählungen hoch veranschlagen, lässt sich die intuitive Didaktik Heinrich Scharrelmanns (1928) oder die zunächst übertrieben wirkende Spontaneität Fritz Jödes (1913/14) anders bewerten.

Die über Jahrzehnte geforderte (und hinsichtlich von Handlungsmustern bisher nicht eingelöste) Anschlussfähigkeit von historischer und gegenwärtiger Unterrichtsforschung kann mit Methoden der historischen und empirischen Forschung realisiert

---

5   So der obige Befund, der sich auf die Analyse der aktuelleren musikunterrichtlichen Methodenrepertoires ergibt, und darüber hinaus das Ergebnis bei Cvetko, 2014 (Druck i. V.).

werden. Die historische Teilstudie bildet mit ihren Ergebnissen einen Ausgangspunkt für die Auseinandersetzung mit der Verzahnung von historischer und empirischer Unterrichtsforschung. Die Frage zur Bedeutung und zum Nutzen der Erforschung historischer Unterrichtspraxis sowie die Reflexion historischer Forschungsmethoden kann an anderer Stelle nunmehr weitergeführt werden.

Literatur

Abel-Struth, S. (1970). *Materialien zur Entwicklung der Musikpädagogik als Wissenschaft. Zum Stand der deutschen Musikpädagogik und seiner Vorgeschichte* (=Musikpädagogik. Forschung und Lehre, 1). Mainz: Schott.

Abel-Struth, S. (1973a). Vorwort. In *Aktualität und Geschichtsbewußtsein in der Musikpädagogik* (=Musikpädagogik. Forschung und Lehre, 9) (S. 7–9). Mainz: Schott.

Abel-Struth, S. (1973b). Die didaktische Kategorie des Neuen als Problem musikpädagogischen Geschichtsbewußtseins. In *Aktualität und Geschichtsbewußtsein in der Musikpädagogik* (=Musikpädagogik. Forschung und Lehre, 9) (S. 101–113). Mainz: Schott.

Abel-Struth, S. (1982). Methodik der Musikpädagogik. Versuch zur methodologischen Situation musikpädagogischer Forschung. In H. G. Bastian, D. Klöckner (Hrsg.), *Musikpädagogik. Historische, systematische und didaktische Perspektiven. Heinz Antholz zum 65. Geburtstag* (=Schwann-Didaktik) (S. 39–56). Düsseldorf: Schwann.

Alt, M. (1935). *Die Erziehung zum Musikhören. Eine Darstellung der Typen des musikalischen Genießens und Wertens beim Jugendlichen und ihrer pädagogischen Bedeutung* (=Handbücher der Musikerziehung). Leipzig: Kistner & Siegel, Reprint 1986, hg. von R. Schmitt-Thomas, mit einer Einleitung von G. Distler-Brendel (=MPZ Quellenschriften, 11), Frankfurt a. M.: Zentralstelle für musikpädagogische Dokumentation im Didaktischen Zentrum der J. W. Goethe-Universität Frankfurt a. M.

Antholz, H. (1975). Musikpädagogik heute – Zur Erkenntnis ihrer Geschichte und Geschichtlichkeit ihrer Erkenntnis. In H. Antholz, W. Gundlach (Hrsg.), *Musikpädogogik heute. Perspektive – Probleme – Positionen. Zum Gedenken an Michael Alt* (15.2.1905 – 20.12.1973) (S. 22–40). Düsseldorf: Pädagogischer Verlag Schwann.

Antholz, H. (1992). Vom Nutzen und Nachteil der Fachhistorie. Überlegungen anhand von Quellentexten zur Musikerziehung. In H. Antholz (Hrsg.), *Musiklehren und Musiklernen. Vorlesungen und Abhandlungen zur Musikpädagogik aus drei Jahrzehnten* (S. 140–153). Mainz u. a.: Schott.

Antholz, H. (2001). Zur geschichtstheoretischen Dimension fachhistorischer Forschung und Lehre. Ein befundkritischer Tagungsepilog. In M. von Schoenebeck (Hrsg.), *Vom Umgang des Faches Musikpädagogik mit seiner Geschichte* (=Musikpädagogische Forschung, 22) (S. 319–327). Essen: Die Blaue Eule.

Beiderwieden, R. (2008). *Musik unterrichten. Eine systematische Methodenlehre.* Kassel: Bosse.

Buschendorff, F. (2010). *200 Methoden für den Musikunterricht. Praxisorientierte Ideen für die Sekundarstufe.* Mülheim an der Ruhr: Verlag an der Ruhr.

Buschendorff, F. (2012). *100 Methoden für den Musikunterricht. Weitere praxisorientierte Ideen für die Sekundarstufe*. Mülheim an der Ruhr: Verlag an der Ruhr.

Cvetko, A. J. (2009). Musikgeschichte(n) unterrichten. Ein musikdidaktischer Rück- und Ausblick. In H. Kinzler (Hrsg.), *Musik – Geschichte(n) – Erzählen. Freundesgabe für Hans Christian Schmidt-Banse zur Emeritierung* (=Beiträge zur Medienästhetik der Musik, 11) (S. 17–43). Osnabrück: epOs music.

Cvetko, A. J. (2011). Geschichten aus Sicht der Musikpädagogik im ersten Drittel des 20. Jahrhunderts. Wider das „… unendlich Langweilige und Trockene …". *Diskussion Musikpädagogik 52*(4), 13–20.

Cvetko, A. J. (2012). Wege zur Etablierung einer Historischen Musikdidaktik: Vom zufälligen zum systematischen Quellenfund. In J. Vogt, F. Heß, C. Rolle (Hrsg.), *Musikpädagogik und Heterogenität. Sitzungsbericht 2011 der Wissenschaftlichen Sozietät Musikpädagogik an der Universität Kassel vom 6.–7. Mai 2011* (=Wissenschaftliche Musikpädagogik, 5) (S. 124–143). Münster: LIT.

Cvetko, A. J. (2014). *Geschichten erzählen als Methode im Musikunterricht. Historische und empirische Studien* (=Musikvermittlung in Theorie und Praxis, 13). Münster: LIT (Druck i. V.).

Dahlhaus, C. (1979). Wiederherstellung des Geschichtsbewußtseins? *Musik & Bildung. Zeitschrift für Theorie und Praxis der Musikerziehung, 11*, 2–6.

Dembowski, K. (2001). *Ohren auf! Neue Methoden im Musikunterricht der Klassen 5–7*. Donauwörth: Auer.

Findeisen, K. A. (1910/11). Kind und Musik. Klaviergeschichten. Versuche, Schulkindern beste deutsche Musik zu vermitteln. *Neue Bahnen. Illustrierte Zeitschrift für Erziehung und Unterricht, 22,* 352–358.

Flick, U. (2010). Triangulation in der qualitativen Forschung. In U. Flick u. a. (Hrsg.), *Qualitative Forschung. Ein Handbuch* (=Rowohlts Enzyklopädie, 55628) (8. Aufl.) (S. 309–318). Reinbek bei Hamburg: Rowohlt-Taschenbuch-Verlag.

Gabriel, R. (1928). *Musikerziehung in der Volksschule. Beitrag zur Erteilung eines erziehlichen Schulmusikunterrichts auf Grund preussischer Verordnungen und neuzeitlicher Forderungen unter besonderer Berücksichtigung der „Richtlinien für den Musikunterricht an Volksschulen" vom 26.3.1927*. Langensalza: Beltz.

Goetz, H.-W. (2014). *Proseminar Geschichte: Mittelalter* (= UTB: Geschichte, 1719), (4. Aufl.). Stuttgart: Ulmer.

Gruhn, W. & Wittenbruch, W. (1983). *Wege des Lehrens im Fach Musik. Ein Arbeitsbuch zum Erwerb eines Methodenrepertoires* (=Schwann Didaktik). Düsseldorf: Schwann.

Heise, W., Hopf, H. & Segler, H. (1973) (Hrsg.). *Quellentexte zur Musikpädagogik* (=bosse music paperback, 1). Regensburg: Bosse.

Heukäufer, N. (2007) (Hrsg.). *Musik-Methodik. Handbuch für die Sekundarstufe I und II* (=Cornelsen Scriptor). Berlin: Cornelsen.

Heyne, F. (1856). *Gesangbuchstunden für Kirche, Schule und Haus*. Magdeburg: Heinrichshofen.

Hörmann, S. (1995). *Musikalische Werkbetrachtung im Schulunterricht des frühen 20. Jahrhunderts* (=Beiträge zur Geschichte der Musikpädagogik, 1). Frankfurt a. M. u. a.: Lang.

[Hoppenstedt, August Ludwig] (1803). *Praktische Anweisung zum Gebrauch der Lieder für Volksschulen in Schulen und Erziehungsanstalten. Von dem Herausgeber.* Hannover: Gebrüder Hahn.

Jöde, F. (1913/14). Eine Wiederholung. Skizze aus dem Gesangunterricht. *Monatsschrift für Schulgesang, 8,* 207–210, hier ed. Lemmermann 1984, 2, S. 902–904.

Jordan, S. (2008). *Einführung in das Geschichtsstudium* (=Reclams Universal-Bibliothek, 17046), Nachdruck. Stuttgart: Reclam.

Kramer, W. (Hrsg.) (1981). *Praxis des Musikunterrichts in historischen Beispielen* (=bosse music paperback, 18). Regensburg: Bosse.

Kramer, W. (1990). *Formen und Funktionen exemplarischer Darstellung von Musikunterricht im 19. und 20. Jahrhundert* (=Schriften zur Musikpädagogik, 15). Wolfenbüttel: Möseler.

Kunsterziehungstag (1906). *Ergebnisse und Anregungen des dritten Kunsterziehungstages in Hamburg am 13., 14., 15. Oktober 1905. Musik und Gymnastik.* Leipzig: Voigtländer.

Lemmermann, H. (Hrsg.) (1984). *Kriegserziehung im Kaiserreich. Studien zur politischen Funktion von Schule und Schulmusik 1890 – 1918,* Band 2: Dokumentation. Bremen: Eres Edition.

Mannheim, K. (1921/22). Beiträge zur Theorie der Weltanschauungsinterpretation. *Jahrbuch für Kunstgeschichte I (XV), Heft 4,* 236–274.

Martinez, M. & Scheffel, M. (2012). *Einführung in die Erzähltheorie* (=C.-H.-Beck Studium), (9. Auflage). München: Beck.

Mazurowicz, U. (2005). *Gegenstände des Musiklernens und Methoden des Musiklehrens* (=Musikpädagogische Impulse, 7) (=Musikpädagogisches Grundwissen, 1). Fernwald: Muth.

Meyer, H. (1975). *Methodenprobleme im Musikunterricht der Sekundarstufe 1.* Wolfenbüttel u. Zürich: Möseler Verlag.

Meyer, H. (1978). *Musik als Lehrfach. Anregungen, Erfahrungen, Arbeitshilfen* (=Materialien zur Didaktik und Methodik des Musikunterrichts, 7). Wiesbaden: Breitkopf & Härtel.

Mittelstädt, H. (2010). *Fundgrube Musik* (2. Auflage). Berlin: Cornelsen Scriptor.

Müller-Petersen, E. (1934). Schumann und Mozart in der Volksschule. Ein Musikkurs als gebotene Feierstunde. In P. Petersen (Hrsg.), *Eine freie allgemeine Volksschule nach den Grundsätzen Neuer Erziehung (Der Jena-Plan),* Bd. 3: Die Praxis der Schulen nach dem Jena-Plan (=Forschungen und Werke zur Erziehungswissenschaft, 20) (S. 133–143). Weimar: Böhlau.

Nimczik, O. (2009). Die Mischung macht's. Ein Plädoyer für Methodenvielfalt im Musikunterricht. *Musik & Bildung. Zeitschrift für Musik in den Klassen 5–13, 41*(1), 8–13.

Nolte, E. (1982). *Die Musik im Verständnis der Musikpädagogik des 19. Jahrhunderts. Ein Beitrag zur Geschichte der Theorie musikalischen Lernens und Lehrens in der Schule* (=Beiträge zur Musikpädagogik, 2). Paderborn u. a.: Schöningh.

Pfeffer, M. (2003). Vom Nutzen und Nachteil für die Musikpädagogik. In S. Hörmann, u.a. (Hrsg.), *In Sachen Musikpädagogik. Aspekte und Positionen. Festschrift für Eckhard Nolte zum 60. Geburtstag* (S. 15–33). Frankfurt a. M.: Lang.

Plecher, H. (1910). *Pädagogik der Tat. Beiträge zur praktischen Gestaltung des Arbeitsprinzipes in der Volksschule.* Leipzig: Wunderlich.

Prince, G. (1982). *Narratology. The form and functioning of narrative* (=JANUA LINGUARUM, Series Maior, Vol. 108). Berlin u. a.: Mouton Publishers.

Scharrelmann, H. (1928). *Die Kunst der Vorbereitung auf den Unterricht. Ein Lehrbuch* (=Handbücher für modernen Unterricht, Bd. [14]). Braunschweig u. a.: Westermann.

Seiffert, H. (2006). *Einführung in die Wissenschaftstheorie. Zweiter Band: Geisteswissenschaftliche Methoden: Phänomenologie – Hermeneutik und historische Methoden – Dialektik, 11. Auflage.* München: Beck.

Stiehler, A. O. (1890). *Das Lied als Gefühlsausdruck zunächst im Volksschulgesange.* Altenburg: Pierer.

Tenorth, H.-E. & Lüders, C. (2000). Methoden erziehungswissenschaftlicher Forschung 1: Hermeneutische Methoden. In D. Lenzen (Hrsg.), *Erziehungswissenschaft. Ein Grundkurs* (=Rororo: Rowohlts Enzyklopädie, 55531) (4. Auflage) (S. 519–542). Reinbek bei Hamburg: Rowohlt-Taschenbuch-Verlag.

Ullner, A. (1932). Das Arbeitsprinzip im Musikunterricht der höheren Schulen. *Die Musikpflege. Monatsschrift für Musikerziehung, Musikorganisation und Chorgesangwesen 3,* 97–124.

Vogelsänger, S. (1970). *Musik als Unterrichtsgegenstand der Allgemeinbildenden Schule. Didaktische Analyse – Methodische Anleitungen* (=Bausteine für Musikerziehung und Musikpflege, 18). Mainz: Schott.

Walther, K. (1933). Tonmalerei und Programmusik im Unterricht. *Zeitschrift für Schulmusik 6,* 88–94.

Weber, E. (1914). *Kunsterziehung und Erziehungskunst* (=Pädagogium. Eine Methoden-Sammlung für Erziehung und Unterricht, 4). Leipzig: Klinkhardt, hier ed. Kramer 1981, S. 154–162.

Weber, M. (1999). Musikpädagogische Geschichtsforschung vor neuen Aufgaben und Herausforderungen. In N. Knolle (Hrsg.), *Musikpädagogik vor neuen Forschungsaufgaben* (=Musikpädagogische Forschung, 20) (S. 9–37). Essen: Die Blaue Eule.

Welskopp, T. (2008). Geschichtswissenschaftliches Denken und Forschen: Historische Erkenntnis. In G. Budde, D. Freist & H. Günther-Arndt (Hrsg.), *Geschichte. Studium, Wissenschaft, Beruf* (=Akademie-Studienbücher: Geschichte) (S. 122–137). Berlin: Akademie-Verlag.

Wolf, W. (2002). Das Problem der Narrativität in Literatur, bildender Kunst und Musik: Ein Beitrag zu einer intermedialen Erzähltheorie. In V. Nünning & A. Nünning (Hrsg.), *Erzähltheorie transgenerisch, intermedial, interdisziplinär* (=WVT Handbücher zum literaturwissenschaftlichen Studium, 5) (S. 23–104.). Trier: Wissenschaftlicher Verlag Trier.

Zuber, B. (1977). Musikpädagogik und Geschichte – Zur gegenwärtigen Diskussion. *Forschung in der Musikerziehung,* 30–51.

Alexander Cvetko
Staatliche Hochschule für Musik
Schultheiß-Koch-Platz 3
D-78647 Trossingen
cvetko@mh-trossingen.de

Benedikt Ruf

Wie denken Lehrer*innen[1] über (das Unterrichten von) Musiktheorie?[2]

How do teachers think about (teaching) music theory?

Teaching music theory is an essential, yet a barely researched part of music education in secondary schools. This paper examines the expert knowledge of Bavarian teachers regarding this subject. After discussing the background and the methodology of this study the differences among the music teachers' understanding of "music theory" are illustrated with three examples: While all three interviewees agree that music theory is a set of specific knowledge, they differ by a) locating it in the non-practical, b) connecting it with practical applications or c) isolating it as knowledge, that, at first, has to be learned in isolation. These conceptions of music theory can be understood as intrinsically connected with didactic assumptions and are founded in the teachers' biographies.

Hintergrund und Forschungsstand

Über die Realität schulischen Musikunterrichts gibt es viele Annahmen. Gies, Jank & Nimczik (2001, S. 7–8) beschreiben ihn als „analysebetont" und führen aus:

> „Schulischer Musikunterricht [...] bescheidet sich mit dem Erwerb von isoliertem Wissen *über* Musik: Regeln und Merksätze über Tondauern, Skalen, Intervalle, Tonartfolgen im Quintenzirkel u. a. m. werden auswendig gelernt [...]. Dem auf diese Weise erarbeiteten Wissen über Musik steht in der Regel keine klangliche Vorstellung gegenüber, es findet kein hörend musizierendes Verstehen [sic] statt."[3]

---

1 Das Sternchen zwischen Wortstamm und femininer Endung von Worten dient der Darstellung aller sozialen Geschlechter und Geschlechtsidentitäten.
2 Das diesem Text zugrundeliegende Dissertationsprojekt wurde von der Hanns-Seidel-Stiftung aus Mitteln des Bundesministeriums für Bildung und Forschung (BMBF) gefördert.
3 Hervorhebung dort. Das Zitat ist der Beschreibung des dritten der aus Sicht der Autoren „entscheidenden Mängel im System ‚Musikunterricht an allgemein bildenden Schulen'" entnommen. Als diese sehen sie „Zu wenig Kontinuität", „Zu wenig Musikpraxis" und „Zu viel theoretisches Wissen" (S. 6–8).

Musiktheorie erscheint hier als Problem des Musikunterrichts. Diese Diagnose korrespondiert mit einer seit Jahrzehnten in ähnlicher Form geäußerten Warnung vor losgelöstem Theoretisieren im Musikunterricht.[4] Belege finden sich nicht, weder für die den (normativen) Warnungen zugrunde liegenden deskriptiven Annahmen, noch für die oben zitierte Schilderung.[5]

Nur Bieneck-Hempels (2009) „Bestandsaufnahme mit statistischer Auswertung" setzt sich bislang spezifisch mit „Musiktheorie im Musikunterricht" auseinander und tut das empirisch. Die Ergebnisse ihrer an niedersächsischen Gymnasien durchgeführten, fragebogenbasierten Studie sind womöglich auch auf andere Bundesländer übertragbar.[6] Allerdings operiert die Erhebung mit vielen Vorannahmen, deren Geltung im Rahmen der Studie selbst nicht untersucht wird.[7]

Empirische Untersuchungen haben gezeigt, dass Lernerfolg in erheblicher Weise auf das Wirken von Lehrer*innen zurückzuführen ist (z. B. Hattie, 2009, S. 238). Auch für das Thema Musiktheorie im Unterricht scheint es daher angezeigt, das Denken der Lehrkräfte[8] in den Blick zu nehmen.

Fragestellungen und Methode

Wie denken Musiklehrer*innen über das Unterrichten von Musiktheorie? In Anlehnung an die Darstellung der „Individualkonzepte von Musiklehrern" (Niessen, 2006, S. 318)[9] formuliere ich vier zentrale Fragen:

- Welche Ziele streben die Lehrenden mit dem Unterrichten von Musiktheorie an?

---

4   Ähnliche Aussagen finden sich u. a. in Bäßler und Nimczik (2002, S. 5–7), Ehrenforth (1988, S. 486–487; 1993, S. 14) und Schäfer-Lembeck (2003, S. 205–210). Die Vielzahl solcher Aussagen lässt es als angebracht erscheinen, von Musiktheorie als pädagogischem Problem zu sprechen. Vgl. dazu auch Weidner (2012), die mit Blick auf die akademischen Diskurse einseitige Sichtweisen der Musikpädagogik auf die Musiktheorie diagnostiziert. So sehe die Musikpädagogik die Musiktheorie als „ein bloßes und in weiten Teilen veraltetes Methodenarsenal bzw. eine reine Begriffssammlung" (S. 311). Die zugehörige Dissertation – Weidner (in Vorbereitung) – trägt die Frage nach der problematischen Beziehung von Musikpädagogik und Musiktheorie im Titel.

5   Darauf weist Heß (2001) unter Bezug auf Gies, Jank und Nimczik (2001) hin, s. S. 103 und S. 107.

6   Eine ausführliche Besprechung findet sich in Ruf (2012).

7   Das ergibt sich notwendig aus der Eigenart als quantitative Erhebung, bei der gilt: „Die Komplexitätsreduktion hat stattgefunden, bevor man sich überhaupt mit den Daten auseinandergesetzt hat." Berg und Milmeister (2011, S. 314). Vgl. allerdings auch Fn. 21.

8   Vgl. zu „Lehrerkognitionen [...] als Bedingungen und nicht nur als Begleitphänomen unterrichtlichen Handelns" Haag & Lohrmann (2009, S. 466).

9   Ich gehe davon aus, dass Niessens Erkenntnisse auch für den von mir untersuchten Bereich Relevanz haben und versuche ebenfalls, „den musikpädagogischen Alltag wieder stärker in den Blick der wissenschaftlichen Musikpädagogik zu rücken." (S. 34).

- Welche Annahmen treffen Lehrende über das Lehren und Lernen von Musiktheorie?
- Welche Bedingungen[10] sind für sie dabei relevant?
- Welche Rolle spielen dabei biographische Hintergründe der Lehrpersönlichkeiten?

Mit diesen vier Aspekten hängt eine weitere, grundlegende Frage untrennbar zusammen, der ich mich in diesem Beitrag zuerst widme: Was verstehen die Lehrenden unter dem Begriff „Musiktheorie"?

Die Lehrenden sind Expert*innen für die alltägliche Gestaltung von Musikunterricht, ihr Wissen wird dort „in besonderem Ausmaß praxiswirksam" (Bogner & Menz, 2009, S. 72). Daher orientiere ich mich für die Beantwortung der Fragen an der Methodologie des Experteninterviews (nach Meuser & Nagel, 2009). Mich interessiert das Betriebswissen der Lehrer*innen, also die „Maximen, Regeln und Logiken" (ebd., S. 472) ihres Handelns;[11] ich nehme an, dass der jeweils gebrauchte Begriff von Musiktheorie hier eine zentrale Rolle einnimmt. Da sich Betriebswissen „auf habitualisierte Formen des Problemmanagements" (ebd.) bezieht und sich zwischen „praktischem und diskursivem Bewusstsein" (ebd., S. 469) verorten lässt,[12] gehe ich davon aus, dass die Lehrer*innen ihren Begriff von Musiktheorie nicht umfassend verbalisieren können. Expert*innen können „über Entscheidungsfälle berichten, auch Prinzipien benennen, nach denen sie verfahren; die überindividuellen, handlungs- bzw. funktionsbereichspezifischen Muster des Expertenwissens müssen jedoch auf der Basis dieser Daten rekonstruiert werden." (ebd.).

Um diesem Umstand gerecht zu werden, führte ich offene Leitfadeninterviews. „Geht es um die Rekonstruktion des handlungsorientierenden Wissens von Experten, ließe sich mit standardisierten Befragungen allenfalls Wissen auf der Ebene des diskursiven Bewusstseins erfassen; hierbei handelt es sich vielfach um rationalisierte und vor allem legitimationsfähige Argumentationsfiguren." (ebd.).[13] In den Interviews erkundigte ich mich nach konkreten Unterrichtssituationen, ohne eine Definition von Musiktheorie vorzugeben. Erst im Verlauf des Gesprächs wurde explizit

---

10 Mit Niessen (2006) verstehe ich unter „Bedingungen" die „mehr oder weniger unabänderlichen [oder als solche erlebten, BR] Rahmenbedingungen" (S. 227).

11 Meuser & Nagel (2009, S. 471) unterscheiden Betriebswissen dabei vom Kontextwissen. Bei letzterem „ist nicht das Handeln der Experten selbst der Untersuchungsgegenstand, sondern die Lebensbedingungen, Handlungsweisen, Entwicklungen bestimmter Populationen, auf die das Expertenhandeln gerichtet ist und über die jene durch ihre Tätigkeit ein spezialisiertes Sonderwissen erworben haben."

12 Die Unterscheidung zwischen praktischem und diskursivem Bewusstsein geht auf Giddens (1988) zurück.

13 Meuser & Nagel (ebd.) räumen ein, dass solche Argumentationsfiguren auch in Interviews auftreten. Allerdings komme es beim Erläutern, beim Geben von Beispielen u. Ä. auch zu Einblicken in die „funktionsbezogenen Relevanzen und Maximen" der Expert*innen. Insbesondere darin scheint mir ein wesentlicher Vorteil der Erhebung durch offene Leitfadeninterviews statt durch Fragebögen – wie bei Bieneck-Hempel (2009) – zu liegen, vgl. Fn. 21.

thematisiert, was die Lehrer*innen unter „Musiktheorie" verstehen. Für die Rekonstruktion der Begriffe von Musiktheorie greife ich auf implizite Verwendungen wie explizite Aussagen zurück.[14]

Die Lehrenden unterscheiden den Begriff „Musiktheorie" von jeweils unterschiedlichen Gegenbegriffen.[15] Indem ich den Blick auf diese Unterscheidungen lenke, versuche ich die jeweiligen Begriffe zu rekonstruieren. Ich gehe also davon aus, dass die Begriffe von „Musiktheorie" konstruiert wurden und frage nicht, *was* Musiktheorie *ist*, sondern *wie* sie *erzeugt wird*.[16] Für den Status der Aussagen ist dabei zu bedenken, dass sie auf Grundlage der Interviews erzeugt werden. Es lassen sich also keine direkten Schlüsse auf den jeweiligen Musikunterricht ziehen. Allerdings kann angenommen werden, dass die im Gespräch gebrauchten Begriffe im Zusammenhang damit stehen, wie die Lehrenden in Unterrichts- und Unterrichtsvorbereitungssituationen über Musiktheorie denken und, so vermittelt, auch mit ihrem Handeln. Daher frage ich nach dem *Denken* der Lehrer*innen. Ich gehe davon aus, dass es in einem Zusammenhang mit ihrem Unterrichten steht und so eine begründete Ableitung von Hypothesen erlaubt ist.

Ich habe elf Interviews mit Musiklehrer*innen an bayerischen Gymnasien geführt. Diese Einschränkung ermöglicht den Vergleich von Lehrer*innen, die auf Grundlage des gleichen Lehrplans unterrichten und vergleichbare Rahmenbedingungen vorfinden.[17] Einen diesbezüglichen Unterschied gibt es allerdings zwischen den Lehrer*innen an nicht musischen und jenen an musischen Schulen.[18] Außerdem variierte ich die Stichprobe nach Dienstalter, nach Geschlecht, nach Studienort der befragten Person und danach, ob sie in einem Ballungsraum oder in einer ländlicheren Gegend unterrichtet.

---

14 „Betriebswissen zeichnet sich [...] durch eine Mischung von explizitem und implizitem Wissen aus" und „kann nicht einfach bzw. nur teilweise ‚abgefragt' werden" (Meuser & Nagel, 2009).

15 Vgl. Luhmann (1993b, S. 22–23) zur Unterscheidung von Dingen und Begriffen. Systemtheoretisch formuliert „beobachten" die Lehrenden etwas als Musiktheorie. Als Beobachtung verstehe ich dabei mit Luhmann (ebd., S. 16) eine doppelte Operation, in der etwas von anderem unterschieden und zugleich bezeichnet wird. Indem ich sie beim Beobachten beobachte, stelle ich Beobachtungen zweiter Ordnung an. Eine solche ist „nicht nur Beobachtung erster Ordnung. Sie ist weniger und sie ist mehr. Sie ist weniger, weil sie nur Beobachter beobachtet und nichts anderes. Sie ist mehr, weil sie nicht nur diesen ihren Gegenstand sieht (= unterscheidet), sondern auch noch sieht, was er sieht und wie er sieht, was er sieht; und eventuell sogar sieht, was er nicht sieht, und sieht, daß er nicht sieht, daß er nicht sieht, was er nicht sieht." (ebd., S. 17).

16 Die Formulierung – einschließlich der Kursivierung – in Anlehnung an Luhmann (1993b, S. 21). Dort sowie bei Luhmann (1993a) auch die Bedeutung von „Konstruktivismus", auf die „konstruieren" hier verweist.

17 Vgl. für eine ausführlichere, hier ebenfalls zutreffende Begründung Niessen (2006), S. 203–204.

18 Siehe dazu den Abschnitt „Welche Bedingungen sind für sie dabei relevant?".

Die Tonaufnahmen der Interviews transkribierte ich, um die Texte anschließend computergestützt (mit MAXQDA) auszuwerten.[19] Dabei kodierte ich die Interviews vollständig, wobei ich mit textnahen Kodes begann. Anschließend gruppierte ich die kodierten Stellen nach inhaltlichem Zusammenhang,[20] zuerst je nach Text, dann auch im Vergleich der Texte. Beim dabei durchgeführten „thematischen Vergleich" (Meuser & Nagel, 1991, S. 459–462) blieb ich nahe an der Terminologie der Befragten, erst bei der anschließenden „Konzeptualisierung" löste ich mich von ihren Formulierungen (ebd., S. 462).

Begriffe von „Musiktheorie"

Im Folgenden stelle ich die Musiktheorie-Begriffe von drei Interviewten (B11, B10 und B8) vor, die exemplarisch für die Begriffe der meisten Befragten stehen. Die Beschränkung auf drei Personen ist dem zur Verfügung stehenden Rahmen geschuldet, in dem ich mich um eine nachvollziehbare Darstellung bemühe.

B11 unterrichtet an einem nicht musischen Gymnasium und antwortet auf meine Frage, was für sie „im Musikunterricht alles zum Komplex Theorie" gehöre.

> „Ja, Theorie ist eigentlich alles, das muss man leider sagen. Weil das Wenigste ist Praxis bei uns, also, man singt halt schon mal was, aber, oder hört mal was an, aber, also, gut, Anhören ist ja eigentlich auch keine Praxis, also (.) Eigentlich müsste man fast sagen, leider, dass 90 Prozent halt Theorie sind, alles, was die Schüler nicht selbst praktisch machen." (B11: 46–51)

B11 greift hier meine Formulierung „Theorie" auf und beschreibt damit das, „was die Schüler nicht praktisch machen". Sie fährt fort:

> „Aber ich persönlich (.) fasse jetzt den Begriff Musiktheorie ein bisschen enger, weil ich sage, das ist das, was ich jetzt unter Grundwissen verstehe. Also Tonleitern, Dreiklänge, Intervalle, und auch so was, wie Vortragsbezeichnungen (.) ja, Dynamik, Tempoangaben und so was, [...] Also, wenn man sich damit beschäftigt quasi, am Notenbild, also alles, was so Komplex Grundwissen ist, [...] würde dann da mit dazu gehören." (B11: 51–60)

---

19 Ich habe wörtlich transkribiert. „(.)" bzw. „(2)" stehen für Pausen von bis zu einer bzw. zwei Sekunden Länge, darüber hinaus kennzeichne ich [Redaktionelle Auslassungen], <u>Betonungen</u>, °Leise Gesprochenes° und @lachend Gesprochenes@.

20 „Anders als bei der einzelfallinteressierten Interpretation orientiert sich die Auswertung von Experteninterviews an thematischen Einheiten, an inhaltlich zusammengehörigen, über die Texte verstreuten Passagen – nicht an der Sequenzialität von Äußerungen je Interview." (Meuser & Nagel, 2009, S. 476 sowie 1991, S. 458–459)

„Musiktheorie" wird von B11 enger als „Theorie" gefasst und mit Grundwissen gleichgesetzt. Damit bestimmt sie Musiktheorie als Menge von Inhalten. Ich nenne das einen *materialen* Begriff von Musiktheorie.[21]

Wie aus dieser und anderen Textstellen hervorgeht, liegt zwischen dem weiteren und dem engeren Begriff von B11 ein kategorialer Bruch vor: „Theorie" auf der einen Seite ist das, „was die Schüler nicht selbst praktisch machen", „Musiktheorie" auf der anderen Seite ist bestimmt als eine Menge von Inhalten. Gleichzeitig stehen die Begriffe aber im Zusammenhang: „Musiktheorie" ist der engere Begriff, das damit Bezeichnete ist ein Teil von „Theorie". Aus dieser Beziehung folgt: Was für „Theorie" gilt, gilt auch für „Musiktheorie", auch diese ist also etwas, „was die Schüler nicht selbst praktisch machen." In diesem Sinne hat „Musiktheorie" zwei Eigenschaften: Es ist erstens eine bestimmte Menge von Inhalten, die zweitens nicht praktisch behandelt werden.

B10, Lehrerin an einem musischen Gymnasium, unterscheidet zwischen zwei Begriffen von Musiktheorie. Einerseits begreift sie Musiktheorie über den Inhalt und damit *material*: „Musiktheorie ist für mich ganz klar <u>eigentlich</u> das (.) <u>Gerippe</u>, Tonart, äh rhythmische Struktur und so." (B10: 774–776) Andererseits hat sie einen eigenen Begriff, den sie als weiter gefasst versteht.[22] Sie entwickelt ihn, indem sie ihn ins Verhältnis zum *materialen* Begriff von Musiktheorie setzt: „[...] das ist ähm, <u>basiert</u> natürlich auf meinen musiktheoretischen Grundlagen, das ist ja klar, aber hat für mich jetzt nicht, ähm, ist für mich nicht mehr der Begriff der Musiktheorie. Das ist <u>angewandte</u> Musiktheorie." (B10: 782–785) „Angewandte Musiktheorie" ist also keine Musiktheorie im eigentlichen (materialen) Sinne, sondern gründet auf dieser. Dass sie diese beiden Begriffe unterscheidet, begründet B10 mit dem Kontext schulischen Arbeitens.

> „[...] das ist glaub ich eine ganz typische <u>Schule</u>bene. Musiktheorie ist natürlich das, was ich den Kindern beibringen muss, damit sie Kompositionen verstehen [...]. Und wenn ich in einer Komposition bereits drin bin, und ich erkläre unterschiedliche Kompositionsweisen, arbeite ich natürlich, mit meinen Basics, aber (2) Jaa, also es ist für mich etwas anderes. [...] Angewandte Musiktheorie, vielleicht so. (2) Aha." (B10: 791–802)

---

21 Methodologisch entspricht dieser Schritt der Konzeptualisierung; „material" verwende ich dabei in der allgemeinen bildungssprachlichen Bedeutung: „einen Stoff betreffend" (Duden online, 2013). Dass Lehrende auch einen solchen Begriff in Gebrauch haben, geht über die Erkenntnisse von Bieneck-Hempel (2009) hinaus. Die dort gestellten Fragen zum „Begriff ‚Musiktheorie' und seine[r] Bedeutung für den Unterricht" richten sich auf die „Aufgabe von Musiktheorie" (vgl. ebd. Anhang, S. 8–9), womit ein materialer Begriff nicht erfasst werden konnte.

22 „Ich sehe das ja auch immer bisschen größer." (B10: 758–759) Auf dem „Ich sehe" basiert die Beobachtung, dass sie diesen Begriff als ihren eigenen sieht, das „größer" interpretiere ich als weiter gefasst.

B10 unterscheidet „Musiktheorie" von dem, was man damit tun kann – und in der Schule auch tut. Letzteres nennt sie „angewandte Musiktheorie". Da Musiktheorie hier von ihrer Funktion her bestimmt wird, spreche ich von einem *funktionalen* Begriff von Musiktheorie[23].

Vergleicht man B10 und B11, so scheinen sich die jeweils engeren Begriffe von Musiktheorie zu entsprechen. Inhaltlich lässt sich in beiden Fällen von elementarer Musiklehre sprechen. Sogar B10s Begriff „Basics" (an anderer Stelle spricht sie von „Grundlagen") weist eine semantische Verwandtschaft mit dem Begriff „Grundwissen" von B11 auf.[24] Auf der anderen Seite der Unterscheidung allerdings stand bei B11 „Theorie" als Überbegriff für Formen des Nicht-Tätig-Seins von Schüler*innen allgemein. Bei B10 dagegen steht hier etwas ganz Anderes: Die „angewandte Musiktheorie". Zwei Aspekte sind hier wichtig: Zum einen ist der Bezug des weiten Begriffs von Musiktheorie zum engen bei B10 ein anderer als bei B11: Die „funktionale" Musiktheorie von B10 *basiert* auf der „materialen" Musiktheorie. Letztere ist also nicht einfach eine Teilmenge ersterer. Zum anderen öffnet sich dadurch bei B10 eine Schnittstelle von „Musiktheorie" im engeren Sinn („Grundlagen", „Basics") zu den Zielen des Musikunterrichts.

Als drittes Beispiel will ich auf den Musiktheorie-Begriff von B8 eingehen. B8 unterrichtet ebenfalls an einem musischen Gymnasium. Er betont die Logizität und interne Kohärenz der musiktheoretischen Inhalte und versteht unter Musiktheorie ebenfalls elementare Musiklehre. Auch er hat einen materialen Begriff von Musiktheorie. Und er grenzt sich von dem Gemeinplatz ab, Musiktheorie müsste stets in Verbindung mit Hören oder praktischem Musizieren geschehen:

> „Also wenn ich's nur immer da anhand, ja, da bau ich's ein bisschen ein, da bau ich's ein bisschen ein, ist vielleicht thematisch sehr nett, nur wenn ich Mathe so unterrichten würde, was ich nicht tue, aber äh, also ich unterricht gar kein Mathematik, aber äh, dann würd's keiner mehr kapieren. [...] Man muss gewisse Sachen einfach mal (.) knallhart lernen. Und, ähm, dann kann ich darauf zurückgreifen, dann kann ich's auch in Stücke einbauen. Aber wenn ich alles ja, und (.) so ist es im neuen Lehrplan, ja, es steht ja wirklich drin, <u>nur im Kontext</u> °äh Musi-, äh im Kontext mit dem und dem° [...] dann weiß am Schluss keiner mehr was." (B8: 190–203)

Die Kritik an losgelöstem Theoretisieren kennt B8 also. Er hält sie aber aus lerntheoretischen Gründen für unberechtigt.

Ähnlich wie B10 unterscheidet er Musiktheorie im engeren (materialen) Sinn von ihrer Anwendung. Diese Anwendung versteht er allerdings nicht als Musiktheorie,

---

23 Eine weitergehende Ähnlichkeit mit dem Konzept der „Funktionalen Theoriedidaktik" Bieneck-Hempels (2009, S. 39–40) ist nicht beabsichtigt.

24 B10 („Basics" und „Grundlagen") bzw. B11 („Grundwissen") gebrauchen diese Begriffe häufig. Mit „Grundwissen" verweist B11 gleichzeitig auf didaktische und lehr-lern-theoretische Zusammenhänge. Auch mit Blick auf die weiteren Interviews lässt sich bezüglich des angestrebten festen „Grundes" in Anlehnung an Bohnsack (1991, S. 137) von einer „Focussierungsmetapher" sprechen.

wie das B10 – mit ihrem funktionalen Begriff – tut. Stattdessen wird die schon erlernte Musiktheorie „in Stücke eingebaut". B8 trennt damit auch zwischen den Phasen des Erlernens von Musiktheorie zum einen und dem „[Z]urückgreifen" darauf zum anderen.

Auf die Frage nach den Zielen seines Musikunterrichts antwortet B8: „Na gut dass ihnen, dass sie eben am Schluss ein Interesse für Musik haben, dass es °ihnen Spaß macht, sag ich mal so als°, ähh, <u>trotz</u> des trockenen Harmonielehre@unterrichts@". (B8: 924–926) B8 nennt also Interesse und Spaß der Schüler*innen an und mit Musik als erstes Ziel. Er sieht aber den Harmonielehreunterricht nicht als geeignet dazu an, dieses Ziel zu erreichen. Mehr noch, Harmonielehreunterricht steht diesem Ziel entgegen, wie sich an der konzessiven Präposition „trotz" ablesen lässt.

Vergleicht man die Aussagen von B11, B10 und B8, so lässt sich bei allen ein materialer Begriff von Musiktheorie finden. An diesen Begriff von Musiktheorie schließen sie allerdings unterschiedlich an: B10 betont die Anwendung der Inhalte, die erst dadurch ihre Geltung entfalten. Der Unterschied zwischen den Begriffen von B11 und B8 ist eher klein. Er besteht vor allem in einer Akzentuierung: Während B11 eher den Zusammenhang von Musiktheorie und anderen Inhalten betont, stellt B8 Musiktheorie als eigenständigen Bereich dar.

Im Folgenden werde ich knapp auf die vier oben aufgezählten Fragen eingehen und dabei wieder auf das Datenmaterial aller Befragten zurückgreifen. Soweit möglich werde ich den Zusammenhang dieser Fragen mit den vorgestellten, unterschiedlichen Begriffen von Musiktheorie herausarbeiten.

Welche Ziele streben die Lehrenden mit dem Unterrichten von Musiktheorie an?

Als Ziele des Musikunterrichts werden zum einen Spaß, Freude, Interesse und Bereicherung an und durch Musik genannt, zum anderen kognitive Ziele.[25] Alle Interviewten sind sich einig, dass zum Erreichen letzterer Musiktheorie wichtig ist.

Allerdings thematisieren die meisten der Befragten die Schwierigkeit, beide Gruppen von Zielen in eine positive Beziehung zu setzen. Mitunter werden sie im Gespräch einander gegenübergestellt, teilweise werden sie aber auch als ineinander verschränkt dargestellt. Dieser Unterschied kann zwischen den Konzeptionen von B10 und B8 beobachtet werden. B10 verschränkt in ihrem weiten Begriff von Musiktheorie („angewandte Musiktheorie") das Ziel einer Bereicherung durch Musik mit kognitiven Zielen und strebt beide mit der Behandlung von Musiktheorie an:

> „[...] es sollen Leute aus der Schule rausgehen, die ein Grundverständnis von Musik haben, die ein Grundverständnis für musikalische Ästhetik haben, die ähm, sich im Konzertwesen auskennen (.) und äh Spaß am eigenen Musizieren haben und das sozusa-

---

25 Dass andere Ziele weit seltener genannt werden, ist vermutlich dem Gesprächsthema „Musiktheorie" zuzuschreiben.

gen als […] Hobby oder als ja, Beschäftigung weiter […] machen können. So, das ist (ja) das große Ziel. Eigentlich. Und da hilft Musiktheorie (.) natürlich ohne Ende." (B10: 438–447)

B8 dagegen sieht Musiktheorie nur als Möglichkeit, kognitive Ziele zu erreichen. Für das Ziel einer Bereicherung durch Musik ist Musiktheorie seiner Ansicht nach nicht nur nicht zuträglich, sie steht sogar im Weg. B11 teilt diese Einschätzung. Mehr als B8 sieht sie allerdings ein Problem darin, dass den Schülern Musiktheorie kaum Freude bereite. Einerseits sei „Spaß an der Musik […] irgendwie schon das Hauptziel." Wichtig seien aber „solche (.) theoretischen Sachen auf der anderen Seite auch. […] Aber ich finde das sehr schwer zu vereinbaren, muss ich echt sagen." (B11: 946–955)

Welche Annahmen treffen Lehrende über das Lehren und Lernen von Musiktheorie?

Die formulierten Annahmen reichen von methodischen Überlegungen, in welchen allein das „Wie" des Vermittelns zur Disposition steht, bis hin zu Überlegungen, in denen sogar zur Bestimmung des „Was" des Inhalts die Perspektiven der Lernenden bedacht werden.[26] Die drei im Rahmen dieses Textes dargestellten Personen teilen jenseits des Unterrichtskontextes (mit den meisten anderen Interviewten) ein Verständnis von Musiktheorie als etwas, mit dem sich Musik erschließen lässt. Musiktheorie in diesem Sinn ermöglicht ein besseres Hören und Verstehen, teils auch ein besseres Genießen von Musik. B8, B10 und B11 beschreiben allerdings unterschiedliche Strategien, wie sie mit diesem Umstand im Unterricht umgehen:

Bei B8 stehen Überlegungen zur Vermittlung im Vordergrund. Das korrespondiert mit seinem Begriff von Musiktheorie als Menge von Inhalten, die er als „allgemeine Musiklehre und Harmonielehre" (B8: 625) bezeichnet und mit Mathematik vergleicht. Indem er betont, dass diese Inhalte „erst" für sich gelernt werden müssen, blendet er die Frage aus, wie ihre Kenntnis zu anderen Wahrnehmungen führt. Er behandelt Musiktheorie „formelhaft und anhand von Aufgaben erst mal" (B8: 276–277). B11 bemüht sich darum, Schüler*innen selbst musizieren zu lassen, wenn es um musiktheoretische Inhalte geht. Dies sei aber „sehr wenig möglich" und „schwierig", was mit ihrer Konzeption von Musiktheorie als Teil des Theoretischen korrespondiert. Im Gegensatz zu B8 ist für sie aber ein Problem, dass „alles was mit Noten[schrift, BR] zu tun hat" zu einem „blöde[n] Beigeschmack" des Faches führe. (B11: 1372–1405) In B10s Unterscheidung von „eigentlicher" und „angewandter" Musiktheorie hat die „Schulebene" selbst schon Eingang gefunden. (B10: 771–791) Erst im Umgehen mit dem Gelernten findet Musiktheorie zur Anwendung und damit

---

26 Vgl. z. B.: „[…] dunkel ist für mich kein musiktheoretischer Begriff, und für viele Schüler aber doch." (B2: 170–171)

zu ihrem Zweck. B10 vermeidet damit eine Dichotomie, die sich bei B8 und B11[27] beobachten und als „Musiktheorie in zweierlei Gestalt" beschreiben lässt: In dieser Dichotomie bleibt unbestimmt, was die im Unterricht thematisierte elementare Musiklehre mit einer Musiktheorie zu tun hat, mit der sich Musik erschließen lässt.

Welche Bedingungen sind für sie dabei relevant?

Erwartungsgemäß häufig wird in den Interviews die Rolle der Schüler*innen betont. Im Zusammenhang mit Musiktheorie sind dabei zum einen die Gestimmtheit, zum anderen die Heterogenität der Lernenden besonders wichtig. Erstere lässt sich zu großen Teilen mit den Schlagwörtern „Interesse" und „Motivation" bezeichnen[28], letztere wird vor allem an der Unterscheidung zwischen Instrumentalist*innen und Nicht-Instrumentalist*innen festgemacht. Darüber hinaus sind der Lehrplan und die Vergabe von Zensuren zentrale Bezugspunkte in den Gesprächen. Bezüglich der Rahmenbedingungen heben insbesondere die Lehrenden an musischen Gymnasien ihre Situation positiv hervor: An diesen Schulen gibt es ein besonderes Musikprofil mit einem erweiterten Lehrplan, mehr Musikstunden, mehr Ensemblearbeit sowie Instrumentalunterricht für die Schüler*innen. Vor allem zwei eng miteinander verwandte Umstände werden dabei betont: Alle Schüler*innen lernen ein Instrument und haben dadurch praktische Anschauung. Damit einhergehend ist auch die Heterogenität geringer.

Welche Rolle spielen biographische Hintergründe der Lehrpersönlichkeiten?

Vielen der Lehrenden dienen biographische Erlebnisse als *Evidenz-Geber*. Ein von ihnen selbst als entscheidend wichtig erlebter Moment oder eine wichtige Phase der eigenen musikalischen Entwicklung motiviert sie, ähnliche Momente auch den Lernenden im Schulunterricht zu ermöglichen.[29] So beginnt B8 seine Antwort auf die Frage, ob er Musiktheorie im Wesentlichen an der Hochschule oder auch schon zuvor gelernt hatte, folgendermaßen:

> „Äh, beides, ich hatte es, ich war an einem nicht musischen Gymnasium, hatte aber da eine ganz gute Lehrerin eigentlich, also die jetzt auch sehr konserva oder sehr klar einfach unterrichtet hat, wo ich schon viel (.) mitgekriegt hab und was mich eigentlich auch auf die Idee brachte, Musik zu studieren." (B8: 969–973)

---

27 Sowie bei einigen weiteren interviewten Personen. Ähnliche Beobachtungen konnte ich auch schon an anderen Material machen, beispielsweise an dem, das Puffer (2013) zugrunde liegt.

28 Ergebnisse zu diesen Begriffen finden sich bei Bieneck-Hempel (2009, S. 246–248).

29 Vgl. zur Rolle der Biographie die von Niessen (2006) herausgearbeiteten Ergebnisse zu „Beziehungen zwischen den Individualkonzepten und den musikpädagogischen Biographien" (S. 295–318).

B8 berichtet hier nicht nur davon, *wo* er Musiktheorie lernte, sondern auch, *wie* seine Lehrerin unterrichtete. Sie habe „sehr konserva oder sehr klar einfach unterrichtet". Das deckt sich damit, wie B8 an anderen Stellen logischen Aufbau und Stringenz betont.[30] Die Aussage, er habe dort „schon viel (.) mitgekriegt" bezieht sich im Kontext nicht nur auf Inhalte, sondern auch auf das Vorgehen der Lehrerin. Zum einen scheint sich hier Niessens (2006, S. 332) Erkenntnis zu bestätigen, dass „die biographischen Bezüge als Erfahrungen" wirken. Zum anderen könnte ihr zweites Teilergebnis, dass nämlich die Lehrenden das „vermitteln, was sie für sich persönlich als wertvoll entdeckt haben" (S. 333) um die Hypothese ergänzt werden, dass sie es auch *auf eine Art und Weise* vermitteln, die sie selbst als fruchtbar erlebt haben.[31] Bei Musiktheorie als voraussetzungsreichem Inhalt des Musikunterrichts profitieren von solchen Lehr-Strategien möglicherweise genau jene Schüler*innen, die besonders gut in Musik sind: Sie teilen am ehesten die Voraussetzungen, die auch die Lehrenden früher selbst mitbrachten.

Zusammenfassung und Ausblick

Musiklehrende sind Expert*innen für die alltägliche Gestaltung von Unterricht und greifen dafür auf ein „Betriebswissen" zurück, das implizite und explizite Teile enthält. Um ihren Umgang mit „Musiktheorie" zu untersuchen, kann von ihrem jeweiligen Verständnis dieses Begriffs ausgegangen werden. Bei der Rekonstruktion zeigen sich „materiale" und „funktionale" Begriffe von Musiktheorie, die auch zusammen auftreten können. Ich gehe davon aus, dass unterschiedliche Begriffe von Musiktheorie mit einem unterschiedlichen Unterrichten zu tun haben. Anhaltspunkte dafür zeigen sich im Zusammenhang jeweils gebrauchter Begriffe mit angestrebten Zielen sowie Annahmen über das Lehren und Lernen von Musiktheorie.

In meiner Dissertation werde ich ausführlicher darstellen, wie Lehrende Musiktheorie bestimmen und wie sie über das Unterrichten von Musiktheorie denken. Damit will ich dabei helfen, Musiktheorie als musikpädagogisches Thema – nicht nur als Problem – zu fassen und weitere Erkenntnisse über die Realität des schulischen Musikunterrichts zu erlangen.

---

30 Vgl. u. a. B8: 88, 488. Am Zitat lässt sich auch ein von B8 wiederholt hergestellter Zusammenhang von „konservativ" und „klar" nachvollziehen, vgl. u. a. 205–211 und 216–225.

31 Das entspricht Ergebnissen der Lehrer*innenforschung, denen zufolge „das Lehrerhandeln in biographisch aufgeschichteten Deutungsbeständen wurzelt." (Combe & Kolbe, 2008, S. 859).

Literatur

Bäßler, H. & Nimczik, O. (2002). Elementarlehre – ein elementares Missverständnis? *Musik & Bildung, 2*, 4–7.

Berg, C. & Milmeister, M. (2011). Im Dialog mit den Daten das eigene Erzählen der Geschichte finden: Über die Kodierverfahren der Grounded-Theory-Methodologie. In G. Mey & K. Mruck (Hrsg.), *Grounded Theory Reader* (2., akt. u. erw. Aufl.)(S. 303–332). Wiesbaden: VS Verlag für Sozialwissenschaften.

Bibliographisches Institut GmbH (2013). Stichwort: material (Adjektiv), Bibliographisches Institut GmbH. www.duden.de/rechtschreibung/material [08.04.2014].

Bieneck-Hempel, M. (2009). *Musiktheorie im Musikunterricht an niedersächsischen Gymnasien: Eine Bestandsaufnahme mit statistischer Auswertung. Musikwissenschaft, Musikpädagogik in der Blauen Eule*. Essen: Verl. Die Blaue Eule.

Bogner, A. & Menz, W. (2009). Das theoriegenerierende Experteninterview: Erkenntnisinteresse, Wissensformen, Interaktion. In A. Bogner, B. Littig & W. Menz (Hrsg.), *Experteninterviews. Theorien, Methoden, Anwendungsfelder* (S. 61–98). Wiesbaden: VS Verlag für Sozialwissenschaften.

Bohnsack, R. (1991). *Rekonstruktive Sozialforschung: Einführung in Methodologie und Praxis qualitativer Forschung*. Opladen: Leske und Budrich.

Combe, A. & Kolbe, F.-U. (2008). Lehrerprofessionalität: Wissen, Können, Handeln. In J. Böhme & W. Helsper (Hrsg.), *Handbuch der Schulforschung* (2., durchgesehene u. erweit. Aufl.)(S. 857–875). Wiesbaden: VS Verlag für Sozialwissenschaften.

Ehrenforth, K. H. (1988). Das Trauerspiel von Vergangenheit und Gegenwart... Deutungsperspektiven des 2. Satzes der „Italienischen Sinfonie". *Musik & Bildung, 6*, 486–494.

Ehrenforth, K. H. (1993). Musik als Leben. Zu einer lebensweltlich orientierten ästhetischen Hermeneutik. *Musik & Bildung, 6*, 14–19.

Giddens, A. (1988). *Die Konstitution der Gesellschaft*. Frankfurt a. M., New York: Campus.

Gies, S., Jank, W. & Nimczik, O. (2001). Musik lernen. Zur Neukonzeption des Musikunterrichts in den allgemeinbildenden Schulen. *Diskussion Musikpädagogik, 9*, 6–24.

Haag, L. & Lohrmann, K. (2009). Lehrerhandeln: Lehrerkognitionen und Lehrerexpertise. In K.-H. Arnold, U. Sandfuchs & J. Wiechmann (Hrsg.), *Handbuch Unterricht* (2., akt. Aufl.) (UTB Schulpädagogik, Pädagogik, S. 461–467). Stuttgart: UTB GmbH.

Hattie, J. (2009). *Visible learning: A synthesis of over 800 meta-analyses relating to achievement*. London, New York: Routledge.

Heß, F. (2001). Aufbauendes Musiklernen – ein neuer Fluchtpunk in der Musikpädagogik. *Diskussion Musikpädagogik, 10*, 102–107.

Luhmann, N. (1993a). Das Erkenntnisprogramm des Konstruktivismus und die unbekannt bleibende Realität. In N. Luhmann (Hrsg.), *Konstruktivistische Perspektiven* (2. Aufl.) (Soziologische Aufklärung/Niklas Luhmann, S. 31–57). Opladen: Westdeutscher Verlag.

Luhmann, N. (1993b). Identität – was oder wie? In N. Luhmann (Hrsg.), *Konstruktivistische Perspektiven*. (2. Aufl.) (Soziologische Aufklärung/Niklas Luhmann, S. 15–30). Opladen: Westdeutscher Verlag.

Meuser, M. & Nagel, U. (1991). ExpertInneninterviews – vielfach erprobt wenig bedacht: Ein Beitrag zur qualitativen Methodendiskussion. In D. Garz & K. Kraimer (Hrsg.), *Qualitativ-empirische Sozialforschung: Konzepte, Methoden, Analysen* (S. 441–471). Opladen: Westdeutscher Verlag. http://nbn-resolving.de/urn:nbn:de:0168-ssoar-24025 [15.05.2014].

Meuser, M. & Nagel, U. (2009). Das Experteninterview – konzeptionelle Grundlagen und methodische Anlage. In S. Pickel, G. Pickel, H.-J. Lauth & D. Jahn (Hrsg.), *Methoden der vergleichenden Politik- und Sozialwissenschaft. Neue Entwicklungen und Anwendungen. Lehrbuch* (S. 465–479). Wiesbaden: VS Verlag für Sozialwissenschaften.

Nassehi, A. (1997). Kommunikation verstehen.: Einige Überlegungen zur empirischen Anwendbarkeit einer systemtheoretisch informierten Hermeneutik. In T. Sutter (Hrsg.), *Beobachtung verstehen, Verstehen beobachten. Perspektiven einer konstruktivistischen Hermeneutik* (S. 134–163). Opladen: Westdeutscher Verlag.

Niessen, A. (2006). *Individualkonzepte von Musiklehrern* (=Theorie und Praxis der Musikvermittlung, 6). Berlin: LIT.

Puffer, G. (2013). Musikunterricht im Rückspiegel: Zur Konstruktion von „Musikunterricht" in Stundennachbesprechungen während der ersten Ausbildungsphase. In A. Lehmann-Wermser & M. Krause-Benz (Hrsg.), *Musiklehrer(-Bildung) im Fokus musikpädagogischer Forschung* (=Musikpädagogische Forschung, 24) (S. 19–44). Münster: Waxmann.

Ruf, B. (2012). Rezension: Melanie Bieneck-Hempel (2009). Musiktheorie im Musikunterricht an niedersächsischen Gymnasien. Eine Bestandsaufnahme mit statistischer Auswertung. *Beiträge empirischer Musikpädagogik, 3*(1). Verfügbar unter: http://www.b-em.info/index.php?journal=ojs&page=article&op=view&path%5B%5D=68&path%5B%5D=193 [18.12.2013].

Schäfer-Lembeck, H.-U. (2003). Begriff und Praxis – Einblicke in eine Fortbildungsmaßnahme. In Verband Bayerischer Schulmusiker e. V. (Hrsg.), *Zwischen Nützlichkeitsdenken und kulturellem Auftrag. Musikunterricht für die Schule des 21. Jahrhunderts.* (= Akademiebericht, 384) (S. 205–214).

Weidner, V. (i. V.). *Musikpädagogik und Musiktheorie. Eine problematische Beziehung?: Systemtheoretische Beobachtungen.* Münster: Waxmann.

Weidner, V. (2012). „Die" Musiktheorie „der" Musikpädagogik. Systemtheoretische Beobachtungen. In J. Knigge & A. Niessen (Hrsg.), *Musikpädagogisches Handeln. Begriffe, Erscheinungsformen, politische Dimensionen* (=Musikpädagogische Forschung, 33) (S. 300–315). Essen: Die Blaue Eule.

Wied, V. (2010). Beobachtung individuellen Nachdenkens – eine Unmöglichkeit?: Eine systemtheoretische Herangehensweise für die Auswertung von Interviews in empirischer musikpädagogischer Forschung. *Beiträge empirischer Musikpädagogik, 1*(2), 1–15. http://www.b-em.info/index.php?journal=ojs&page=article&op=view&path%5B%5D=40&path%5B%5D=86 [28.12.2013].

Benedikt Ruf
benedikt.Ruf@posteo.de

Michael Rappe & Christine Stöger

„Lernen nicht, aber …" – Bildungsprozesse im Breaking

"Not Learning, but …": Breaking and Educational Processes

With over 30 years of tradition, breaking in Germany provides fascinating insights into the learning of dance in Hip Hop culture, reaching from informal street learning to the introduction of courses in educational institutions. This article draws information from a qualitative empirical study based on the Grounded Theory Methodology. The study asked subjects ranging from first-generation German B-Boys and B-Girls to teenage students about how they have learned and currently learn to break. The interview material reveals a rich and self-regulated learning culture with strong impact on protagonists. A synergy of social, aesthetic, and ethical principles seems to be characteristic, creating a gravitational field of learning with a unique and complex form of imitation at its core.

Einleitung

> „Hip Hop ist ein Problem. Es ist die kulturelle Verkörperung von Gewalt, Degradierung und Materialismus. Hip Hop steht für Rapper, die Frauen in Videos missbrauchen und einander vor Radiostationen erschießen. Hip Hop sind Partys auf 20 Millionen Dollar Yachten und Cam'ron, der behauptet, er würde niemals jemanden an die Polizei verraten, auch wenn er wüsste, dass ein Serienmörder nebenan wohnt. Es ist eine Multimilliarden Dollar Industrie, gegründet auf Ausschweifungen, Respektlosigkeit und Selbstzerstörung" (Schloss, 2009, S. 3, übersetzt).

Mit diesen Worten eröffnet der Musikethnologe Joseph Schloss sein Buch „Foundation", ein Referenzwerk zum Tanz innerhalb der Hip Hop-Kultur. Gleich im folgenden Absatz heißt es:

> „Dennoch, denke ich an Hip Hop, sehe ich mich an einem Samstag Nachmittag nach seltenen Platten suchen. Ich denke an ein 12-jähriges Mädchen, das gegen zwei ältere Jungs in einem Tanz-Battle antritt, während ihre Mutter sie stolz dabei filmt. Ich denke an Menschen aus allen Teilen der Welt, die sich zu einer Hip Hop-Jam auf Manhattans Union Square treffen, während die Sonne an einem heißen Sommerabend untergeht. Ich denke an Zulu Nation Gründer und DJ Afrika Bambaataa, wie er während einer Jam

umherwandert, glücklich Fremde fotografiert, die ihm zufällig begegnen – darunter auch mich – als wären wir seine Nichten und Neffen" (Schloss, 2009, S. 3, übersetzt).

Die beiden Beschreibungen könnten unterschiedlicher nicht sein. Im zweiten Zitat deuten sich schon die starken positiven Beziehungen an, die zu und innerhalb einer kulturellen Praxis entstehen können und die wir in den Gesprächen mit den Interviewpartnern und -partnerinnen des hier skizzierten Projektes wiedererkannten. Im Weiteren wird ein Element der Hip Hop-Kultur in den Mittelpunkt gestellt, nämlich das Breaking und dabei die Frage verfolgt, wie man die Entwicklung von Expertise in diesem Feld vom Eintritt bis zur anerkannten Meisterschaft erlangt.

Nach der Einführung in die Tanzpraxen des Hip Hop wird der Bezug zu Bildungsprozessen über den szeneinternen Begriff „Foundation" hergestellt und der Forschungsstand zum Thema sowie der methodische Zugang des hier zugrundliegenden Projektes skizziert. Abschließend finden sich Bausteine der Theoriebildung auf Grundlage des bisherigen Materials, die Einblick in den Forschungsprozess geben sollen.

Das Thema des Tagungsbandes „Teilhabe und Gerechtigkeit", in dessen Rahmen dieser Beitrag entstanden ist, wird hier nicht explizit verhandelt. Der Schauplatz dieser Studie ist jedoch trotz einer Ausweitung von Hip Hop in mittlerweile alle gesellschaftlichen Milieus hinein bis heute geprägt von den Lebenswelten Jugendlicher in postmodernen Metropolen, wo Migration, schwierige Lebensbedingungen und soziale Marginalisierung eine große Rolle spielen. Vor allem eröffnen sich Einblicke in eine Praxis, die man als Lernkultur „von unten" bezeichnen könnte und an der – so der ethische Anspruch der Protagonisten und Protagonistinnen – jeder teilnehmen kann.

Die Tanzformen des Hip Hop

Im allgemeinen Sprachgebrauch hat sich Breakdance als Oberbegriff für die unterschiedlichen Tanzformen im Hip Hop (wie B-Boying und Popping & Locking) etabliert. Da dieser Begriff innerhalb der Szene als unkorrekt, weil stilnivellierend, betrachtet wird und B-Boying als gängige Bezeichnung wiederum die B-Girls ausschließt, wird hier der ebenfalls in der Szene gebräuchliche Terminus Breaking verwendet. An den Stellen, an denen eine Differenzierung der unterschiedlichen Tanzstile oder eine Präzisierung ästhetischer Praxen wichtig erscheint, werden die jeweiligen Stilbezeichnungen wie B-Boying/B-Girling, Popping, Locking oder Electric Boogaloo benutzt.

Die Hip Hop-Kultur und mit ihr das Breaking entstanden im Spannungsfeld afrodiasporischer Kulturtraditionen und den sozial-ökonomischen und technologischen Bedingungen der postindustriellen Stadt: Anfang der 1970er Jahre transformierten ehemalige Gang-Mitglieder in den US-amerikanischen Inner-city-Gettos ihre gewalttätigen Auseinandersetzungen in symbolische (Wett-)Kämpfe und schufen so innerhalb weniger Jahre eine Kultur, in der auf den Ebenen Tanz (Breaking), Musik

(MCing, DJing) und bildende Kunst (Graffiti/Writing) Wettbewerbe ausgetragen wurden (vgl. Toop, 1992; Rose, 1994). Insbesondere das Breaking thematisiert dies durch seine vielfältigen Köperbewegungen, Tanzfiguren und Rituale wohl am deutlichsten (siehe hierzu Rappe, 2011).

Breaking entstand in New York Ende der 1960er Jahre mit dem Tanz Good Foot, dessen Name auf den James Brown-Hit *Get On The Good Foot* zurückgeht. Die Tanzfiguren des Good Foot bestanden in der Hauptsache aus einer Abfolge komplizierter Schrittkombinationen. Inspiriert waren diese von dem gleitenden Tanzstil James Browns, vom Kampfstil Muhammad Alis mit seinen kurzen tänzelnden Schritten und den Kampfbewegungen der in dieser Zeit populär werdenden Martial-Arts-Filme. Aus dem Good Foot und anderen Tänzen, wie z.B. dem so genannten Comedy Style, entwickelten sich die für das B-Boying typischen Tanzfiguren, die nach Toprock-, Uprock- und Downrock-Figuren unterschieden werden (vgl. Holman, 1984/2004; Kimminich, 2003b; Rode, 2006). Top- und Uprocks sind individualisierte Tanzschritte, die oftmals die Einleitungssequenz eines Tanzes darstellen und in die provozierende mimische und gestische Elemente integriert sind, um die gegnerischen Tänzer und Tänzerinnen herauszufordern. Durch eine Fallbewegung (Drop) gelangen die Tanzenden auf den Boden, um Downrocks auszuführen. Downrocks sind Tanzbewegungen, bei denen mit aufgestützten Händen komplizierte Schrittfolgen getanzt werden. Diese dienen wiederum als Ausgangspunkt für Back- und Headspins, schnelle Pirouetten auf dem Rücken oder dem Kopf, sowie eine große Anzahl weiterer Powermoves. Diese bestehen aus artistischen Bewegungen, wie zum Beispiel der Windmill, einer „Drehung [...] um die Körperlängsachse mit abwechselndem Bodenkontakt von Schultern, Bauch oder Rücken mit ausgestreckten Beinen" (Kimminich, 2003b, S. 31). Ein Tanz endet meist mit einem Freeze, d.h. die Tänzer bzw. Tänzerinnen erstarren in ihrer Bewegung. Der Freeze ist der individualisierte Abschluss eines Tanzes, dessen abrupt angehaltene „Aussagen auf einen ‚Standpunkt' fixiert" (Kimminich, 2003b, S. 6) werden. Scheinbar ohne jegliche Mühe schließt der oder die Tanzende mit einer schwierigen Figur ab, um absolute Kontrolle zu dokumentieren: über die Situation, den eigenen Körper und über die anderen Tanzenden.

Für das bessere Verständnis dieser (Tanz-)Kultur sind zwei Aspekte hervorzuheben: Zum einen handelt es sich um eine partizipative Kultur. Breaking ist eine Produzenten-Kultur, reine Konsumenten und Konsumentinnen gibt es nicht. Dies gilt in großen Teilen für die gesamte Hip Hop-Kultur und ist nur dort nicht mehr kulturkonstituierend, wo Hip Hop als medialisierter Musikstil populär geworden ist. Zum anderen ist die Entwicklung der Musik (DJing und MCing) untrennbar mit der des Tanzes verbunden. Ohne das Breaking hätte sich das Breakbeating als musikalische Grundlage des Hip Hop nicht entwickelt. Das heißt, die DJs reagierten auf die Tanzenden, folgten diesen in ihren Bewegungen und suchten nach Rhythmen und Sounds, die sie in ihren Aktionen unterstützten. Die Musik musste begeistern und die polyrhythmische Struktur bieten, welche die Tanzenden für ihre komplexen Bewegungen brauchten, anderenfalls wurde sie wieder verworfen oder überarbeitet.

Aus den Interaktionen zwischen Tanz und Musik formten sich dabei erst die ästhetischen Parameter des musikalischen Stils Hip Hop. Dieses Wissen um ihre Bedeutung als Träger dieser Kultur ist nach wie vor bei den B-Boys und -Girls vorhanden
(siehe hierzu Ramm:Ell:Zee in Cooper, 2004, S. 115; Schloss, 2009). Dies gilt nicht
nur für die erste Generation an den Ursprungsorten, sondern auch für die B-Boys
und -Girls, die in unserer Studie interviewt wurden. So sagt z.B. ein B-Boy im Kontext
der Entwicklung der Kultur: „Am Anfang war das ja so […], da stand der DJ und im
Vordergrund stand der Rapper und noch weiter vorne stand der B-Boy" („der Sozialpädagoge"[1]). Und ein anderer B-Boy bringt es auf den Punkt, wenn er sagt: „[…] wir
haben diese Language, wir haben diese Basics, wir haben diese Foundation, wir haben das Wissen zu dieser Musik" („der Analytiker").

Foundation als Fluchtpunkt von Bildungsprozessen

Die Erzähllaufforderung für die Interviews, die diesem Text zugrunde liegen, lautete:
„Wie hast du B-Boying gelernt?" Auch wenn alle Interviewpartner und -partnerinnen
die Frage zu verstehen schienen, war doch erst einmal eine Irritation spürbar und
eine Distanzierung von dem Begriff „lernen" nötig. Aus den Aussagen lässt sich
schließen, dass er für etwas steht, was man mit formalen Bildungsinstitutionen verbindet und dass er sichtlich keinen Ansatzpunkt zur Beschreibung dessen bietet, was
die Protagonisten und Protagonistinnen erlebt haben. Der Code „Lernen nicht, aber
…" hat sich für die gedankliche Suchbewegung der Interviewten in die Anfänge der
Beschäftigung mit dem Tanz hinein angeboten und wirkte gleich als Warnung an die
Forschenden, die eigene Interpretation von Lernen auszusetzen und die interne Logik der Entwicklung und Kommunikation von Wissen und Können zu beleuchten.
     Wenn in diesem Zusammenhang von Bildungsprozessen gesprochen wird, dann
sind all jene Aktivitäten und identifizierbaren Momente gemeint, deren Fluchtpunkt
Foundation ist. Dieser zentrale Begriff aus der Szene beschreibt das Zusammenwirken dreier Kompetenzfelder.

1. Foundation besteht aus explizierbaren Elementen, wie authentifiziertes Wis-
    sen über Begriffe, bedeutsame Akteure, Orte, Musik, geschichtliche Ereignisse
    und Praxen des Breaking. Dieser Aspekt von Foundation wird in der Szene als
    Knowledge bezeichnet und neben DJing, MCing/Rapping, Breaking und Wri-
    ting/Graffiti als die fünfte Disziplin der Hip Hop-Kultur angesehen (vgl. Bam-
    baataa, 2013). Knowledge beinhaltet ein hohes Aufforderungspotential, tiefer
    zu graben, d.h. sich intensiv mit sich selbst, dem eigenen Verhältnis zu dieser
    Kultur sowie deren Traditionen und Geschichte(n) zu beschäftigen.

---

1   Die Interviewpartner und -partnerinnen wurden mit charakterisierenden Bezeichnungen
    belegt, die bei Zitaten aus den Gesprächen verwendet werden.

2. Foundation meint natürlich auch die tänzerischen Fähigkeiten, also artistisch-künstlerische Fertigkeiten, Strategien der Improvisation und vor allem den Style, also die persönliche Note, die den Bewegungen und Bewegungsfolgen (Moves) gegeben wird und welche die Tänzer profiliert und voneinander absetzt. Die Moves selbst enthalten wiederum Knowledge, bzw. über sie drückt sich die Anbindung an die Kultur aus. Wer Foundation hat, kann in den Tanzbewegungen Geschichten der Entwicklung von Moves über Generationen von Breakern erzählen oder sie in anderen Tänzen erkennen. Er kann aber vor allem auf Grundlage dieser Geschichte seinen eigenen Style deutlich machen. Die Nachahmung von Moves ist lediglich der Ausgangspunkt des Tanzens. Immer und grundsätzlich muss sich daraus etwas Eigenes entwickeln, sowohl im Mikrokosmos eines Battle[2] wie auch für das tänzerische Profil eines B-Boys oder -Girls insgesamt.

3. Diese Aspekte, die eher Wissen im Sinne von Knowledge und Können im Sinne von Style betreffen, sind über den Begriff Foundation verbunden mit einer dritten Ebene, welche die Wertvorstellungen und Haltungen einer Szene repräsentiert. Dies ist die am schwersten fassbare Dimension von Foundation. Sie ist aber sofort und für jeden in den Gesprächen mit den Protagonisten und Protagonistinnen spürbar. Die ethische Dimension von Foundation umfasst so verschiedene Elemente wie Respekt gegenüber den Urhebern (Creators) des Tanzes oder bestimmter Bewegungen, eine kritische Haltung gegenüber der Kommerzialisierung des Hip Hop oder den für Bildungsprozesse besonders bedeutsamen Grundsatz des „each one teach one", der am Ende noch kurz skizziert wird.

Zum Forschungsstand

So präsent Hip Hop als globale Kultur mit einer 30-jährigen Tradition in Deutschland auch sein mag, von der Wissenschaft wurde er bisher vor allem in Hinblick auf die Sprache (Rap) rezipiert. Die anderen Elemente, nämlich Musik, Bild und Tanz blieben von jenen Disziplinen eher unbeachtet, die vordergründig dafür zuständig zu sein scheinen, nämlich der Musik-, Kunst- und Tanzwissenschaft. Zum Breaking selbst sind in jüngerer Zeit einige Publikationen erschienen (Robitzky, 2000; Kimminich, 2003b; Nohl, 2003; Birken-Silverman, 2003; Cooper, Kramer & Rockafella, 2005; Rode, 2006; Pavicic, 2007; Rappe, 2011). Der Zugriff scheint im Wesentlichen soziologisch, psychologisch, kulturtheoretisch oder biographisch ausgerichtet zu sein und auf Aspekte wie Identitätsbildung, Interkulturalität sowie Vernetzung und Kommunikation innerhalb der Szene abzuzielen.

---

2   Der Begriff „battle" wird unten näher erläutert.

Eine noch geringere Rolle spielt die Frage nach Potenzialen für Bildungsprozesse innerhalb der Hip Hop-Kultur. Im deutschsprachigen Raum sind dazu für Hip Hop insgesamt nur wenige Quellen aufzufinden (Peschke, 2010; Rappe, 2005; Schott, 2010). Noch weniger Publikationen thematisieren Breaking in Zusammenhang mit Bildungsprozessen (Nohl, 2003; Birken-Silverman, 2003).

Im angloamerikanischen Raum existieren seit Anfang dieses Jahrtausends einige Arbeiten im Bereich der so genannten „Hip-Hop Based Education" (HHBE) (siehe Porfilio & Viola, 2012; Hill & Petchauer, 2013). Hierbei fällt auf, dass in der Analyse und Beschreibung ein Zugang vorherrscht, der die (v.a. sozialpädagogische) Auseinandersetzung mit Macht, Ethnie, Gender oder Politik in den Vordergrund stellt. In Beiträgen, die sich mit den Protagonisten selbst beschäftigen, stehen meist die Entwicklung und Darstellung von Identität im Zentrum. Dementsprechend werden in Arbeiten zu HHBE vor allem pädagogische Theorien einbezogen, welche die Förderung demokratischer, emanzipatorischer und kulturell sensibler Haltungen in den Mittelpunkt stellen, wie z.B. die Pädagogik der Befreiung (Paolo Freire), die Critical-/ Public Pedagogy (Henry Giroux) oder die Culturally Responsive Pedagogy (Geneva Gay).

Neben der „Hip-Hop Based Education" (HHBE) findet sich ein weiterer Denkansatz, wobei versucht wird, die identifizierbaren positiven psychisch-mentalen und physiologischen Effekte der Hip Hop-Kultur („aspects of hip-hop psychology", HHP) in eine Pädagogik der Befreiung („Hip-Hop Psychology Liberatory Education", HHPLE) zu überführen und diese als Schnittstelle unterschiedlicher emanzipativer, pädagogischer, psychologischer, psychotherapeutischer und diskursanalytischer Methoden zu denken (s. Roychoudhury & Garder, 2012).

Zusammenfassend lässt sich konstatieren, dass in der deutschsprachigen wie internationalen wissenschaftlichen Auseinandersetzung mit Hip Hop und ganz besonders mit Breaking kaum detaillierte Hinweise auf Lern- und Bildungsprozesse zu finden sind. Ausnahmen bilden hier in Ansätzen die Arbeiten von Bryan (2012) und Endsley & Jaksch (2012). Auch die Wahrnehmung der unterschiedlichen Tanzpraxen als ein ästhetisches Phänomen findet nahezu keine Beachtung. Als Ausnahmen wären hier Nohl (2003) und Rappe (2011) zu nennen. Wir hoffen, über das hier vorgestellte Forschungsprojekt Einblicke in eben solche Aspekte zu gewinnen.

Methodischer Zugang

Die Studie folgt den Prinzipien der Grounded Theory Methodology, wie sie von Glaser und Strauss (2010) dargelegt wurden. Im Zentrum stehen narrative Interviews mit bisher neun Personen, die mehrere Generationen von B-Boys und -Girls von den Pionieren in Deutschland bis zu heutigen Schülern umfassen. Sie werden ergänzt durch Gespräche mit Experten und Expertinnen aus dem kulturellen Kontext, durch Besuche von Jams sowie Unterrichts- und Trainingssituationen.

Für die Auswahl der zentralen Gesprächspartner und -partnerinnen hat sich die Methode des theoretical sampling als sinnvoll erwiesen (Glaser/Strauss, 2010). Die Entscheidung entstand und entsteht noch im Prozess der Datenanalyse. Das erschien naheliegend, weil der Eingang in die Szene keinesfalls selbstverständlich ist. Als Ausgangspunkt der Gespräche wurde eine Person gewählt, die „der Sozialpädagoge" heißen soll. Er gehört der ersten Generation von Breakern in Deutschland an und hat mittlerweile eine langjährige Erfahrung als Lehrender in einem institutionalisierten Rahmen vorzuweisen. Er selbst hat Breaking ganz im informellen Kontext erlernt. Als Lehrender und damit als jemand, der auch die Institutionalisierung der Hip Hop-Kultur erlebt hat und sie selbst gestaltet, schien er uns ein idealer Informant zu sein.

Von ihm ausgehend wurden die weiteren Interviewpartner und -partnerinnen in Hinblick auf Kontrastierungen des Materials ausgewählt. Hierbei haben sich bisher folgende Dimensionen als wesentlich herausgestellt, die alle in Hinblick auf ihre Bedeutung für Bildungsprozesse beleuchtet werden sollen:

- *Zentraler persönlicher Zugang*:
Die Benennungen der Gesprächspartner und -partnerinnen, wie Sozialpädagoge, Künstler, Artistin/Eventmanagerin, Analytiker, Geschäftsmann, Akademikerin, vielseitige Pragmatikerin... geben schon Hinweise darauf, welche Formen und Bedeutungen Breaking im Leben der Personen einnehmen kann. So entwickeln sich recht unterschiedliche Profile zwischen Beruf und Hobby, der eher künstlerischen oder pädagogischen Ausrichtung oder des über die Vorerfahrungen (Sport, Artistik, andere Tanzarten etc.) genährten Styles.

- *Generation*:
Insgesamt sind vier bis fünf Generationen auszumachen, je nachdem, ob man B-Boys oder -Girls betrachtet. Ein Generationenwechsel scheint sich dort identifizieren zu lassen, wo einzelnen Personen oder Crews Foundation zugeschrieben wird und sie als authentische „Vermittler" der kulturellen Praxis fungieren. Mit dem Wechsel der Generationen ändern sich die Rahmungen für das Lernen, die zu untersuchen lohnend erscheinen.

- *Gender*:
Breaking ist eine im Wesentlichen männlich geprägte Kultur, in der aber immer schon Frauen aktiv waren. Die B-Girls beschreiben selbst viele Aspekte des Lernens als „anders" im Vergleich zu den B-Boys, unterscheiden sich aber auch deutlich voneinander. Gender wurde von der ersten Interviewpartnerin so stark eingebracht, dass es schlüssig erschien, weitere weibliche Perspektiven einzubeziehen und dieses Thema auszudifferenzieren.

- *Migration*:
Menschen mit Migrationshintergrund machen einen hohen Anteil der Akteure der Hip Hop-Kultur aus. Die Gespräche verweisen auf eine Fülle von Differenzerfahrungen, die in den Tanz eingebracht und dort ausgehandelt werden.

- *Emischer und etischer Blick:*

Nach der Befragung von Personen, die mitten in der Szene situiert sind, schien es erforderlich, auch solche heranzuziehen, die am Rande stehen oder ausgestiegen sind.

- *Lehrerrolle:*

Unter den Interviewpartnern und -partnerinnen befinden sich drei, die als ausgebildete Lehrer arbeiten oder sich in einem Lehramtsstudium befinden. Es wird zu fragen sein, wie sich ihr Zugang zum und ihr Sprechen über Lernen von jenem der anderen unterscheidet?

- *Bildungsprozesse in anderen künstlerischen Praxen der Hip Hop-Kultur:*

Breaking ist nur ein Element einer interdisziplinären kulturellen Praxis. Die Frage, was für das Lernen tanzspezifisch und was ein Charakteristikum der gesamten Kultur ist, lässt sich nur über Zeugnisse von Personen veranschaulichen, die in anderen Bereichen wie Writing oder Rapping aktiv sind.

Auf dem Weg zur Theoriebildung

Das bisherige Material eröffnet den Blick auf eine reichhaltige, sich selbst regulierende Lernkultur mit hoher Sogwirkung. Die B-Girls und -Boys verpflichten sich zu enormem Zeitaufwand, fordern sich bis an die körperlichen Grenzen, suchen den Austausch auf tänzerischer Ebene ebenso wie sie nach Begriffen, Geschichte und Hintergründen forschen. Es gibt eine Fülle von Elementen, welche die Motivation aufrechterhalten. Keimzelle sowohl der Entwicklung dieser Kultur wie auch von Bildungsprozessen ist die Nachahmung.

Nachahmung in der Differenz

Nachahmung und Differenz, Imitation und Kreativität sind beim Breaking aufs engste miteinander verbunden. Dieser Prozess gestaltet sich aus der Perspektive eines B-Boys folgendermaßen: „Das, was du siehst und das, was du machst, sind komplett zwei verschiedene Bilder". Durch die Imitation entstünde ein individueller Ausdruck. „[...] das ist ja eigentlich dein eigenes Gefühl, was du dann erzeugst". Die Bewegung nimmt „eine Dimension in dir ein" und „wird ein Teil von dir". Er betont, dass es geradezu kontraproduktiv wäre, eine Bewegung „eins zu eins" beigebracht zu bekommen, denn „du musst ja diesen Trick in deinem Körper selbst platzieren [...] Aber wenn jemand anderes diesen Trick bei dir in deinen Körper platziert, dann wirkt es wie Falschgeld." Mit diesem Kreativitätsprozess müsse man sich selbst beschäftigen, nur so entstünde etwas Eigenes und Authentisches („der Künstler").

Gleichzeitig wird aber die Welt zur ständigen Quelle für eben diese Nachahmungsprozesse. Das trifft nicht nur auf die Tanzbewegungen zu, die man in den Battles oder auch in Trainings vorfindet, sondern auf potenziell alles, z.B. das Ticken einer Uhr, das Klappern von Geschirr oder das Summen einer Fliege. Das kann so weit gehen, dass Anlässe sogar inszeniert werden: „Ich bin ein Gestensammler" („der Künstler"), sagt einer der Protagonisten und bringt Interaktionspartner im Alltag humorvoll in ungewohnte Situationen, um seine Sammlung zu erweitern.

Diese Ebene der Nachahmung in der Differenz lässt sich mit Theorien zum Begriff Mimesis in Bezug bringen, wie sie u.a. von Christoph Wulf für die Pädagogik eingebracht wurden. Das folgende Zitat gibt einen Einblick in die Bezüge zu dieser Forschungsarbeit, die noch eine große Rolle spielen werden, aber an dieser Stelle nur angedeutet werden können:

> „Die mimetische Handlung hat zeigenden und darstellenden Charakter; ihre Aufführung erzeugt wiederum eigene ästhetische Qualitäten. Das für performative Handlungen relevante praktische Wissen ist körperlich und ludisch sowie zugleich historisch und kulturell; es bildet sich in face-to-face Situationen und ist semantisch nicht eindeutig; es hat imaginäre Komponenten, lässt sich nicht auf Intentionalität reduzieren, enthält einen Bedeutungsüberschuss und zeigt sich in den rituellen Inszenierungen und Aufführungen von Pädagogik, Religion, Politik und alltäglichem Leben" (Wulf & Zirfas, 2007, S. 32)

In der bisherigen Materialauswertung ist auffallend, dass – wie sich dies schon im Begriff Foundation ankündigt – identitär/soziale, ästhetische und ethische Prinzipien zusammenwirken und eine Art Gravitationsfeld des Lernens ausmachen, dessen Zelle wir hier „Nachahmung in der Differenz" nennen wollen und die im Folgenden in den drei Dimensionen skizziert wird.

Nachahmung in der Differenz und die identitär/soziale Dimension

Das Urbild der sozialen Dimension ist der battle circle oder der Cypher bzw. Cipha.

> „Cipha' in der HipHop-Kultur leitet sich von der Sprache der Five Percent Nation of Islam (auch bekannt als Nation of Gods and Earths), einer in den USA heimischen Variante des Islam ab. In diesen Kreisen bezeichnet der Begriff unter anderem Räume des Lernens, der Entstehung und Mitteilung von Wissen. [...] In *Supreme Mathematics,* dem konzeptionellen Rahmenwerk der Five Percenter, ist „cipher/Ziffer" die Null oder „0" („sifr" auf Arabisch), ein Ganzes oder ein vollständiger Kreis, bestehend aus: Wissen (120 Grad), Weisheit (120 Grad) und Verständnis (120 Grad). Da die Five Percent Nation in den African-American Milieus der 1970er und 1980er stark präsent war, haben ihre Terminologie und ihre kulturellen Praktiken die Bewegung des HipHop nachhaltig geprägt" (Alim, Meghelli & Spady, 2012, S. 58).

Cypher ist *der* Ort der Präsentation, des Lernens und Lehrens im Breaking. Seinen Ursprung hat der Kreis im Kontext informeller Straßeneckenkulturen so genannter Inner-city-Gettos: Ein interessantes Ereignis (z.B. Kampf oder eben Tanz) geschieht, Menschen bleiben stehen und durch eine spontane Kreisbildung entsteht dabei die höchstmögliche Aufmerksamkeit. Diese Urform ist zentral im Hip Hop: B-Boys und -Girls treten mit ihrer Crew im Cypher in einer Face-to-Face-Situation gegeneinander an und Publikum oder Jury entscheiden über die Qualität der Performance. Der Kreis spielt aber auch schon in der ersten Begegnung mit dieser Tanzform eine Rolle, weil Üben und Aufführen keine im üblichen Sinne getrennten Kategorien darstellen. Er ermöglicht das Gefühl von Zughörigkeit, ist aber auch der Raum, in dem man sich zeigt und der einem Respekt abringt. Diese Form lässt aber auch erst einmal offen, wer wann und wie oft in den Kreis tritt. Hier findet ein ständiger Nachahmungs- und Kreationsprozess statt.

Motor und Antrieb ist dabei der Battle-Gedanke. Dieser permanente Wettbewerbsdruck im Cypher fordert von den B-Boys und -Girls ein hohes Maß an Kontrolle, Aufmerksamkeit, Reaktions- und Improvisationsvermögen sowie strategisches Denken (vgl. Schloss, 2009, S. 96). Es geht permanent darum, zu reagieren, herauszufordern oder herausgefordert zu werden und die eigenen Skills zu verbessern, um einen individuellen Tanzstil zu finden, „mit dem keiner klar kommt" (Rose, 1994, S. 153).

Nachahmung in der Differenz und die ästhetische Dimension

Hier zeigt sich schon die ästhetische Dimension. Ihren individuellen Tanzstil kreieren die B-Girls und -Boys, indem sie vorhandene Tanz- und Bewegungsmuster zunächst imitieren und anschließend verändert in ihr eigenes Bewegungsrepertoire übernehmen. Ein reines Nachahmen ist in der gesamten Hip Hop-Kultur verpönt. Dies würde als „Biting" gerügt oder gar abgestraft werden. Nachahmung in der Differenz hingegen gilt als Grundlage der eigenen tänzerischen Individualität („Flipping"). Geflippt werden kann nahezu jede Tanz- oder Bewegungskultur: Es geht ganz allgemein darum, die vorgefundenen Moves zu rekombinieren und sie durch solche z.B. aus Martial Arts, Bodengymnastik, Pop-Tänzen oder sogar Computerspielbewegungen zu erweitern, zu verbessern und zu personifizieren (vgl. Pabon in Cooper, 2004, S. 210). Gleichzeitig ist für die B-Girls und -Boys trotz des Battle-Kontexts der tänzerische Ausdruck zentral; die Bewegung selbst, die Art, wie auf den Rhythmus reagiert und er in die Bewegung integriert wird, das Artistische – all dies muss tänzerisch ausgeführt werden. So könnte ein B-Boy zwar die komplizierteren Powermoves ausführen, aber trotzdem verlieren, weil der oder die Andere mehr Style hat.

Style ist aber nicht allein eine ästhetische Kategorie. Damit wird gleichzeitig eine davon unlösbare soziale und identitäre Dimension beschrieben. „Es geht um Style und Style ist Geschichte. [Und] Style ist natürlich optimalerweise [...] die Personifizierung von dir – du in deinem Element!" („der Geschäftsmann"). In der Repräsentation seines eigenen Styles stellt sich das Individuum zur Disposition und muss seine Zughörigkeit zur Hip Hop-Kultur als ein kulturelles Netzwerk „unzähliger Geschichten – ‚eingeschrieben' und tradiert durch und in Bewegungsabläufe(n)" (Kimminich, 2003a, S. 87) beweisen, indem es diese Bewegungen nicht nur „korrekt" nachahmt, sondern kunstfertig variiert, erweitert oder verbessert. Im performativen Akt des Flipping präsentiert sich ein Individuum jedoch nicht nur selbst, sein Wissen über und seine Verbundenheit mit der Kultur. Es wird gleichzeitig Träger dieser Kultur, weil es in dem Augenblick, in dem es seinen eigenen Style findet, die Kultur bewahrt, indem es sie ständig weiterentwickelt.

Nachahmung in der Differenz und die ethische Dimension

Die ethische Dimension ist vor allem in der Beschreibung von Foundation schon angeklungen. Gerade weil Breaking auf Nachahmung in der Differenz basiert, werden zweierlei Verpflichtungen besonders stark ge- und erlebt:

- Die Tänzer und Tänzerinnen pflegen die Achtung vor den Urhebern von Moves und beschreiben den inneren Auftrag, die Bewegungen am besten authentisch kennenzulernen, ihnen nachzuforschen und sich die Geschichte dahinter anzueignen. Dies führt zu einer lebhaften Reise- und Austauschtätigkeit einer mittlerweile international stark vernetzten Szene.

- Die Beteiligten fühlen sich verpflichtet, „etwas zurückzugeben". „Each one teach one" gilt als Motto. Mit diesem Prinzip wird deutlich gemacht, dass man über die Tanzperformance und das Lehren die Kultur weiterträgt, dass jeder – ungeachtet seines Alters und seiner Erfahrung – jemandem etwas zeigen kann, wenn das tänzerisch qualitätvoll, interessant und neu erscheint. Im Cypher können jederzeit Lehrer- und Schülerrolle wechseln.

Schluss

Das hier skizzierte Projekt ist in Hinblick auf die Theoriebildung im Prozess und noch nahe am Material angesiedelt. Bildungsprozesse im Breaking und insbesondere ihre ästhetische Dimension sind bisher in der Forschung noch kaum wahrgenommen worden. Über dieses Forschungsprojekt sollen Einblicke in die Mikrostruktur performativer Aneignungsprozesse möglich und ihre Transformation von einem anfänglich flüchtigen Zustand des Werdens zu einer lokal homologen und global agierenden Kultur beschreibbar gemacht werden. Lernen und das Entstehen dieser kulturellen Praxis sind untrennbar miteinander verbunden.

Als Keimzelle der Bildungsprozesse hat sich „Nachahmung in der Differenz" entpuppt. Von hier aus lassen sich viele weitere Aspekte beleuchten. Allein die über die Auswahl der Interviewpartner und -partnerinnen eröffneten Perspektiven auf Bildungsprozesse, wie die unterschiedliche Gestaltung des persönlichen Zugangs zum Breaken, Fragen von Gender und Migration, die Wahrnehmung von Generationswechseln in der Szene oder der Blick von innen oder außen auf sie versprechen Erkenntnisse zu den Bedingungen des Lernens und seiner selbstregulierenden Dynamik.

Es ist naheliegend, die Beobachtungen und Analysen in dem hier beschriebenen Feld mit Studien in Beziehung zu setzen, die zu informellen Bildungsprozessen (z.B. Green, 2002) oder auch zum Konzept der „Communities of Practice" (Lave & Wenger,

1991) vorliegen und in weiterer Folge über die Bedeutung solcher Formen des Lernens für den formalen Bildungsbereich nachzudenken. „Teilhabe und Gerechtigkeit" beginnen schon bei der Wahrnehmung. Ein genauer Blick auf diese kulturelle Praxis trägt aus unserer Sicht auch dazu bei, Bildungsprozesse „von unten" ernst zu nehmen und sie als Teil einer Kultur zu verstehen, in der man bereits mit dem ersten Lernschritt zu ihrem Träger wird.

Literatur

Alim, S. H., Meghelli, S. & Spady, J. G. (2012). Der globale HipHop als „global Cipha". In D. Diederichsen, J. Ismaiel-Wendt & S. Stemmler (Hrsg.), *Translating HipHop* (S. 48–59). Freiburg: orange-press.

Bambaataa, A. (2013). *Hip-Hop History*. http://www.zulunation.com/hip_hop_history_2.htm [20.08.2013].

Banes, S. (1985). Breaking. In M. Forman & M. A. Neal (Hrsg.) (2004), *That's The Joint! The Hip-Hop Studies Reader* (S. 13–20). New York, London: Routledge.

Birken-Silverman, G. (2003). Isch bin New School und West Coast ... du bisch doch ebe bei de Southside Rockern: Identität und Sprechstil in einer Breakdance-Gruppe von Mannheimer Italienern. In J. Androutsopoulos (Hrsg.), *HipHop. Globale Kultur – lokale Praktiken* (S. 273–296). Bielefeld: transcript.

Bryan, J. (2012). R.U.N.M.C. (Are You an Emcee?) or Rhetoric Used Now to Make Change. In B. J. Porfilio & M. J. Viola (Hrsg.), *Hip-Hop(e): The Cultural Practice and Critical Pedagogy of International Hip-Hop* (S. 249–263). Frankfurt a. M. u.a.: Peter Lang.

Cooper, M. (2004). *Hip Hop Files. Photographs 1979-1984*. Köln: MZEE Productions.

Cooper, M., Kramer, N. & Rockafella (2005). We B*Girlz. Köln, Paris: From Here to Fame. *Dance Consortium. International Dance across the UK*, unter „Articles", http://www.danceconsortium.com/features/article/3021/ [09.12.2013].

Endsley, C. L. & Jaksch, M. (2012). The Troubadour: K'Naan, East Africa, and the Trans National. In B. J. Porfilio & M. J. Viola (Hrsg.), *Hip-Hop(e): The Cultural Practice and Critical Pedagogy of International Hip-Hop* (S. 132–144). Frankfurt a. M. u.a.: Peter Lang.

Floyd, S. A., Jr. (1995). *The Power Of Black Music. Interpreting Its History From Africa To The United States*. New York u.a.: Oxford University Press.

Glaser, B. G. & Strauss, A. L. (2010). *Grounded Theory. Strategien qualitativer Forschung.* (3. Auflage). Bern: Verlag Hans Huber. Englische Erstausgabe 1967.

Green, L. (2002). *How Popular Musicians Learn: A Way Ahead For Music Education*. London, New York: Ashgate Press.

Hazzard-Donald, K. (1996). Dance in hip hop culture. In W. E. Perkins (Hrsg.), *Droppin' science: critical essays on rap music and hip hop culture* (S. 221–235). Philadelphia: Temple University Press.

Hill, M. L. & Petchauer, E. (Hrsg.) (2013). *Schooling Hip-Hop: Expanding Hip-hop Based Education Across the Curriculum*. New York: Teachers College Press.

Holman, M. (1984/2004). Breaking: The History. In M. Forman & M. A. Neal (Hrsg.) (2004), *That's The Joint/! The Hip-Hop Studies Reader* (S. 31–39). New York, London: Routledge.

Kimminich, E. (2003a). ‚Lost Elements‘ im ‚MikroKosmos‘. Identitätsbildungsstrategien in der Vorstadt- und Hip-Hop-Kultur. In E. Kimminich (Hrsg.), *Kulturelle Identität – Konstruktionen und Krisen* (S. 45–88). Frankfurt a. M.: Peter Lang.

Kimminich, E. (2003b). *Tanzstile der Hip-Hop-Kultur: Bewegungskult und Körperkommunikation*. Freiburg, Berlin: Selbstverlag.

Klein, G. (2012). Überall anders. Kulturelle Übersetzungen im HipHop. In D. Diederichsen, J. Ismaiel-Wendt & S. Stemmler (Hrsg.), *Translating HipHop* (S. 120–127). Freiburg: orange-press.

Lave, J. & Wenger, E. (1991). *Situated Learning. Legitimate Peripheral Participation*. Cambridge: University Press.

Nohl, A.-M. (2003). Interkulturelle Bildungsprozesse im Breakdance. In J. Androutsopoulos (Hrsg.), *Hip Hop: Globale Kultur – lokale Praktiken* (S. 297–321). Bielefeld: transcript.

Pavicic, C. (2007). *Hip Hop Dancing Bodies: Eine interkulturelle Studie der Hip Hop Kultur*. Hamburg: Verlag Dr. Kovac.

Peschke, A. (2010). *Hip Hop in Deutschland. Analyse einer Jugendkultur aus pädagogischer Perspektive*. Hamburg: Diplomica Verlag.

Porfilio, B. J. & Viola, M. J. (Hrsg.) (2012). *Hip-Hop(e): The Cultural Practice and Critical Pedagogy of International Hip-Hop*. Frankfurt a. M. u.a.: Peter Lang.

Rappe, M. (2005). Ich rappe, also bin ich! Hip Hop als Grundlage einer Pädagogik der actionality. In U. Canaris (Hrsg.), *Musik//Politik. Texte und Projekte zur Musik im politischen Kontext* (S. 122–138). Bochum: Kamp Verlag.

Rappe, M. (2010). *Under Construction. Kontextbezogene Analyse afroamerikanischer Popmusik* (1. Auflage). Köln: Dohr Verlag.

Rappe, M. (2011). Style as Confrontation: zur Geschichte und Entwicklung des B-Boying. In Y. Hardt & M. Stern (Hrsg.), *Choreographie und Institution. Zeitgenössischer Tanz zwischen Ästhetik, Produktion und Vermittlung* (S. 257–284). Bielefeld: transcript.

Robitzky, N. (2000). *Von Swipe zu Storm – Breakdance in Deutschland*. Hamburg: Backspin.

Rode, D. (2006). *Breaking. Popping. Locking. Tanzformen der Hip Hop-Kultur* (2. unveränderte Auflage). Marburg: Tectum.

Rose, T. (1994). *Black Noise. Rap Music And Black Culture In Contemporary America*. Wesleyan University Press: Hanover.

Rose, T. (1997). Ein Stil, mit dem keiner klar kommt. Hip Hop in der postindustriellen Stadt. In SPoKK (Hrsg.), *Kursbuch Jugendkultur* (S. 142–156). Mannheim: Bollmann Verlag.

Roychoudhury, D. & Garder, L. M. (2012). Taking Back Our Minds: Hip-Hop Psychology's (HHP) Call for a Renaissance, Action, and Liberatory Use of Psychology in Education. In B. J. Porfilio & M. J. Viola (Hrsg.), *Hip-Hop(e): The Cultural Practice and Critical Pedagogy of International Hip-Hop* (S. 234-248). Frankfurt a. M. u.a.: Peter Lang.

Schloss, J. G. (2009). *Foundation. b-boys, b-girls, and hip-hop culture in new york*. Oxford, New York: Oxford University Press.

Schott, J.-H. (2010). *HipHop als Ort informeller Bildung*. München: GRIN Verlag.

Spady, J. G., Alim, S. H. & Meghelli, S. (2006). *Tha Global Cipha. Hip Hop Culture and Consciousness* (1. Auflage). Philadelphia: Black History Museum Press.

Toop, D. (1992). *Rap Attack 3. African Jive bis Global Hip Hop* (3. Auflage). Höfen: Hannibal Verlag.

Wikipedia contributors, „List of Soul Train Episodes", *Wikipedia, The Free Encyclopedia*, http://en.wikipedia.org/w/index.php?title=List_of_Soul_Train_Episodes&oldid=586 036193 [09.12.2013].

Wulf, C. (2001). *Einführung in die Anthropologie der Erziehung*. Weinheim und Basel: Beltz-Verlag.

Wulf, C. & Zirfas, J. (2007). Performative Pädagogik und performative Bildungstheorien. Ein neuer Fokus erziehungswissenschaftlicher Forschung. In C. Wulf & J. Zirfas, *Pädagogik des Performativen. Theorien, Methoden, Perspektiven*. Weinheim und Basel: Beltz-Verlag.

Internet

Soul Train. Vgl. http://soultrain.com [09.12.2013].

Michael Rappe & Christine Stöger
Hochschule für Musik und Tanz Köln
Unter Krahnenbäumen 87
D-50866 Köln
michael.rappe@gmx.net; christine.stoeger@hfmt-koeln.de

Daniel Prantl

„Die Musikschule im Klassenzimmer"
Streicherklassen aus der Perspektive von Prozess-Produkt-Didaktik

"The Music School in the Classroom" – String Classes from the Viewpoint of Process-Product-Didactics

Instrumental or vocal teaching in music schools and general music education in compulsory schools represents primary elements of German music education. Both directions are combined on a professional basis by string, wind, singing or band classes. Music pedagogical theories describing instrumental teaching and school music, respectively, have evolved differently in the past – a fact that is scarcely addressed in the literature. In this article both problem-centered interview and video-assisted thought-reconstruction techniques are employed to use differences in the corresponding theories for building empirically grounded explanations of string classes. Major findings indicate that the instrumental teacher's background in traditional teaching structures strongly influences the realization of certain characteristics of aesthetic practice.

Einleitung

Im vorliegenden Beitrag wird eine qualitativ empirische Untersuchung von Streicherklassen in Westsachsen vorgestellt. Ausgangspunkt dieser Untersuchung war ein erlebter Widerspruch zwischen eigenen Unterrichtserfahrungen, Theorien der Instrumentalpädagogik und dem Ideal einer Prozess-Produkt-Didaktik (Wallbaum, 2000). Dieser Widerspruch führte zunächst zu der zentralen Forschungsfrage nach der Beschreibung und Erklärung von Problemfeldern in Streicherklassen. Der erkenntnistheoretischen Problematik, die sich bei dem Ausgehen von theoretischen Modellen zum Zweck der Beschreibung einer konkreten Unterrichtspraxis[1] ergibt, wurde durch die Verwendung der Methode des Problemzentrierten Interviews (Witzel & Reiter, 2012), ergänzt um eine Variante der videogestützten Gedankenrekonstruktion (Buber, 2009), begegnet. Nach der Genese der Forschungsfrage werden diese Verfahren exemplarisch erläutert. Abschließend werden die Forschungsergeb-

---

[1] Hier vereinfacht verstanden als „(Unterrichts)wirklichkeit", vgl. Lehmann-Wermser und Niessen (2004, S. 134).

nisse nebst einem Ausblick auf eine mögliche Weiterführung des Forschungsvorhabens dargestellt.

Forschungsstand und Hinführung zur zentralen Forschungsfrage

In der *musikalischen Bildung* können mindestens zwei *Säulen* unterscheiden werden, die sich geschichtlich sowohl im professionellen als auch im wissenschaftlichen Bereich unterschiedlich ausdifferenziert haben. Einerseits der (freiwillige) institutionelle und private Instrumental- und Gesangsunterricht an Musikschulen oder vergleichbaren Einrichtungen mit der *Instrumentalpädagogik*, andererseits der (verpflichtende) Unterricht im Schulfach ‚Musik‘ an allgemeinbildenden Schulen mit der wissenschaftlichen *Schulmusikpädagogik*[2]. Seit Mitte der 1990er Jahre zeichnet sich eine besondere Form der Vermischung beider Säulen auf der professionellen[3] Ebene ab. So etablierte sich im deutschen Bundesgebiet neben Streicher-, Bläser-, Sänger- oder Bandklassen auch das JeKI-Projekt in seinen verschiedenen Varianten.[4] Vorliegende Monographien[5], die sich mit Kooperationsprozessen zwischen Musikschule und Schulmusik beschäftigen, thematisieren Formen und Möglichkeiten institutioneller Zusammenarbeit (Meyer-Clemens, 2006; Schewik-Drescher, 2007), die Wandlung im Berufsbild des Musikschullehrers (Jäger, 2012) und die gezielte Evaluation von Einzelprojekten (Arendt, 2009; Heinritz, 2012). Das JeKI-Forschungsprogramm thematisiert eine Vielzahl von Einzelaspekten an der genannten Schnittstelle.[6] Einer Vermischung auf wissenschaftlicher Ebene wurde bisher kaum (Schewik-Drescher, 2007) nachgegangen. Ein vergleichender Blick nach Begrifflichkeiten und Hand-

---

2   Zur Begriffsproblematik bei der Verwendung der Termini Instrumentalpädagogik und Musikpädagogik vgl. zur Übersicht z.B. Ott (2005). Unter *Schulmusikpädagogik* soll hier eine Disziplin verstanden werden, die sich wissenschaftlich mit dem als ‚Musik‘ bezeichneten Fach an allgemeinbildenden Schulen beschäftigt. Die häufig gewählte Bezeichnung Musikdidaktik, z.B. bei Kraemer (2007, S. 49f.) wird hier vermieden, da auch Überlegungen auf Grundlagenforschungsebene von Bedeutung sind. Zur Begriffsproblematik „musikalische Bildung" vgl. Vogt (2012).

3   Im Sinne einer berufspraktischen Ebene, vgl. Vogt (2003, S. 4f.).

4   Ein grober Überblick bei Greuel, Kranefeld und Szczepaniak (2012, S. 147–186). Kooperationen formeller Art (z.B. Austausch von Räumlichkeiten), wie bei Schewik-Drescher (2007, S. 221f.) dargelegt, sind hier explizit nicht gemeint.

5   Wegen der international divergierenden Struktur der Musikpädagogik in diesem Bereich, einen Überblick gibt Gies (2013), und dem geographischen Fokus des Forschungsprojektes wird hier auf eine Einbindung des internationalen Diskurses verzichtet.

6   Insbesondere Formen der Kooperation zwischen Lehrenden, Fragen der Heterogenität und kultureller Teilhabe. Einen Überblick bietet JeKI-Forschungsprogramm (2014).

lungsvorschlägen in wissenschaftlichen Veröffentlichungen[7] beider Disziplinen gibt jedoch Anlass zur näheren Auseinandersetzung mit diesem Verhältnis.[8] Wenn in den Begrifflichkeiten beider Bereiche Unterschiede bestehen, gibt dies Anlass zur These (1), wonach diese unterschiedlichen Auffassungen in den Kooperationspraxen zu Problemen führen können, da die verschiedenen Akteure (mitunter latent) von divergierenden Theoriesprachen beeinflusst werden. Daraus leitet sich These (2) ab, wonach Differenzen (oder Überschneidungen) beider Disziplinen als Ausgangspunkt zur Beschreibung und Erklärung von Problemfeldern in den genannten Kooperationen dienen können. Damit lautet die zentrale Forschungsfrage: Wie lassen sich Problemfelder in Streicherklassen in Westsachsen ausgehend von Differenzen oder Überschneidungen zwischen der Konzeption der Prozess-Produkt-Didaktik und der wissenschaftlichen Instrumentalpädagogik beschreiben und erklären?

Die Beschränkung auf eine schulmusikpädagogische Konzeption und einen umgrenzten geographischen Raum erfolgte einerseits aus forschungsökonomischen Gründen, andererseits aus der vielversprechenden Perspektive, welche die genannte Konzeption für Streicherklassenunterricht bietet (vgl. Rolle & Wallbaum, 2011).

Wahl einer adäquaten Forschungsmethodik

Die erkenntnistheoretische Problematik bei der Wahl der adäquaten Forschungsmethodik lässt sich durch die folgenden Überlegungen zusammenfassen:

- Das Herantragen von Hypothesen aus wissenschaftlichen Veröffentlichungen an einen Forschungsgegenstand vernachlässigt das Potential der Theoriebildung aus diesem Gegenstand (vgl. Strübing, 2008, S. 13f.).
- Ein übermäßig induktives Vorgehen vernachlässigt das erklärende Potential bestehender schulmusikpädagogischer und instrumentalpädagogischer Theorien[9].

---

7 In diesem Beitrag werden unter *wissenschaftlichen* Veröffentlichungen solche verstanden, die – in Abgrenzung zu den hier so verstandenen *professionellen* Veröffentlichungen – über Anleitungen zur Realisierung konkreter unterrichtlicher Tätigkeiten hinausgehen. Diese Abgrenzung ist in zweierlei Hinsicht problematisch: Einerseits durch die Problematik der klaren Abgrenzung, andererseits durch das unterschiedliche Wissenschaftsverständnis beider Disziplinen. Für das angestrebte Forschungsvorhaben ist sie im Sinne einer Komplexitätsreduktion jedoch hilfreich.

8 Z.B. wird beim Vergleich des Praxis-Diskurses bei Vogt (2004) und von Mantel (2008, S. 31–37) in beiden Bereichen die künstlerische Tätigkeit im lehrenden Umgang mit Schülern hervorgehoben, jedoch mit unterschiedlichem Verständnis desselben. Auf der anderen Seite stellt sich die Frage nach Deckungsgleichheit zwischen Technikvermittlung bei Lessing (2007) und Kompetenzvermittlung bei Gruhn (1998) sowie Jank (2005). Vgl. auch den Abschnitt „Aufbau eines sensibilisierenden Konzepts".

9 Vgl. hierzu die Rolle des Vorwissens in der Grounded Theory bei Strübing (2008, S. 55–57) sowie bei Witzel und Reiter (2012, S. 18).

Das Forschungsparadigma des Problemzentrierten Interviews verspricht eine Ver-knüpfung von deduktiver und induktiver Forschungsweise.[10] Kern dieses Verfahrens ist „to reconstruct the interactively constituted knowledge in the social world" (Wit-zel & Reiter, 2012, S. 15) in einem Setting, das die Datenerhebung als Dialog zwi-schen Vorwissen des Forschenden und Alltagswissen des Handelnden versteht. Ge-nauer bedeutet dies für den Forschenden, sein Vorwissen nicht auszublenden, son-dern dieses vielmehr als „sensitising knowledge" (Witzel 2012, S. 39–51), einem or-ganisierten und elastischen Vorwissen oder auch *sensibilisierenden Konzept*[11], in den Forschungsprozess einzubeziehen.

Grob lässt sich das Verfahren in die Schritte des Aufbauens eines sensibilisieren-den Konzepts, des Durchführens von darauf basierenden Leitfadeninterviews und des Auswertens der Interviewtranskripte unter Bearbeitung dieses Konzepts einteil-en. Diese Schritte werden im Folgenden – nach Überlegungen zu ihrer Anpassung an das Forschungsprojekt – exemplarisch erläutert.

Anpassung der Methode an die Forschungsfrage

Die besondere Situation des Forschungsfeldes – Streicherklassen verstanden als in-terdisziplinäre Kooperation – verlangt eine Präzisierung der Methode hinsichtlich
- der Art des Zugriffs auf den Untersuchungsgegenstand und
- der Gestaltung des sensibilisierenden Konzepts.

Zunächst wird als Untersuchungsgegenstand „Streicherklassen in Westsachsen" an-gegeben. Darüber hinaus geht es um die Beschreibung und Erklärung dieses Gegen-standes ausgehend von wissenschaftlichen Veröffentlichungen. Aufgrund der eher abstrakten Natur dieser Veröffentlichungen wird davon ausgegangen, dass darauf aufbauende Gespräche eher mit den Lehrpersonen[12] realisiert werden können. Der mit dieser Entscheidung einhergehenden Verengung der Perspektive wurde durch den Einsatz einer videographischen Methode, die an die „videogestützte Gedanken-rekonstruktion" (Buber, 2009, S. 559) angelehnt ist, begegnet. Dort werden zum Zweck der „Erfassung bewusster, handlungsleitender Kognitionen" (Buber, 2009, S. 557) Probanden mit Videoaufnahmen des eigenen Handelns konfrontiert und da-bei gebeten, die Gedanken wiederzugeben, die ihnen bei bestimmten Handlungen „durch den Kopf gegangen sind" (Buber, 2009, S. 559). Hier wurde dieser Ansatz so erweitert, dass nicht nur Videomitschnitte eigenen Unterrichts, sondern auch von Kollegen betrachtet und die Lehrenden um freie Kommentierung dieses Unterrichts

---

10 „The *inductive* moment of fully considering subjective perspectives complements the *deduc-tive* moment of building upon available prior knowledge from research in a way that allows novel data to question and revise previous knowledge." (Witzel & Reiter, 2012, S. 15)

11 Vgl. Blumer (1954), zit. n. Strübing (2008, S. 30).

12 Elf Lehrende an 19 Streicherklassen in Westsachsen. Bezeichnungen von Lehr- und Schüler-personen sind in diesem Beitrag geschlechtsneutral zu verstehen.

gebeten wurden. Der Gewinn der Ergänzung der Interviews um dieses Videomaterial liegt darin, dass damit der primäre Gegenstand der Gespräche – der Streicherklassenunterricht selbst – möglichst direkt und exemplarisch thematisiert werden kann.[13]

Beim Aufbau des sensibilisierendes Konzepts[14] wird nun zunächst eine Differenzierung des Vorwissens in das *Alltagswissen* (everyday knowledge), das *Kontextwissen* (contextual knowledge) und das *Forschungswissen* (research knowledge) empfohlen. Das *Alltagswissen des Forschers* stellt hier dessen persönlichen (professionellen und wissenschaftlichen) Hintergrund dar. Das *Kontextwissen* beinhaltet neben Daten zu Randbedingungen der Unterrichte auch Wissen aus professionellen Veröffentlichungen wie Streicherklassenschulen[15]. In Anlehnung an das Prinzip der Objektorientierung[16] können auch die Unterrichtsvideos im weiteren Sinne als Kontextwissen verstanden werden. Bezüglich der Auswahl des *Forschungswissens* wird ein vorsichtiges Abwägen der Notwendigkeit für das geplante Forschungsvorhaben empfohlen. Nur solches sollte in den Forschungsprozess – und damit auch in die Leitfäden – Einzug halten, welches als anschlussfähig in den Interviews gelten kann.[17] Hier geht es – den obigen Überlegungen folgend – insbesondere um Treffpunkte zwischen der Konzeption der Prozess-Produkt-Didaktik (Wallbaum, 2000) und der wissenschaftlichen Instrumentalpädagogik. Zur Zusammenstellung dieser Treffpunkte wurde Literatur aus der Instrumentalpädagogik[18] und Schulmusikpädagogik[19] gesichtet, welche im Sinne der oben erwähnten *Anschlussfähigkeit* Differenzen oder Überschneidungen zur genannten Konzeption verspricht. Aus den drei Wissensfel-

---

13 Um eine möglichst umfangreiche audiovisuelle Darstellung des Streicherklassenunterrichts zu ermöglichen, wurden diese in Orientierung an Wallbaum (2010) aus mindestens drei Winkeln aufgenommen und für die Interviews als Multi-Angle-DVDs produziert. Konkret handelt es sich um DVDs von zwei 45minütigen und zwei 30minütigen Unterrichtseinheiten in dritten und vierten Klassenstufen ausgewählter Schulen der Probanden.

14 Für den gesamten Absatz vgl. Witzel und Reiter (2012, S. 39–51).

15 Exemplarisch Boch & Boch (2008); Braun, Kummer und Seiling (2008); Drebenstedt (2010); Johnson & Rolland (1985); Riese (2006); Rolland (2000); Rundfeldt (2006) sowie Musikschulen (2005).

16 „The design of PCIs for a specific research purpose [...] always needs to consider the best way of establishing access to the investigation of the individuals' behavior and reflections." Witzel und Reiter (2012, S. 29).

17 Die Bedeutung aber auch die Wandelbarkeit des Vorwissens wird bei Witzel & Reiter (2012, S. 2–3) an der Metapher des „well-informed traveller" anschaulich dargelegt.

18 Exemplarisch Arendt (2009); Bradler (2011); Grimmer & Lessing (2008); Herold (2007); Lessing (2005), (2007), (2008); Mahlert (2012); Mantel (2000), (2008); Moritz (2007); Richter (2012).

19 Exemplarisch Bähr (2001); Beckers & Beckers (2008); Fuchs (1998); Rolle (2005); Vogt (2004); Wallbaum (2000), (2005), (2008).

dern *Alltags-, Kontext-* und *Forschungswissen* wurde schließlich ein sensibilisierendes Konzept entwickelt, das als Leitschnur für den Forschungsprozess gelten soll.[20]

Methodischer Gang der Untersuchung

Aufbau eines sensibilisierenden Konzepts

Das sensibilisierende Konzept formierte sich schließlich, dem Vorgehen im vorherigen Abschnitt folgend, in den folgenden drei Themenfeldern:

I.   Der ästhetische Streit als Merkmal von Musikunterricht (Rolle & Wallbaum, 2011) oder Instrumentalunterricht (Lessing, 2008) wird als anschlussfähig für Streicherklassenunterricht betrachtet.

II. Die Gefahr der Überbewertung von (instrumental-)technischen Aspekten im Streicherklassenunterricht ergibt sich aus entsprechenden Überlegungen zum Instrumentalunterricht (Herold, 2007; Lessing, 2007) und Musikunterricht (Bähr, 2001) kontrastierend mit Überlegungen bei (Wallbaum, 2000, S. 9) oder (Rolle, 2005, S. 68). Die hervorgehobene Bedeutung von technischen Aspekten kann in einer Vielzahl professioneller Veröffentlichungen für den Streicherklassenunterricht nachgewiesen werden (Boch & Boch, 2008; Johnson & Rolland, 1985; Musikschulen, 2005).

III. Der Überwindung eines Gegensatzes zwischen den Begriffen Künstler und Pädagoge wird als Kernelement zur Realisierung einer Prozess-Produkt-Didaktik in Streicherklassen gesehen. Dies ergibt sich aus Überlegungen in der Instrumentalpädagogik (Mantel, 2008) im Zusammenhang mit den Schilderungen zur relationalen Schulmusik (Wallbaum, 2005) und Überlegungen zum „Praxis-Diskurs" (Vogt, 2004, S. 9–14).

Exemplarisch soll die Genese des ersten Themenfelds knapp erläutert werden: Als Gelingensbedingung ästhetischen Streits wird eine symmetrische Kommunikationsstruktur und der Einbezug der Schüler in die Bewertung der Klangereignisse angesehen (Rolle & Wallbaum, 2011, S. 508–515). In der Instrumentalpädagogik (Lessing, 2008) findet sich ein ähnlicher Ansatz. Der Autor beschreibt die Situation der künstlerischen Darbietung als ständigen Perspektivenwechsel zwischen an Selbstkontrolle orientierter rationeller und an Interaktion orientierter ästhetisch-symbolischer Weltzuwendung. Dieser Perspektivwechsel müsse im Instrumentalunterricht geübt werden, indem die Lehrperson zwischen einer Ratgeber-Funktion und der Funktion eines „empathischen Hörpartners" wechselt. Während die Rolle des Lehrers als (Technik)-Ratgeber in Unterrichtsliteratur häufig thematisiert wird, findet sich zur

---

20 „Sensitising concepts merely suggest directions along which to look" (Witzel & Reiter, 2012, S. 45).

Realisierung symmetrischer Kommunikationsstruktur dort wenig. Z.B. wird in „Young strings in action" (Johnson & Rolland, 1985)[21] bei den Unterrichtszielen neben physischen Aspekten die Bedeutung des Hörens von *guten*[22] Tonanfängen und -enden in offensichtlich normativem Sinn genannt. Auch in anderen deutschen Streicherklassenschulen (Boch & Boch, 2008, S. 4ff.; Braun, Kummer & Seiling, 2008, S. 37–125; Rundfeldt, 2006, S. 5–9) vermisst man Anregungen zum Einbezug der Schüler in die Bewertung der Klangereignisse.[23] Vergleichbare Auffassungen bzgl. der Idee des ästhetischen Streits in wissenschaftlichen Veröffentlichungen beider Disziplinen, andererseits dessen nahezu vollständiges Ausbleiben in professionellen Veröffentlichungen, bieten Anlass, dieses Thema als anschlussfähige Diskussionsbasis in den Interviews zu betrachten.

Narrative Leitfadeninterviews

Die drei Themenfelder fanden Eingang in den Interviewleitfaden, der, *ergänzt um die Videoaufnahmen* von Streicherklassenunterricht, Grundlage der Problemzentrierten Interviews mit den Lehrendenteams[24] war. Die Gespräche wurden in Abklärung organisatorischer Rahmenbedingungen[25] initiiert (vgl. Witzel, 2000, S. 5f.). Es folgten Impulse zu den einzelnen Problemfeldern. So wurde z.B. in Hinsicht auf das Themenfeld *Ästhetischer Streit* das oben skizzierte Modell des Perspektivwechsels eingebracht und passende Unterrichtsszenen geschildert. Die Gespräche wurden von den Streicherklassenlehrenden gelenkt, mit Hilfe verschiedener Fragetechniken jedoch am Leitfaden orientiert (vgl. Witzel & Reiter, 2012, S. 75–89). Mit den Unterrichtsvideos wurde zweierlei verfahren: Zum Teil wurden sie, so es der Exemplifizierung von Aussagen diente, direkt in die Gespräche einbezogen. Darüber hinaus wurde mit dem Großteil der Lehrenden in einem weiteren Treffen eine Auswahl der Mitschnitte, möglichst ganze Unterrichtsstunden, betrachtet. Dabei bat ich die Zuschauerinnen und Zuschauer, das Video jederzeit zu unterbrechen, wenn sie etwas kommentieren möchten. Fünf Leitfadeninterviews und vier Gespräche über Videomitschnitte wurden auf diese Weise aufgezeichnet und transkribiert.

---

21 Eine durch die Paul-Rolland-Methode geprägte Schule, die Grundlage für viele deutsche Streicherklassenschulen darstellt.

22 „good tone", Johnson & Rolland (1985).

23 Eine Ausnahme stellt die „Gespenstergeschichte" in Rundfeldt (2006, S. 9) dar.

24 I.A. jeweils die gemeinsam unterrichtenden Instrumentalpädagogen.

25 Unterrichtserfahrung, Zahl der unterrichteten Klassen, Teilnahmemodalitäten, Zahl der Lehrer pro Klasse, Kooperation mit der Schule, Verwendete Unterrichtswerke.

Auswertung der Interviews im Zusammenhang mit dem sensibilisierenden Konzept

Im Schritt der Datenanalyse wird ein dem Erhebungsverfahren angeschlossenes Paradigma vorgeschlagen: „In principle, the interpretation of the material continues the dialogue between researcher/interpreter and respondent but without the actual participation of the respondent; she is now represented through the interview material" (Witzel & Reiter, 2012, S. 100–101), also die Interviewtranskripte nebst Gesprächsnotizen im Sinne eines „Postscript" (Witzel & Reiter, 2012, S. 95–98). In einem Prozess der „Erstellung, Untersuchung und Bearbeitung *interpretativer Hypothesen*"[26] sollen schließlich generalisierbare Aussagen resultieren. Aus Platzgründen kann dieser Prozess an dieser Stelle nicht im Einzelnen dargestellt, sondern nur in groben Zügen und exemplarisch gezeigt werden.

Die Interviewtranskripte wurden im Sinne der zusammenfassenden qualitativen Inhaltsanalyse (Mayring, 2000, S. 67–84; Witzel & Reiter, 2012, S. 98f.) in ein Kategoriensystem überführt, welches Kernaussagen in Merkmale wie organisatorische Informationen, angewandte Methoden, wahrgenommene Probleme und Unterrichtsziele strukturiert. Wenngleich in diesem Kategoriensystem Äußerungen bzgl. der Leitfäden und der Unterrichtsvideos entsprechend gekennzeichnet sind, wurden diese prinzipiell gleich behandelt, da sowohl Gesprächsanstöße aus dem Leitfaden als auch aus den Unterrichtsvideos im Sinne des problemzentrierten Paradigmas eine vergleichbare Funktion haben, nämlich das Initiieren „of a conversation structure that helps to uncover the actual perspectives of individuals on a particular problem in a systematic and dialogical way" (Witzel & Reiter, 2012, S. 24). Mithilfe des Kategoriensystems wurden nun in Anlehnung an die „vertical analysis and interpretation" (Witzel & Reiter, 2012, S. 102) insgesamt sechs Kern-Themen der Gespräche extrahiert, die hier bereits den einzelnen Themenfeldern des sensibilisierenden Konzepts zugeordnet dargestellt sind:

---

26 „Constituting, examinig and refinig *interpretive hypotheses.*" (Witzel & Reiter, 2012, S. 101)

1. Aspekt der symmetrischen Lehrer-Schüler-Kommunikation.	
2. Bewertung der ästhetischen Qualität[27] der Produkte.	I. Der ästhetische Streit
3. Unterrichtsstile im Streicherklassenunterricht.	
4. Ziel der Etablierung des Instrumentalspiels.	II. Die Bedeutung von (instrumental-)technischen Aspekten
5. Rolle der Instrumentaltechnik im Unterricht.	
6. Streicherklassenlehrer als Künstler und Pädagoge.	III. Der Gegensatz zwischen den Begriffen Künstler oder Pädagoge

Im Sinne der „horizontal analysis and interpretation" (Witzel & Reiter, 2012, S. 102) wurden nun auf Basis dieser Kern-Themen die Interviews erneut durchgegangen und empirisch begründete Thesen aufgestellt. Am Kern-Thema „Aspekt der symmetrischen Lehrer-Schüler-Kommunikation", von dem in der folgenden Tabelle beispielhaft einige Codierungen aufgeführt sind, soll dieser Prozess in Kürze exemplarisch dargelegt werden.

Subcodes	Beispielcodierung[28]
Positive Erfahrungen	„also wenn wir das machen, es gelingt mir ab und zu und ich denke, dass es dann auch richtig schön ist." (I1_L5, Z. 204)
Allgemein positiv	„[...] ich denke, dass das auf jeden Fall, dass das gut ist. Das man einfach sich auch mal auf diese Ebene mal begibt und dann mal sagt, komm jetzt probieren wir mal zusammen aus, was besser klingt. Hast du ne Idee oder was würde dir, wie würdet ihr spielen oder macht mal, zeigt das mal." (I1_L5. Z. 206)
Bedenken Hierarchie Lehr-Lern-Situation	„… das ist eben die total, totalitäre Sache, (na Methode), ein Lehrer steht halt vorne und sagt, was gemacht wird. Und fragt zwar, wie war das, wie war jenes, aber ist eigentlich immer nicht das [...] kameradschaftliche oder sagen wir mal, wo das einfach mal auf einer Ebene ist [...]" (I2_L5, Z. 268, EM_30:33)
	„L9: Also man kann auf diese Weise (dem frontalen Unterrichten, Anm. DP), mit dieser Methode auf jeden Fall leichter (L9: man kann auch so straffer Arbeiten, mmh) leichter sein Pro-

---

27 Ich orientiere mich in der Terminologie hier an Wallbaum (2000, S. 228). Mit Vorsicht kann hier unter ästhetischer Qualität „Attraktivität" oder „Gelungenheit" verstanden werden.

28 In Klammern stehen hinter den Zitaten Verweise auf die jeweiligen Interviews. Die Benennung orientiert sich nach dem Schema „Erstes oder zweites Interview_anonymisierte beteiligte Lehrer, Zeile in diesem Interview, [DVD-Bezeichnung_Zeit]".

	gramm durchziehen, will ich mal sagen" (I2_L8L9, Z. 442)
Bedenken Disziplin	„Aber da müssen sie wirklich ne richtig gute Klasse haben, wo das funktioniert. Sonst müssen sie ständig eigentlich jemanden ermahnen, dass der, ich weiß nicht wie das, also zumindest immer mal sagen, also jetzt ist hier Ruhe und jetzt geht hier das" (I1_L5, Z. 204)
Bedenken Niveau	„und dann ist auch noch das Niveau das Problem, wobei man das vielleicht gar nicht so sagen kann. Man müsste [...] da nochmal ganz anders denken, als, als man im Hauptfachunterricht denkt" (I1_L5, Z. 208)

Tab. 1: Subcodes zum Kern-Thema „Symmetrische Lehrer-Schüler-Kommunikation" inklusive Beispielkodierungen

Knapp lässt sich zusammenfassen: Positive Berichte sind eher allgemeiner Natur in Paraphrasierung des Leitfadens. Im Gegensatz dazu sind Bedenken umsichtiger formuliert: Es wird auf traditionell gewachsene Lehr-Lern-Hierarchie („ein Lehrer steht halt vorne"), auf Vorzüge eines hierarchischen Unterrichts („auf jeden Fall leichter ... sein Programm durchziehen"), auf notwendige Bedingungen („ne richtig gute Klasse haben") und auf das Instrumentalniveau verwiesen. Insgesamt zeigen die zugeordneten Kodierungen trotz der positiven Annahme des Themas eine deutliche Ausprägung bei den Bedenken gegenüber dem regelmäßigen Etablieren von Situationen symmetrischer L-S-Kommunikation im Streicherklassenunterricht. Knapp lässt sich als Hypothese folgern:

Die symmetrische Kommunikation im Streicherklassenunterricht scheint insbesondere durch die traditionell gewachsene Hierarchie der Lehr-Lern-Situation behindert zu sein.

Ergebnisse und Ausblick

Insgesamt konnten für sämtliche Kern-Themen die folgenden empirisch begründeten Thesen zum untersuchten Streicherklassenunterricht formuliert werden:

| Aspekt der symmetrischen Lehrer-Schüler-Kommunikation. | Die symmetrische Kommunikation im Streicherklassenunterricht scheint insbesondere durch die traditionell gewachsene Hierarchie der Lehr-Lern-Situation behindert zu sein. |
| Bewertung der ästhetischen Qualität der Produkte. | (1) Die Erfahrung der Streicherklassenlehrkräfte mit produktionsorientierter Schülerpartizipation hält sich in Grenzen. |

(2) Die Bereitschaft zum ästhetischen Streit über die Gelungenheit von Produkten scheint bei den Schülern vorhanden zu sein.

(3) Aufgrund normativer Vorstellungen über ästhetische Qualität wird wenig auf die Vorschläge der Schüler eingegangen.

(4) Die geringe Beschäftigung mit den Schülervorschlägen zur Bewertung ästhetischer Qualität wird meist mit dem Verweis auf Zeitdruck begründet.

Unterrichtsstile im Streicherklassenunterricht.	Der betrachtete Streicherklassenunterricht ist durchgehend von frontalem Unterrichtsstil mit geleiteten Unterrichtsgesprächen und aktiven Musizierphasen geprägt.
Ziel der Etablierung des Instrumentalspiels.	Das Ziel der Etablierung des Instrumentalspiels tritt für die Streicherklassenlehrer hinter Aspekte wie die Klassenführung und das positive Erleben der Schüler zurück.
Rolle der Instrumentaltechnik im Unterricht.	Die Streicherklassenlehrer weisen der Instrumentaltechnik eine übergeordnete Rolle zu. Dies trifft insbesondere bei Beurteilungen von Unterrichtsmitschnitten zu.
Streicherklassenlehrer als Künstler und Pädagoge.	Streicherklassenlehrer sehen sich in ihrer Arbeit mit den Kindern ‚eher als Pädagogen denn als Künstler'. Eine Reflektion kombinierter Sichtweisen konnte nicht nachgewiesen werden.

Tab. 2: Empirisch begründete Thesen zum Streicherklassenunterricht in Westsachsen

Für die drei Themenfelder kann als Forschungsergebnis zusammengefasst werden:

I. Auch wenn von Seiten der Schülerinnen und Schüler die Bereitschaft zum Argumentieren über die ästhetische Qualität ihrer Produkte vorzuliegen scheint, verhindert die Verankerung der Lehrenden im Modell eines Frontalunterrichts und deren normative Vorstellungen über ästhetische Qualitäten das Zustandekommen ästhetischen Streits.

II. Auch wenn die Lehrenden mit dem Streicherklassenunterricht nicht primär das Instrumentalspiel etablieren wollen, weisen sie der Instrumentaltechnik übergeordneten Raum in ihren Unterricht zu.

III. Parallelen zwischen der Tätigkeit als Künstler und als Pädagoge konnten in den Sichtweisen der Lehrenden nicht nachgewiesen werden.

Damit können in Anschluss an die zentrale Forschungsfrage (1) die Verankerung der Lehrenden im Modell des Frontalunterrichts, (2) deren normativen Vorstellungen über ästhetische Qualitäten, (3) deren Priorisierung von instrumentaltechnischen Aspekten und (4) deren strikte Trennung der Tätigkeitsbereiche von Künstlern und Pädagogen als Erklärung für Verhinderungen von Prozess-Produkt-Didaktik in Streicherklassenunterricht in Westsachsen verstanden werden.

Darüber hinaus ergibt sich, dass trotz der Gemeinsamkeiten in beiden Theoriesprachen, musikpädagogische Praxisfelder diese Überschneidungen kaum wiedergeben. Geht man davon aus, dass ein Einfluss von Theorien auf die Praxis nicht ganz zu vernachlässigen ist (vgl. Lehmann-Wermser & Niessen, 2004), gibt dies Anlass zur These, dass die Lehrenden von Streicherklassen beim Wechsel von ihrer ursprünglichen Tätigkeit – im vorliegenden Fall waren deren Ausgangspunkte die Instrumentalpädagogik – dort dominierende, durchaus an Prozess-Produkt-Didaktik (oder vergleichbaren Gedanken aus der Instrumentalpädagogik) orientierte Unterrichtsmethoden nur schwer übertragen können.

Auch wenn anschließende Überlegungen an dieser Stelle aus Platzgründen nicht dargelegt werden können, bleibt festzuhalten, dass (1) das Verfahren des problemzentrierten Interviews, ergänzt um eine Variante der videogestützten Gedankenrekonstruktion und (2) der Vergleich instrumental- und schulmusikpädagogischer wissenschaftlicher und professioneller Veröffentlichungen als vielversprechende Ausgangspunkte zur empirisch begründeten Beschreibung und Erklärung von Problemfeldern in Kooperationspraxen zwischen Instrumental- und Schulmusikpädagogik betrachtet werden können.

Literatur

Arendt, G. (2009). *Instrumentalunterricht für alle?: Zur langfristigen Relevanz des Klassenmusizierens und der Notwendigkeit einer Reform des Musikunterrichts.* Augsburg: Wißner-Verlag.

Bähr, J. (2001). *Zur Entwicklung musikalischer Fähigkeiten von Zehn- bis Zwölfjährigen: Evaluation eines Modellversuchs zur Kooperation von Schule und Musikschule.* Göttingen: Cuvillier Verlag.

Beckers, E. & Beckers, R. (2008). *Faszination Musikinstrument – Musikmachen motiviert: Bericht über die zweijährige Evaluationsforschung zum Bochumer Projekt „Jedem Kind ein Instrument".* Berlin: Lit.

Blumer, H. (1954). What is wrong with social theory? *American Sociological Review, 19*(1), 3–10.

Boch, B. & Boch, P. (2008). *Streicher sind klasse. Schule für Streicherklassen und Gruppenunterricht, Lehrerband.* Mainz: Schott.

Bradler, K. (2011). Paul Rolland: Über das europäisierte Erbe eines herausragenden Violinpädagogen. *ESTA-Nachrichten, 65,* 12–18.

Braun, K., Kummer, H. & Seiling, U. (2008). *Vier beginnt, Didaktik und Methodik des Streicherklassenunterrichtes in der Grundschule.* Mainz: Schott.

Buber, R. (2009). Denke-Laut-Protokolle. In R. Buber & H. H. Holzmüller (Hrsg.), *Qualitative Marktforschung* (S. 555–568). Wiesbaden: Gabler | GWV Fachverlage.

Drebenstedt, S. (2010). *Streicher Kleeblatt: Umfangreiches Schulwerk für den Streicherklassenunterricht; für 2 Jahre.* Manching: Holzschuh.

Fuchs, M. (1998). Musizieren im Klassenverband – der neue Königsweg der Musikpädagogik? *Musik & Unterricht*, 49, 4–9.

Gies, S. (2013). Zum Verhältnis zwischen Musikschule und allgemeinbildender Schule. *Diskussion Musikpädagogik, 60*, 18–19.

Greuel, T., Kranefeld, U. & Szczepaniak, E. (2012). *Jedem Kind (s)ein Instrument.* Aachen: Shaker Verlag.

Grimmer, F. & Lessing, W. (Hrsg.) (2008). *Künstler als Pädagogen: Grundlagen und Bedingungen einer verantwortungsvollen Instrumentaldidaktik.* (=üben & musizieren. texte zur instrumentalpädagogik). Mainz: Schott.

Gruhn, W. (1998). *Der Musikverstand. Neurobiologische Grundlagen des musikalischen Denkens, Hörens und Lernens.* Hildesheim, Zürich & New York: Olms Verlag.

Heinritz, C. (2012). *Jedem Kind sein Instrument: das musikpädagogische Pionierprojekt an der Waldorfschule Dortmund.* Wiesbaden: Springer VS.

Herold, A. (2007). „Musik hat für mich mit Gefühl zu tun, sonst ist es Technik". *Üben & Musizieren, 1,* 13–18.

Jäger, A. (2012). *Musikschulen in Kooperation mit allgemeinbildenden Schulen.* Augsburg: Wißner Verlag.

Jank, W. (2005). *Musikdidaktik.* Berlin: Cornelsen.

JeKI-Forschungsprogramm (2014). *Publikationen.* http://www.jeki-forschungspro gramm.de/publikationen/ [04.05.2014].

Johnson, S. & Rolland, P. (1985). *Young strings in action, Teacher's book, Volume 1.* New York: Boosey & Hawkes.

Kraemer, R.-D. (2007). *Musikpädagogik: eine Einführung in das Studium* (=Forum Musikpädagogik, 55). Augsburg: Wißner.

Lehmann-Wermser, A. & Niessen, A. (2004). Die Gegenüberstellung von Theorie und Praxis als irreführende Perspektive in der (Musik-)Pädagogik. In H. J. Kaiser (Hrsg.), *Musikpädagogische Forschung in Deutschland* (S. 131–162). Essen: Verlag Die Blaue Eule.

Lessing, W. (2005). Anna – ein Einzelfall!? *Üben & Musizieren, 2,* 6–12.

Lessing, W. (2007). Was ist Technik? *Üben & Musizieren, 1,* 8–12.

Lessing, W. (2008). Musizieren als Interaktion: Die Lehrer-Schüler-Beziehung als Spannungsfeld zwischen ästhetischer Erfahrung und alltäglicher Lebenswelt. In F. Grimmer & W. Lessing (Hrsg.), *Künstler als Pädagogen. Grundlagen und Bedingungen einer verantwortungsvollen Instrumentaldidaktik* (Texte zur Instrumentalpädagogik, S. 65–89). Mainz: Schott.

Mahlert, U. (2012). Meisterlehre. *Üben & Musizieren, 3,* 1.

Mantel, G. (2000). *Querverbindungen.* (Keine Angabe). Mainz: Schott.

Mantel, G. (2008). Kunst und Pädagogik – ein Widerspruch?: Auf der Suche nach künstlerischen Kriterien. In F. Grimmer & W. Lessing (Hrsg.), *Künstler als Pädagogen. Grundlagen und Bedingungen einer verantwortungsvollen Instrumentaldidaktik* (=üben & musizieren. texte zur instrumentalpädagogik) (S. 25–38). Mainz: Schott.

Mayring, P. (2000). *Qualitative Inhaltsanalyse.* Weinheim und Basel: Beltz Verlag.

Meyer-Clemens, A.-M. (2006). *Kooperation zwischen allgemein bildender Schule und Musikschule.* Marburg: Tectum Verlag.

Moritz, C. (2007). Dialogische Prozesse in der Instrumentalpädagogik. Vorstellung eines Forschungsprojekts. In N. Schläbitz (Hrsg.), *Interkulturalität als Gegenstand der Musikpädagogik* (=Musikpädagogische Forschung, 28) (S. 255–286). Essen: Verlag Die Blaue Eule.

Musikschulen, V. d. (2005). *Arbeitshilfen und Materialsammlung zur Kooperation von Musikschule und Ganztagsschule.* Bonn: VdM Verlag.

Ott, T. (2005). Artikel zu „Musikdidaktik". In S. Helms, R. Schneider & R. Weber (Hrsg.), *Lexikon der Musikpädagogik* (S. 162–164). Kassel: Gustav Bosse Verlag.

Richter, C. (2012). Meister-Unterricht. *Üben & Musizieren, 3*, 6–11.

Riese, A. (2006). *Frisch gestrichen: Klassenmusizieren mit Streichinstrumenten.* Heinrichshofen: Wilhelmshaven.

Rolland, P. (1986/2000). *The teaching of action in string playing.* Illinois: Illinois String Research Associates. (Originalarbeit erschienen 1986).

Rolle, C. (2005). Klassenmusizieren als ästhetische Praxis. In H.-U. Schäfer-Lembeck (Hrsg.), *Klassenmusizieren als Musikunterricht!? Theoretische Dimensionen unterrichtlicher Praxen* (S. 60–70). München: Allitera Verlag.

Rolle, C. & Wallbaum, C. (2011). Ästhetischer Streit im Musikunterricht. In J. Kirschenmann, C. Richter & K. H. Spinner (Hrsg.), *Reden über Kunst* (S. 509–537). München: kopaed.

Rundfeldt, K. (2006). *Klassenmusizieren, Streicherklassen-Grundschule, Lehrerheft/Partitur.* Frankfurt a. M.: C.F. Peters.

Schewik-Drescher, W. (2007). *Instrumentalunterricht in der Kooperation von Musikschule und Schulmusik: Aspekte einer problematischen Partnerschaft.* Essen: Verlag Die Blaue Eule.

Strübing, J. (2008). *Grounded Theory.* Wiesbaden: Verlag für Sozialwissenschaften.

Vogt, J. (2003). Über die Zukunft der Musikpädagogik als praktische Wissenschaft. Zur Emeritierung von Hermann J. Kaiser. *Zeitschrift für kritische Musikpädagogik.* http://home.arcor.de/zfkm/vogt6.pdf [04.05.2014].

Vogt, J. (2004). (K)eine Kritik des Klassenmusikanten. Zum Stellenwert Instrumentalen Musizierens in der Allgemeinbildenden Schule: *Zeitschrift für Kritische Musikpädagogik.* http://home.arcor.de/zf/zfkm/vogt7.pdf [02.05.2014].

Vogt, J. (2012). Musikalische Bildung – ein lexikalischer Versuch: *Zeitschrift für kritische Musikpädagogik.* http://www.zfkm.org/12-vogt.pdf [04.05.2014].

Wallbaum, C. (2000). *Produktionsdidaktik im Musikunterricht.* Kassel: Gustav Bosse.

Wallbaum, C. (2005). Klassenmusizieren als einzige musikalische Praxis im Zentrum von Musikunterricht? In H.-U. Schäfer-Lembeck (Hrsg.), *Klassenmusizieren als Musikunterricht!? Theoretische Dimensionen unterrichtlicher Praxen* (S. 71–94). München: Allitera Verlag.

Wallbaum, C. (2008). Ästhetische Freiheit in der Schule lehren und prüfen. Über Verhin-
derungs- und Ermöglichungsräume. In H.-U. Schäfer-Lembeck (Hrsg.), *Leistung im Musikunterricht. Beiträge der Münchner Tagung 2008* (S. 101–111). München: Buch&media.

Wallbaum, C. (2010). *Perspektiven der Musikdidaktik: drei Schulstunden im Licht der Theorien.* (=Schriften der Hochschule für Musik und Theater „Felix Mendelssohn Bartholdy" Leipzig, Bd. 3). Hildesheim [u.a.]: Olms.

Witzel, A. (2000). The Problem-Centered Interview. *Forum: Qualitative Social Research, 1* (1), Art. 22. http://www.qualitative-research.net/index.php/fqs/article/view/1132 [04.05.2014].

Witzel, A. & Reiter, H. (2012). *The problem-centred interview: principles and practice.* Los Angeles [u.a.]: Sage.

Daniel Prantl
Virchowstr. 20
D-04157 Leipzig
daniel.prantl@hmt-leipzig.de

Constanze Rora & Cathleen Wiese

,Verständige Musikpraxis' als Gegenstand von Musikunterricht zwischen Leiblichkeit und diskursivem Lernen

The concept of 'Verständige Musikpraxis' as focus of music teaching between embodiment and discursive learning

This article deals with a pedagogical concept called "Verständige Musikpraxis". It wants to elicit whether and if how its effects might be empirically relevant. Starting point is an analysis of a suite of 4 videotaped music lessons with an emphasis on singing in the classroom in primary schools. The taped lessons show a similarity in structure: a phase of practising is mostly followed by a phase of practical learning and reflection, which in turn is interrupting the process. In the phenomenological theory of learning this moment of irritation is a hallmark of the learning process per se.

Fragestellung

Empirische Grundlage der hier vorgestellten Studie bilden vier videografierte Musikstunden in einer dritten Klasse. Es handelt sich um Musikunterricht im Rahmen der Bildungsmaßnahme *Singt Euch Ein!* (=SEE!), die von der Musikschule Johann Sebastian Bach Leipzig initiiert wurde. Gegenstand der Maßnahme ist die Entsendung von Gesangslehrkräften an die teilnehmenden Grundschulen, die in Zusammenarbeit mit den Musiklehrern der jeweiligen Schule den dritten Klassen Musikunterricht mit gesangspädagogischem Schwerpunkt erteilen. Die Bildungsmaßnahme reiht sich damit ein in das an vielen Orten derzeit zu beobachtende Bemühen um eine Erhöhung der Musizierpraxis im Musikunterricht.

In unserer Untersuchung fragen wir nach den Prinzipien des videografierten Unterrichts und untersuchen, inwieweit er sich in Beziehung zu der musikdidaktischen Konzeption der „Verständigen Musikpraxis" setzen lässt. Diese Fragestellung steht im Zusammenhang mit der Diskussion um den Stellenwert, den das Singen bzw. Musikmachen im Musikunterricht haben sollte.[1] Mit der Konzeption der „Verständigen Musikpraxis" ist einerseits ein Ansatz gegeben, der einen hohen Stellenwert von Musikmachen im Unterricht begründet und legitimiert – auf der anderen Seite grenzt sich dieser Ansatz aber ab von einer „werkelnden", „blinden" musikalischen Tätigkeit in der Schule (Kaiser, 2001, S. 97).

Bei der vorliegenden Untersuchung handelt sich nicht um eine Evaluationsstudie, sondern um einen Ansatz deskriptiver Didaktik, der zwischen Unterrichtstheorie und Unterrichtsempirie eine Verbindung herzustellen versucht. Uns interessiert, inwiefern angesichts empirisch vorgefundener konkreter Unterrichtsstunden von einer Hinführung zu verständiger Musikpraxis gesprochen werden kann. Hinter der Frage, ob sich auf die beobachteten Stunden der Begriff ‚Verständige Praxis' anwenden lässt, steht das Problem, wie dieses didaktisches Konzept überhaupt empirisch verfügbar gemacht werden kann.

‚Verständige Praxis' als Aufgabe und Ziel von Musikunterricht

Den Begriff „Verständige Musikpraxis" übernehmen wir von Hermann J. Kaiser. Er wird von uns als Konzeption aufgefasst, da er als „unverwechselbares, konsistentes System von begründeten Aussagen über wünschenswerte musikpädagogische Praxis"[2] gelten kann. Kaiser unterscheidet zwischen musikalisch-produktiver Tätigkeit (‚Poiesis') und musikalischer Praxis, als einer Form ‚sittlichen', d.h. auf Sitte und Gewohnheiten gegründeten Handelns. Während die musikalisch-produktive Tätigkeit auf das Herstellen eines von der Tätigkeit ablösbaren musikalischen Produktes zielt – zum Beispiel das Üben eines Klavierstücks darauf, das Stück hinterher als ‚gekonnt' verfügbar zu haben – meint Praxis das musikalische Tätigsein, das Umgehen mit Musik selbst. Kaiser geht davon aus, dass Kinder und Jugendliche über eine usuelle Praxis, eine Gebrauchspraxis verfügen: „Musik gehört als substantieller Bestandteil ihrer Lebensformen zu ihnen, ohne dass sie sich dessen bewusst werden und damit bewusst musikalische Tätigkeit als konstitutiv für diese Lebensform in ihr Leben aufnehmen können." (Kaiser, 2001, S. 96).

Im Sinne musikalischer Bildung soll nun dieser Mangel an Bewusstheit behoben und die usuelle Praxis in eine verständige transformiert werden. Dies kann im Musikunterricht dadurch geschehen, dass ein Prozess initiiert wird, innerhalb dessen aus einer „zunächst nicht mitdenkenden Herstellungstätigkeit eine musikalische Praxis" (ebd.) entsteht. Im Musikunterricht soll also eine musikalisch-produktive Tätigkeit angeregt werden, die an die musikpraktischen Vorerfahrungen der Kinder an-

---

1 Vgl. hierzu den Band von Hans-Ulrich Schäfer-Lembeck, 2005.
2 Stichwort: Konzeptionen, mp. (Helms, Schneider & Weber 1994, S. 137).

knüpft. Hieraus soll eine musikalische Praxis entstehen, die ‚verständig' ist. Eine verständige Praxis impliziert „ein Bild von Musik als Tätigkeit" (Kaiser, 2001, S. 97), das

a) die Kinder zu sich selbst und zu ihrer Lebensform in Beziehung setzen können,
b) sie vor anderen rechtfertigen und verantworten können,
c) sie zunehmend realisieren und ausfüllen können.

Was heißt das für den konkreten Unterricht? Wie kann an Gebrauchspraxis angeschlossen werden und auf welche Weise lässt sich ein Verständnis für diese Praxis anbahnen? In praxistheoretischer Perspektive bedeutet die Auffassung von Tätigkeiten als Praxis, dass sie nicht als intentionale Handlungen eines souveränen Subjekts aufgefasst werden, sondern als „mikrologische Abstimmung auf nie identische Situationen" (Bongaerts, 2008, S. 5090), die auf der Grundlage impliziten Wissens erfolgt. Eine Handlung folgt aus dieser Sicht nicht einem vorgefassten Handlungsplan, sondern ist selbst Produkt von gegebenen Konstellationen.

Jürgen Vogt verdeutlicht diese Auffassung von Praxis am Beispiel des Lehrerhandelns. Auch der Lehrer handelt nicht ‚technisch' im Sinne der Anwendung theorieförmigen Wissens, sondern im Sinne einer Praxis:

> „Erziehen und Unterrichten wären genau dann eine Form von Technik, wenn es ausschließlich darauf ankäme, ein genau normiertes Produkt, nämlich den Schüler-nach-Maß hervorzubringen. Leider oder gottseidank ist dies aber gar nicht möglich. Stattdessen beruht die praktische Handlungsklugheit des Lehrers darin, mit *Einzelfällen* umgehen zu können, *situativ* und *kontextgebunden* Entscheidungen zu treffen und mit den Schülern in *Interaktion* zu stehen." (Vogt, 2004, S. 13)

Zu fragen ist nun, wie eine „praktische Handlungsklugheit" angeeignet wird. Inwiefern und wie ist eine gewohnte Praxis änderungs- bzw. entwicklungsfähig? Eine Antwort hierauf bietet der lerntheoretische Ansatz von Käte Meyer-Drawe. Jegliche Form des Lernens, so betont sie, nimmt ihren Anfang in einer schon vorhandenen Praxis. Einen Nullpunkt des Lernens oder der Erfahrung gibt es nicht, denn unsere leiblich-sinnliche Anwesenheit in der Welt vermittelt uns von Anfang an eine situierte, präverbale Wirklichkeit. Um allerdings in den Bereich des expliziten Wissens und Könnens vorzudringen, muss diese Form der impliziten, präreflexiven Weltaneignung überschritten werden. Für Meyer-Drawe folgt daraus, dass Lernen ‚im eigentlichen Sinne' – d.h. als Aneignung expliziten Wissens und Könnens – als *Umlernen* verstanden werden muss:

> „Die bislang leitenden unausdrücklichen Hinsichten und die daraus resultierenden Antizipationen werden fragwürdig, das Vorverständnis selbst büßt seine Fraglosigkeit, seine Selbstverständlichkeit ein." (Meyer-Drawe, 1996, S. 90)

In dieser Perspektive auf Lernprozesse wird die *Unterbrechung* zum zentralen Prinzip. Die Kontinuität und Verlässlichkeit der bisherigen Erfahrungen wird gestört; Handlungsroutinen können nicht fortgesetzt werden; eine Situation der Verunsicherung tritt ein.

Mit Bezug auf das Ziel einer verständigen Musikpraxis, die ausgehend von der usuellen Praxis der Schüler entfaltet werden soll, lässt sich hierzu ein Beispiel konstruieren: Kinder einer dritten Klasse haben bereits außerhalb von Schule und Unterricht Erfahrungen mit dem Singen gemacht, d.h. in einem ganz unspezifischen Sinne kann Singen als Bestandteil ihrer Gebrauchspraxis bezeichnet werden. Wenn es nun darum geht, im Unterricht das Kanon-Singen zu lernen, kann die gewohnte Verfügbarkeit einer Melodie durch das Einsetzen einer zweiten, rhythmisch-melodisch dagegen versetzten Stimme ins Wanken geraten. Die Selbstverständlichkeit mit der die Melodie bis dahin (einzeln) gesungen wurde, wird gestört. Einfach wieder von vorne anzufangen, löst das Problem nicht. Die Melodie muss noch einmal auf eine neue Art angeeignet werden: ihre Phrasengliederung wird vergegenwärtigt, der Abstand zwischen Ende und Neuanfang wird plötzlich zum Gegenstand der Aufmerksamkeit. Melodieverlauf, Textverteilung, das Übereinander der Stimmen kommen dem Singenden auf eine neue Art zu Bewusstsein; er lernt, das Lied im Kanon zu singen.

Meyer-Drawe sieht das Lernen als einen Prozess der Bewusstwerdung, zu dem die Sprache zwangsläufig dazu gehört, „denn Sprache setzt den Artikulationsversuch des Vorsprachlichen fort. Habitualisierungen der gelehrigen Körper [...] kommen nur als in Worte gefasste ins Bewusstsein und öffnen sich der Reflexion." (Meyer-Drawe, 2012, S. 206). Im Unterschied zum Lernen im ‚eigentlichen Sinne' vollziehen sich vorgängige Wahrnehmungs- und Erfahrungsprozesse stumm. In dieser Weise eines leiblichen, vorbegrifflichen Auffassens – als Habitualisierungen – finden wir uns in alltäglichen Praxen zurecht. Auch an der Praxis des Kanonsingens können wir auf diese Weise partizipieren. Doch erst auf der Grundlage verbaler Reflexion verfügen wir über das Gelernte frei und situationsunabhängig, verstehen wir, was wir tun.

Leiblichkeit und diskursives Lernen im Musikunterricht

Es stellt sich nun bezogen auf den konkreten beobachteten Unterricht die Frage, ob und wie Lernen in diesem ‚eigentlichen' Sinne, d.h. als Prozess der Umstrukturierung, im Unterricht angeregt und unterstützt wird. Inwiefern und auf welche Weise wird an vorgängige Erfahrungen und ein fragloses Vorverständnis angeknüpft? Welche Momente des Unterrichts sind dieser Anknüpfung an die usuelle Praxis und welche ihrer Umstrukturierung gewidmet?

Die Ebene der vorgängigen Erfahrung ist dabei mit dem Begriff der ‚Leiblichkeit' konnotiert. Dies entspricht sowohl der phänomenologischen Orientierung des skizzierten lerntheoretischen Modells als auch dem bei Kaiser aufscheinenden (allerdings nicht ausgeführten) phänomenologischen Hintergrund.[3] Der Begriff der Leib-

---

3   Der erste umfängliche Aufsatz, in dem Kaiser den Begriff entfaltet, erscheint in dem von Ehrenfort herausgegeben Sammelband „Musik. Unsere Welt als andere. Phänomenologie und

lichkeit steht dafür, dass die körperlich-sinnliche Anwesenheit in der Welt bereits einen Sinnhorizont – im Sinne der angesprochenen präreflexiven Erfahrung – impliziert.[4] Bezogen auf Musik wird der phänomenologische Leibbegriff von Lars Oberhaus entfaltet (Oberhaus, 2006). Er arbeitet vier Topoi des Leibbegriffs heraus, die als ästhetische Qualitäten in der Erfahrung von Musik wirksam werden: *Zwischen*, *Interkorporalität*, *Expressivität* und *Extension* (Oberhaus, 2006, S. 148). Der Topos des *Zwischen* verweist dabei auf den prärationalen Status der ästhetischen Erfahrung, die einerseits physisch, andrerseits psychisch fundiert ist, ohne dem einen oder dem anderen Bereich allein zugerechnet werden zu können. Mit dem Topos der *Interkorporalität* wird die leibliche Dimension der Herstellung von ästhetischer Intersubjektivität angesprochen. Insbesondere beim Singen wird der Leib zum Träger und Kommunikator musikalischen Sinns, der Musik „als Erzeugtes Anderen vermittelt und zu verstehen gibt." (Oberhaus, 2006, S. 152). *Expressivität* bezeichnet die Ausdrucksfähigkeit des Leibes, die nicht (nur) als Ergebnis bewussten Kalküls in die ästhetische Gestaltung einbezogen wird, sondern die als ‚Ausdrucksraum' einen unmittelbaren Bezug zwischen Leib und Musik stiftet. „Expressivität fußt auf dem Gegebenen, um es ästhetisch zu entheben." (Oberhaus, 2006, S. 153). Mit *Extension* ist die „Erweiterung des leiblichen Handlungsspielraums" gemeint, indem das Musikinstrument oder die Singstimme als „Verlängerung des Leibes" fungieren (Oberhaus, 2006, S. 154).

Es wird an diesen Topoi deutlich, dass der Aspekt der Leiblichkeit von Musik zwar ein besonderes Augenmerk auf die Körperlichkeit des Musizierens legt, sich aber darin nicht erschöpft. Während der Körperbegriff traditionell vor dem Hintergrund eines Dualismus von Geist und Körper gesehen wird, hat die phänomenologische Verwendung des Leibbegriffs die Funktion, diesen Dualismus aufzuheben. Als Leib aufgefasst ist der Körper nicht ein Behältnis für Geist und Seele, sondern Grundlage und Bedingung unserer gesamten Existenz. Mit Blick auf die zu untersuchende Unterrichtspraxis sei hier hinzugefügt, dass der mit Leiblichkeit konnotierte Praxisbegriff wie schon oben dargestellt auch auf die Beschreibung von Handlungsroutinen und Gewohnheiten zielt. Für die Beobachtung der musikalischen Praxis im Unterricht sind also nicht nur die von Oberhaus aufgeführten für das Musikmachen geltenden Topoi bedeutsam, sondern auch Routinen der Aneignung und des Übens von Musik.

Der beschriebenen Ebene der Leiblichkeit musikalischer Praxis wird im Folgenden eine diskursive Ebene des Lernens gegenübergestellt. Während auf der Ebene des Singens und Musikmachens die Kommunikation überwiegend nonverbal erfolgt – die von Oberhaus dargestellten Topoi verweisen auf Verständigungs- und Ausdrucksprozesse, die von Sprache unabhängig sind – ist im Hinblick auf Vermittlung und Aneignung einer ‚verständigen' Praxis zu erwarten, dass verbale Erklärungen

---

Musikpädagogik im Gespräch". Entsprechend beginnt Kaiser seine Ausführungen hier mit einem Verweis auf den Lebenswelt-Begriff bei Husserl und dessen vielfältige Rezeption.

4   K. Meyer-Drawe verweist in diesem Zusammenhang auf die Wahrnehmungstheorie von Maurice Merleau-Ponty (Meyer-Drawe, 2012, S. 116ff.).

gegeben oder erfragt werden. Die Gegenüberstellung leiblich – diskursiv schließt die
Möglichkeit leiblicher Erkenntnis nicht aus, betont aber die Bedeutung des Verbali-
sierens für den Verstehens- und Lernprozess. Das Attribut des Diskursiven verstehen
wir dabei in der Weise, wie Lutz Koch es formuliert und von dem des Intuitiven ab-
hebt:

> „Unsere wichtigsten Einsichten scheinen wir auf intuitive Weise zu gewinnen. Aber
> wenn wir sie aussprechen, und sei es auch nur im inneren Reden ohne stimmliche Ver-
> lautbarung, dann verhalten wir uns diskursiv." (Koch, 2008, S. 65)

Zur Anwendung des Begriffs ‚Verständige Praxis' auf konkrete Situationen des Musikunterrichts

Für die empirische Untersuchung ergibt sich nun die Aufgabe, leibliche und diskursive Aspekte in den beobachteten Unterrichtssituationen zu unterscheiden und in ihrem Verhältnis zueinander zu beobachten. Ausgehend von dem Verhältnis dieser
Aspekte zueinander lassen sich dann Aussagen dazu treffen, ob und wie anknüpfend
an eine vorgängige, usuelle Praxis der Schüler zu verständiger Praxis hingeführt
wird. Eine usuelle Praxis wird sich dadurch auszeichnen, dass sie ‚fraglos' und
selbstverständlich ausgeübt wird. Eine ‚verständige Praxis' ist dagegen nicht als Praxis beobachtbar – denn dem Praxisbegriff eignet ja Fraglosigkeit –, sondern wird
entweder als Verständnisäußerung der Kinder oder als Ziel der Vermittlungsbemü-
hungen nachweisbar.

Zur Bearbeitung dieser Frage wurden von den vier Videoaufzeichnungen Segmen-
tierungsanalysen (Dinkelaker) angefertigt. Hierbei wurde in der von Oliver Reuter
vorgeschlagenen Weise verfahren, dass zunächst „grobmaschig Segmente [...] im Datenmaterial" festgelegt und nachvollziehbar beschrieben wurden (Reuter, 2012,
S. 60). Im Verlauf der Untersuchung wurden diese Beschreibungen partiell vertieft,
indem exemplarische Situationen ‚herangezoomt' (Reuter, 2012, S. 71) und detaillierter dargestellt wurden. Die Auswertung der Beschreibungen erfolgte in Anlehnung
an die Kodierungsschritte der Grounded Theory (Glaser & Straus, 2005), wobei besondere Aufmerksamkeit auf die Unterscheidung sprachlicher und körperlich-
leiblicher Aspekte der Vermittlung gelegt wurde. Die herausgearbeiteten Kategorien
werden im Folgenden vollständig aufgeführt:

Diskursive Ebene:

Argumentation; i.S. von Begründen und Abwägen	z.B. Begründung von Handlungen durch den Lehrer: Korrigieren der Sitzhaltung mit Erklärung, warum man so besser singen kann
Begriffliches Verstehen; i.S. der Vermittlung von explizitem, begrifflichem Wissen	z.B. Aktivierung von Vorwissen: Benennen der Eigenschaften eines Kanons durch die Schüler
Verbalisieren von körperlichen Empfindungen und Bewegungen	z.B. Beschreibung von Bewegungen: Schüler erklären sprachlich, wie bereits gelernte Bewegungsfolge beginnt
Bewusstmachen ästhetischer Gestaltungsqualität	z.B. Thematisierung von Aussprache: Schüler analysieren, auf welchem Buchstaben letzter Ton ausgehalten wird

Leibliche Ebene:

Nach- und Mitvollzug (Synchronisation)	z.B. körperliche Aktion synchron ausführen: Lehrer stimmt Lied an, alle singen mit und führen dabei die vereinbarten Bewegungen aus
Vorstellungshilfen i.S. von sprachlichen Bildern und veranschaulichenden bildhaften Gesten	z.B. sprachlich/gestisch/klangliche Vorgabe: Lehrer sagt: „Wir müssen den alten Flugzeugpropeller ankurbeln." Dabei dynamische Handbewegung von oben nach unten und 3mal kurzes „brr" (Lippenflattern mit Ton)…
Spontanes Verhalten (=ungefragte körperliche Schüleraktivitäten im Vordergrund des Unterrichtsgeschehens, z.B. spielerisches Verhalten)	z.B. spielerische Reaktion: Glissandoübung abwärts wird vom Lehrer als Sturzflug bezeichnet, einzelne Schüler hängen spontan ein Explosionsgeräusch an die Übung an
Aufforderung/Impuls	z.B. klangliche Vorgabe: Lehrer gibt den ersten Ton an

Ergebnisse

Aus dem Prozess des Kodierens, Vergleichens und erneuten Befragens der lerntheoretischen Positionen gingen vier Schlüsselkategorien hervor: Praktizieren, Thematisieren, Unterbrechen, Auffordern. Sie bilden im Folgenden die Grundlage der Interpretation des Lehr-Lerngeschehens:

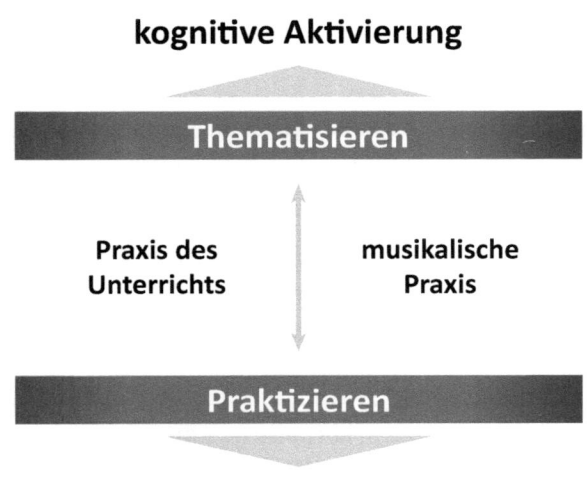

Abb. 1: ‚Praktizieren' und ‚Thematisieren' als unterscheidbare Ebenen des Unterrichts

Praktizieren

Unter *Praktizieren* werden Situationen gefasst, die vom Vor- und Nachmachen sowie vom Mitvollzug bestimmt sind. Es ist die leibliche Ebene des Lernens, der Bereich des ‚Selbstverständlichen' (Meyer-Drawe), der hier angesprochen wird. In diesem Bereich geht es um das unhinterfragte musikalische Tun: sowohl der auf das Lernen bezogene Sinn der Aktivitäten als auch die Voraussetzungen des Unterrichts – Regeln, Rituale, S-L-Verhältnis – werden in diesen Phasen des Unterrichts nicht thematisiert. Stattdessen richten sich die Bemühungen des Lehrers darauf, die Schüler leiblich zu aktivieren: das Vor- und Nachmachen geschieht in fließendem Wechsel; Singen wird mit Bewegungen verbunden. ‚Leiblich-aktivieren' bedeutet im Sinne der oben gegebenen Erläuterungen die Anregung musikalischer Tätigkeit auf der Basis der vorhandenen Möglichkeiten der Schüler.[5] Kennzeichnend ist ein weitgehender Verzicht von Sprache: der Lehrer agiert vorwiegend gestisch-zeigend und mit kurzen verbalen Anweisungen und Hinweisen. Wiederholungen werden ohne Verbesserungsauftrag gefordert. Insbesondere zu Beginn des Unterrichts ist zu beobachten, wie der Musiklehrer über eine Synchronisierung der Bewegungen Aufmerksamkeit und Konzentration herzustellen versucht.

> ML kehrt zur Position vor dem Klavier zurück, fängt an einen Rhythmus zu klatschen. Die Schüler achten zunächst kaum bis gar nicht darauf. Nur wenige machen mit. ML unterbricht, sagt etwas und fängt einen neuen Rhythmus an zu klatschen. Jetzt machen mehr Schüler mit. Der Rhythmus ist schwer herauszuhören, weil sich Vor- und Nachmachen teilweise überlagern. (GD_20.6.; 1. Segment: Unterrichtsbeginn)

Es wird hier deutlich, wie der Lehrer bemüht ist, die Schüler leiblich zu aktivieren und sie in (synchrone) Bewegung zu bringen. Jeder Schüler ist noch mit sich oder seinem Nachbarn beschäftigt, jetzt geht es darum, die Veranstaltung ‚Unterricht' zu etablieren. Dies geschieht mit dem Versuch des Lehrers, ein regelmäßiges Wechselspiel von Vor- und Nachmachen im Gleichmaß des metrisch gebundenen Rhythmus in Gang zu bringen.

Zur Ermöglichung und Unterstützung des Synchronisierens animiert der Lehrer einerseits zum Mitmachen, d.h. Lehrer und Schüler bewegen sich zusammen. Andererseits zieht sich der Lehrer auch immer wieder aus der gemeinsamen Aktivität heraus und lässt die Schüler alleine singen, klatschen etc. Dabei ist das ‚allein' meist als nur partielle Eigenständigkeit zu verstehen, denn auch wenn der Lehrer bei Wiederholungen nicht mitsingt, ist er doch meist gestisch dabei – dirigentisch oder indem er die in Lied oder Übung geforderte Bewegung mit ausführt.

Thematisieren

Gelegentlich gibt der Lehrer die Aufgabe der Koordination und Unterstützung von gemeinsamen Bewegungen der Klasse an einzelne Schüler ab. In diesen Momenten wird das Synchronisieren ‚entselbstverständlicht' und damit aus dem Dunkel der unreflektierten Praxis in den Bereich des Thematisierens und Lernens gehoben. In dem folgenden Beispiel sollen die im Kreis sitzenden Schüler zum Refrain eines Liedes mit Tüchern eine Welle formen:

> ML stoppt nach dem Refrain, erklärt die Reihenfolge der Welle erneut und sucht einen Freiwilligen, der sich in die Mitte stellen und mit der Hand die Wellenbewegung anzeigen soll, so dass jeder weiß, wann er dran ist. Beim Probedurchgang ohne Singen dreht sich der Schüler in der Mitte zu schnell. ML erschwert daraufhin die Aufgabe: der Schüler in der Mitte soll beim Drehen selbst deutlich mitsprechen und bei den anderen Kinder beobachten, ob sie ihre Münder für die Artikulation von „Laola" weit öffnen. Anschließend klärt ML den Text der zweiten Strophe und fängt an zu spielen. Den Ref-

---

5 Die Ambiguität der Leiblichkeit wird durch die Gegenüberstellung von leiblicher und kognitiver Aktivierung (s.u.) nicht in Frage gestellt. Auch im Rahmen der leiblichen Aktivierung ist Wissen gefordert.

rain singen die Schüler allein und der Schüler in der Mitte zeigt dazu die Welle an, aber
wieder sehr schnell und ungleichmäßig. Am Ende beschweren sich die Mitschüler, dass
der Schüler in der Mitte zu schnell war. ML fragt diesen, wer den Mund nicht richtig auf
gemacht hat, worauf er nicht antworten kann. (GD_20.6.; 6. Segment: Liederarbeitung mit
Tüchern)

Der Bereich oder die Ebene des Thematisierens ist dem des Praktizierens gegenübergestellt. In den untersuchten Stunden geht das Thematisieren von *fachlichen*
Aspekten immer vom Lehrer aus. Auch die Schüler machen gelegentlich etwas zum
Thema. Zum Beispiel beschäftigt sich ein Schüler ausführlich mit seinem Stuhl gerade
in dem Moment, in dem gesungen werden soll, oder die Schüler stoßen scherzhaft
Schmerzensrufe bei einer Übung aus, bei der sie ihre Haare anfassen sollen, um in die
richtige Körperaufrichtung zu kommen. Diese Thematisierungen ‚entselbstverständ-
lichen‘ und unterbrechen gleichfalls die Situation, allerdings gerät hierbei das Regel-
system Unterricht in den Blick und nicht das der musikalischen Praxis.

Im Verlauf der Stunden werden durch den Lehrer ganz unterschiedliche Inhalte
thematisiert, wie die richtige Ausführung von Körperbewegungen, der Ausdruck, mit
dem die Schüler singen bzw. singen sollen, das Aufmerksamkeitsverhalten der Schüler, ihr Lernstand, die Gestaltungsqualität etc. Das Thematisieren erfolgt in unterschiedlichen Formen: Der Lehrer stellt Aufgaben, ergreift Maßnahmen (z.B. Umstel-
len der Schüler), verpackt Übungen als Spiel, gibt kritische Rückmeldung oder stellt
Fragen. Diese Formen sowie auch die Weise in der sie jeweils eingesetzt werden, führen zu unterschiedlicher Nachdrücklichkeit und Intensität, mit der dem jeweils The-
matisierten Raum gegeben wird. Nicht immer hat der Betrachter das Gefühl, dass ein
verbaler Hinweis des Lehrers das Angesprochene für die Schüler tatsächlich thema-
tisch werden lässt. Auch ist mit dem Thematisieren in der weniger aufwändigen
Form des bloßen verbalen Hinweises oft die Fortsetzung des Praktizierens verbunden. Der kurze Hinweis unterbricht an diesen Stellen das Praktizieren nicht. Für das
Lernen aber wird von Meyer-Drawe genau eine Unterbrechung – „mit dem Vertrauten zu brechen sowie die Selbstgewissheit zu verlieren und des Geläufigen verlustig
zu gehen" (Meyer-Drawe, 2012, S. 15) – gefordert. Für uns bleiben diese kurzen hin-
eingerufenen Hinweise daher ein Phänomen, dessen Funktion für den Lernprozess
der Schüler in Frage steht.

Die aufwändigeren Formen des Thematisierens unterbrechen den Fluss des Praktizierens dagegen schon. Wenn zur Verbesserung des Kanonsingens die einzelnen
Einsätze des Kanons besprochen werden, wenn die einzelnen Gesten des Dirigates in
ihrer Bedeutung festgelegt und erprobt werden, wird dem Thematisieren viel Zeit
gegeben. Der Unterricht ‚fließt‘ an dieser Stelle weniger, als dass er durch Pausen des
Nachdenkens unterbrochen wird. Die leiblichen Topoi, die nach Oberhaus als ästhetische Qualitäten in der Erfahrung von Musik wirksam werden, stehen hier im Hintergrund: an Stelle von Interkorporalität und Expressivität geht es um begriffliches
Verstehen und Verbalisierung. Diese Tendenz wird von uns als ‚kognitive Aktivierung‘ bezeichnet (s. Grafik), um auf die Elemente von Reflexion und explizitem Wissen zu verweisen. Die damit gesetzte Polarität von leiblicher und kognitiver Aktivie-

rung übergeht die Ambiguität des Leiblichen nicht, grenzt aber das auf theoretisches, explizites Wissen zielende diskursive Lernen von der Ebene leiblichen Tätigseins und leiblichen Lernens ab.[6]

Unterbrechen und Auffordern

Praktizieren und Thematisieren sind durch eine Hin- und Her-Bewegung verbunden. In diesem Hin- und Her entfaltet sich aus unserer Sicht die Hinführung zu einem Verständnis für die eigene Musikpraxis – einem Verständnis, das nicht zu einem Ende kommt, sondern sich immer wieder im Praktizieren aktualisiert und im Thematisieren verändert. Zwischen beiden Phasen vermitteln die Impulse des Unterbrechens und Aufforderns. In den vier beobachteten Stunden liegen die Impulse des Unterbrechens sowie des Aufforderns fast ausschließlich in der Hand des Lehrers. Unterbrechen und Thematisieren gehören eng zusammen, indem der Lehrer typischerweise eine Übung unterbricht, um auf einen bestimmten Aspekt aufmerksam zu machen. Die Aufforderung dagegen steht in engem Zusammenhang mit dem Praktizieren, da sie diesem unmittelbar vorausgeht bzw. es weiterführt. In vielen Situationen erfolgt die Aufforderung nonverbal. Das passt zusammen mit der Beobachtung, dass in diesem Unterricht viele Wiederholungen stattfinden. Die Schüler finden sich in den vertrauten Abläufen, die teilweise rituellen Charakter haben, ohne verbale Hinweise zurecht.

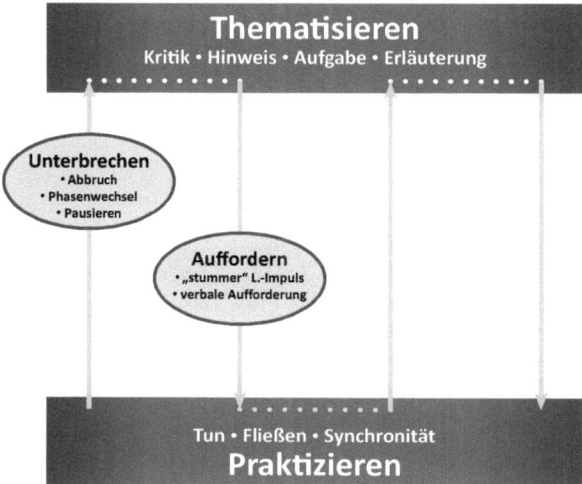

Abb. 2: Die vier Schlüsselkategorien als Modell

---

6   Leibliches Lernen wird z.B. von Liebau (2007) und Rora (2010) als spezifische Lernform beschrieben.

Ein Beispiel

In dem folgenden Beispiel ist die Verschränkung der beiden Ebenen zu sehen, wobei in diesem überwiegend erarbeitenden Unterrichtsabschnitt das Thematisieren im Vordergrund steht. Die Schüler versuchen zum ersten Mal, ein neugelerntes Lied als Kanon zu singen. In dem hier mitgeteilten Abschnitt sollen sie die Phrasenenden innerhalb des Liedes erkennen und beim Singen dort innehalten. Obwohl der folgende Unterrichtsausschnitt insgesamt dem Thematisieren zugeordnet wird, zeigt sich beim näheren ‚Heranzoomen', dass die vier Schlüsselkategorien Praktizieren, Thematisieren, Unterbrechen, Auffordern auch auf der Mikroebene des Unterrichts zu finden sind. Thematisieren geschieht im untersuchten Unterricht demnach als schnelle Abfolge von Praktizieren, Unterbrechen, Thematisieren und Auffordern.

Beschreibung	Konzept	Kategorie	**Schlüsselkategorie**
ML gibt erneuten Einsatz. Dreht sich dann zu Gr. 2 und hilft beim Einsatz und Anfang, wechselt dann zwischen den Gruppen, um einzuhelfen und zu unterstützen. Sch singen rhythmisch einigermaßen synchron, Tonhöhen laufen auseinander.	Nonverbale Unterstützung durch ML	Synchronisation	**Praktizieren**
ML winkt ab; vereinzelte Sch singen weiter;	Beenden	Nonverbaler Impuls	**Unterbrechen**
ML lächelt: „[...]Falle". Er stellt fest, dass noch Unsicherheiten am Ende bestehen: „Dieses Pitsch und Patsch habt ihr noch nicht so ganz. Wir wollen mal, nochmal..."	Diagnose	Bewusstmachen von Gestaltungsqualität	**Thematisieren**
Weil die Schüler laut sind, unterbricht er seine Erklärung: „Psst, N***"	Ruhe herstellen	Aufforderung (Praxis des Unterrichts)	
fährt fort „noch mal gucken...Das ist ja ein vierstimmiger Kanon. Da gibt es vier Möglichkeiten, wo man aufhören kann. Die erste Möglichkeit ist bei ‚kaufen'". Er zeigt mit dem Daumen diese erste Möglichkeit an. „Das machen wir jetzt auch."	Aktivierung von Vorwissen/ Fachbegriff ‚Kanon'	Begriffliches Verstehen	
Er bewegt die Arme wie beim Abwinken und erläutert dazu: (Arm oben) „gelbe Ampel, (Arm zur Seite) rote Ampel, (Hand schließen) anhalten"	gestische Zeichen	Erklärung	
Er gibt den ersten Ton an,	Klangliche Vorgabe	Aufforderung	**Auffordern**

dann singen alle gemeinsam.	synchrone Ausführung körperlicher Aktion	Synchronisation	**Praktizieren**
ML bricht nach erster Phrase ab,	Abbrechen durch ML	Unterbrechung	**Unterbrechen**
deutet mit den Fingern auf seine Ohren: „Denkt daran die richtigen Töne von Anfang an zu singen!"	Aufgabe	Bewusstmachen von Gestaltungsqualität	**Thematisieren**
Er gibt erneuten Einsatz.	Einsatz	Aufforderung	**Auffordern**
Sch singen, bei „kaufen" gibt ML Signal, Sch halten letzte Silbe aus bis ML abwinkt, allerdings hören viele zu früh auf und steigen erst dann wieder ein. ML: „nocheinmal". Der Abschnitt wird wiederholt, die Sch halten letzten Ton nun nach gestischer Vorgabe des ML. Einige Kinder machen Bewegungen des ML nach.	Üben/auf die Probe stellen	Synchronisation	**Praktizieren**
ML winkt ab.	Beenden	Nonverbaler Impuls	**Unterbrechen**
ML fragt: „Auf welchem Buchstaben halten wir den Ton aus?" Er schaut in die Runde, nimmt ein Mädchen dran, die nicht antwortet. Einige Sch melden sich. ML wartet noch, sagt: „Erst mal die Silbe..." Singt „Lau-Fen" Sch sagt: „e n?" ML: „Ja, und mit welchem Buchstaben halten wir aus?" Eine andere Sch: „e". ML: „Das e! – N kommt erst, wenn der Motor ausgeschaltet wir." Er begleitet die Aussage mit der Abwinkbewegung der rechten Hand.	Analyse/Erläuterung	Begriffliches Verstehen	**Thematisieren**
ML: „das machen wir gleich noch mal". Er geht ans Klavier und holt sich die beiden Anfangstöne.	Verbale/klangliche Aufforderung	Aufforderung	**Auffordern**
Die Zeile wird noch mal von allen gesungen.	synchrone Ausführung körperlicher Aktion	Synchronisation	**Praktizieren**
ML winkt wieder bei ,kaufen' ab. Die Sch reagieren einheitlich.	Üben/auf die Probe stellen	Nonverbaler Impuls	**Unterbrechen**
ML: „Gut. – Jetzt heißt das Wort aber nicht ,kaufähn', sondern ,kaufen'. Deshalb dürft ihr nicht lauter singen als vorher. Sonst wars schön."	Lob/Erläuterung	Bewusstmachen von Gestaltungsqualität	**Thematisieren**

Kritische Rückfragen und Ausblick

Die Gegenüberstellung von Praktizieren und Thematisieren mag zunächst unspektakulär und in ihrer Selbstverständlichkeit etwas enttäuschend wirken. Aus dem durch Unterbrechung gekennzeichneten Verhältnis zwischen der diskursiven und der leiblichen Ebene des beobachteten Unterrichts wurde gefolgert, dass es in ihm darum geht, die Schüler ausgehend von einer usuellen Praxis zu einem Verständnis dieser Praxis zu führen. Lassen sich aber die beobachteten alltäglichen Lehr-Lernprozesse über den fokussierten Aspekt hinaus mit der gesamten Konzeption in Verbindung bringen?

Nachdem der verkürzende Blick auf das Modell seine forschungspragmatische Funktion erfüllt hat, eine Operationalisierung zu ermöglichen, gilt es also, einen differenzierteren Blick auf die theoretische Ausarbeitung des Modells bei Kaiser zu werfen. Dieser offenbart, dass der beobachtete Unterricht nicht alle Bedingungen erfüllt, die Kaiser einer didaktischen Realisierung von ‚verständiger Praxis' abverlangt. Kaiser fasst die Bedingungen in drei Dimensionen zusammen: Herstellen, Handeln und Schaffung von Arbeitskraft.

Herstellen	Handeln	Schaffung von Arbeitskraft
Musizieren/Komponieren/Improvisieren Musiktheoretische Orientierungen einbringen Geschichtliches Hintergrundwissen einbringen	Entscheidung zur Herstellung Übernahme der Verantwortung für Herstellung und Produkt Kritischer bzw. bestätigender Selbstbezug	Entwicklung von Klang-Gestalt- und Funktionsvorstellungen Üben/Proben Erarbeitung von produktionsspezifischen Hintergrundwissen Präsentation des Resultats der Arbeit

Abb. 3: Die drei Dimensionen Herstellen, Handeln, Schaffung von Arbeitskraft, die lt. Kaiser erfüllt sein müssen, damit von ‚verständiger Musikpraxis' gesprochen werden kann. (Kaiser, 2001, S. 64)

Während die Dimension des Herstellens und der Schaffung von Arbeitskraft in dem untersuchten Unterricht anzutreffen sind – wenn auch teilweise in sehr geringem Ausmaß, z.B. was das geschichtliche Hintergrundwissen anbetrifft – mangelt es an der Einbeziehung der Dimension eigenverantwortlichen Handelns. Wie hervorgehoben wurde, liegen die Entscheidungen und Impulse der beobachteten Unterrichtsinszenierungen fast vollständig in der Hand des Lehrers. Hier wäre zu untersuchen, ob der Unterrichtsstil mit dem charakteristischen Wechsel zwischen Praktizieren und Thematisieren möglicherweise eigenverantwortliche Entscheidungen der Schüler ausschließt oder ob das Fehlen dieser Dimension in dem Personalstil des Lehrers begründet liegt. Angesichts dieser grundsätzlichen Frage kann die vorliegende Studie nur als ein erster Schritt auf dem Weg zu einer Empirie der Konzeption verständiger Praxis gelten. Ein Nachweis empirischer Beobachtbarkeit ,verständiger Praxis' steht somit noch aus.

Dennoch hat die Studie einen Ertrag: mit der lerntheoretischen Auslegung des Praxisbegriffs ist ein Ansatz zur Systematisierung musikpraktischer Lehr-Lern-Prozesse gefunden. Die Ebenen des Praktizierens und des Thematisierens in ihrem durch Unterbrechung und Impuls gekennzeichneten Verhältnis zueinander bilden ein deskriptives Modell mit dessen Hilfe Erwartungen an den Verlauf musikprakti-scher Lehr-Lernprozesse formuliert werden können. Durch den Anschluss an eine allgemeine Lerntheorie kann darüber hinaus das Modell in Richtung weiterer lern-theoretischer Begriffe ausdifferenziert werden und damit zu einer Weiterentwick-lung didaktischen Denkens beitragen. So können z.B. die beiden lerntheoretischen Dimensionen des Könnens und Wissens, wie sie von Göhlich & Zirfas (2007)[7] ausge-arbeitet wurden, in das Modell hineingestellt werden (s. Grafik).

Abb. 4: Erweiterung des erarbeiteten Modells um die Dimensionen des Können- und Wissenler-
nens

Es macht sich in dieser Möglichkeit produktiv bemerkbar, dass es sich bei den the-matisierten lerntheoretischen Überlegungen um eine genuin pädagogische Perspek-tive auf das Lernen handelt. Anders als psychologisch oder hirnphysiologisch argu-mentierende Lerntheorien wird Lernen in dieser Perspektive als situiertes Lernen angesprochen – gelernt wird von einer konkreten Person in einem konkreten Hier und Jetzt. Da das Subjekt aber nicht gleichzeitig lernen und sein Lernen beobachten

---

7   Die beiden Autoren stellen den beiden hier genannten Dimensionen zwei weitere (Leben
    lernen; Lernen lernen) an die Seite. Vgl. S. 181f.

kann, wie Meyer-Drawe nicht müde wird zu betonen, kommt der Beobachtung situierter Lehr-Lernprozessen von außen besondere Bedeutung zu. Die Blickrichtung des an Prinzipien des Lernens interessierten Forschenden umfasst dabei Schüler und Lehrer und versucht beider, auf das Lernen bezogene Intentionen zu rekonstruieren. Diese Ausrichtung ist praxisrelevant auch im Sinne der Gestaltung und Reflexion von Unterricht wie sie außerhalb wissenschaftlicher Kontexte für Unterricht gefordert sind.

Literatur

Bongaerts, G. (2008). Handelt der Leib? Zum Verhältnis von Handlungstheorie und „Practice Turn". In K.-S. Rehberg (Hrsg.), *Die Natur der Gesellschaft: Verhandlungen des 33. Kongresses der Deutschen Gesellschaft für Soziologie in Kassel 2006.* Frankfurt a. M. http://nbn-resolving.de/urn:nbn:de:0168-ssoar-153687 [05.05.2014].

Glaser, B. G. & Straus, A. L. (2005). *Grounded Theory. Strategien qualitativer Forschung.* Bern: Huber.

Göhlich, M. & Zirfas, J. (2007). *Lernen. Ein pädagogischer Grundbegriff.* Stuttgart: Kohlhammer.

Helms, S., Schneider, R. & Weber, R. (1994). *Neues Lexikon der Musikpädagogik. Sachteil.* Kassel: Bosse.

Kaiser, H. J. (2001). Auf dem Weg zu verständiger Musikpraxis. In K. H. Ehrenforth (Hrsg.), *Musik. Unsere Welt als andere. Phänomenologie und Musikpädagogik im Gespräch.* Würzburg: Königshausen & Neumann.

Koch, L. (2008). Zur Urteilsform des Lernens. Bemerkungen zur Logik des Lernens. In K. Mitgutsch (Hrsg.), *Dem Lernen auf der Spur.* Stuttgart: Klinkhardt.

Liebau, E. (2007). Leibliches Lernen. In Ders., C. Wulf & J. Zirfas (Hrsg.), *Pädagogische Theorien des Lernens.* Weinheim: Beltz.

Meyer-Drawe, K. (1996). Vom anderen lernen. Phänomenologische Betrachtungen in der Pädagogik. In M. Borreli & J. Ruhloff (Hrsg.), *Deutsche Gegenwartspädagogik II.* Baltmannsweiler: Schneider.

Meyer-Drawe, K. (2012). *Diskurse des Lernens.* München: Julius Klinkhardt.

Oberhaus, L. (2006). *Musik als Vollzug von Leiblichkeit. Zur phänomenologischen Analyse von Leiblichkeit in musikpädagogischer Absicht.* Essen: Blaue Eule.

Reuter, O. M. (2012). *Videografie in der ästhetischen Bildungsforschung.* München: kopaed.

Rora, C. (2010). Leibliches Lernen – Präsentative Symbolik. Eine Einführung mit Beispielen aus dem Musikunterricht. *Zeitschrift für Ästhetische Bildung, 2*(1). http://www.zaeb.net [14.05.2014].

Schäfer-Lembeck, H.-U. (Hrsg.) (2005). *Klassenmusizieren als Musikunterricht!? Theoretische Dimensionen unterrichtlicher Praxen.* München: Allitera Verlag.

Vogt, J. (2004). (K)eine Kritik des Klassenmusikanten. Zum Stellenwert Instrumentalen Musikmachens in der Allgemeinbildenden Schule. *Zeitschrift f. kritische Musikpädagogik.* http://home.arcor.de/zf/zfkm/vogt7.pdf [12.05.2014].

Constanze Rora & Cathleen Wiese
Hochschule für Musik und Theater
„Felix Mendelssohn Bartholdy" Leipzig
Dittrichring 21
D-04103 Leipzig
rora@hmt-leipzig.de; cathleen.wiese@hmt-leipzig.de

Jürg Zurmühle & Isabelle Schmied

„Am liebsten wollte ich nur noch zuhören, das konnte ich nicht, weil: ich musste singen"
Eine Untersuchung zum Erleben von Kindern bei ihrer Teilnahme an einem Chorkonzert

"I would just have liked to listen, but I couldn't because: I had to sing". Children's experience of participating in a choral performance

How do children experience participating in a choral performance? What matters most to them? How do they remember and talk about the event? The interview-based study demonstrates that children retain complex memories of such an event and can report on the experience in a differentiated manner, including their self-perception while singing, their social experience, and the various emotions associated with it. They evaluate the songs that were sung, and imbue the venue with meaning. Active participation in a choral performance enables children to share and reflect on music, providing them with a lasting, positively connoted memory of a musical experience.

Einleitung

Das Zitat aus einem Interview mit einem Jungen im Titel führt mitten in eine zentrale Thematik des Musikmachens und des Musikunterrichts hinein: Er war so in das Konzert involviert, dass er am liebsten nur der Musik und im Speziellen der Geigerin, die so schön spielte, gelauscht hätte, was er aber nicht konnte, weil er selbst aktiv mitwirkte, und er konnte dieses Erleben sprachlich erinnern. In dieser Aussage wird deutlich, dass er „sich singend in einer Gruppe wahrnehmen und (seine) Wahrnehmungen sprachlich fassen" kann (Schweizerischer Lehrplan 21; Musik; Kompetenzfeld: Singen und Sprechen) und, in Anlehnung an eine Aussage von Heiner Gembris, Fähigkeiten entwickelt hat „die dazu beitragen, und es uns ermöglichen, Musik emotional zu erleben und kognitiv zu verarbeiten [...]" (Gembris, 2005).

Musikalische Projekte mit Kindern erfreuen sich großer Beliebtheit. Konzertaufführungen als konkretes Ergebnis des Musikunterrichts in der Schule sind, so eine begründete These, für Kinder reichhaltige und bleibende positiv bewertete Erfahrungen, welche das Lernen und Ausüben von Musik motivieren (Cerachowitz, 2012, S. 48). Maria Spychiger formuliert es so: „wer bei seinen musikalischen Aktivitäten erwünschte Wirkungen wie positive Emotionen, Anregung, Beruhigung usw. sowie [...] Verstehen und Einsichten erlebt, wird das entsprechende Verhalten wieder zeigen, weil die Effekte als lohnend erfahren wurden." (Spychiger, 2009). Die Vorbereitungen und die Durchführung einer Konzertaufführung verfolgen exemplarisch das musikpädagogische Ziel „Menschen die Teilhabe an Musik zu ermöglichen und sie zur Musik anzuregen" (Richter, Ehrenfort & Mahlert, 1997, S. 1442).

Die Pilotstudie „evening rise" geht von einem Chorkonzert aus, das Ende Dezember 2010 mit einer „EMOS"-Klasse[1] einer Basler Orientierungsschule mit im Durchschnitt elfjährigen Kinder zusammen mit Studierenden des Instituts Primarstufe der PH FHNW und einem ad hoc-Orchester durchgeführt wurde. Zwei Wochen später wurden die beteiligten Schülerinnen und Schüler in semistrukturierten Interviews befragt.

Die Studie entstand während der Phase des Aufbaus der Forschung am Institut Primarstufe der pädagogischen Hochschule der FHNW und wurde durch die Kooperation mit einer Schule und dem Chor der PH ermöglicht.

In der Untersuchung wurde zum einen der Frage nachgegangen, welche Aspekte des Konzertanlasses sowie der vorangehenden Proben von den Kindern wie benannt und bewertet wurden. Was gefällt den Kindern an einem Konzert, welches sie mitgestalten? Zum anderen wurde untersucht, was die Kinder während des Konzertes von sich selbst und den anderen Kindern wahrnahmen und wie sie ihre Erfahrungen, Gefühle und deren Veränderung beim Konzerterlebnis beschrieben.

Das Erkenntnisinteresse dieser Pilotstudie liegt darin, die konkreten Dimensionen des vielfältigen Erlebens eines Konzertes in thematische Kategorien auszudifferenzieren und zu beschreiben. Dabei sollen sowohl die individuellen Sichtweisen in ihrer Unterschiedlichkeit und Differenziertheit durch die Darstellung von Einzelaussagen als auch die verallgemeinernden zusammenfassenden Abstraktionen durch die Bildung von Kategorien dargestellt werden.[2]

---

1   EMOS-Klassen sind ein Projekt für musikinteressierte Kinder der Stadt Basel, in welchen statt den in den Regelklassen üblichen zwei, fünf Lektionen Musikunterricht pro Woche erteilt werden. Die Gesamtanzahl der Schullektionen erhöht sich dadurch von 29 Stunden auf 31 Wochenstunden. Weitere Informationen zu EMOS-Klassen: http://os.edubs.ch/gellert/ schule/emos-klassen [20.12.2013].

2   Vgl. dazu die Diskussion zu analogen und digitalen Erkenntnisprozessen (Brandstätter, 2013; Mahrenholz, 2011).

Verortung der Studie in der aktuellen Diskussion

Gegenwärtig werden Ansätze, die das Subjekt in den Fokus des Musikunterrichts rücken, in einer wachsenden Anzahl von Publikationen diskutiert (Gruhn, 2003, 2010; Hametner, 2006; Harnischmacher, 2012; Khittl, 2007; Küntzel, 2009). Im Vergleich zu den vielfältigen Konzeptionen des subjektorientierten Musikunterrichts sind qualitative empirische Studien in der Musikpädagogik zum Erleben und zu den Gefühlen der Kinder immer noch rar (Gaul, 2009; Mattenklott & Rora, 2004; Vogt 2012). Das Lernen von Musik ist mit körperlicher Aktivität in sozialen Interaktionen verbunden, die mit Eigenwahrnehmungen und Emotionen einhergehen[3]. Die vorliegende Studie fokussiert auf diese Aspekte und nicht in erster Linie auf die Wirkungen der Musik selbst, obwohl diese selbstverständlich mitspielen. Sie schließt an Untersuchungen über Wirkungen des Chorsingens bei Kindern und Erwachsenen an (z. B. Blank & Adamek, 2010; Bailey & Davidson, 2005; Clift & Hancox 2010; Cross, 2009; Gaul, 2009) und ergänzt diese durch die Schwerpunktsetzung auf ein Chorprojekt, welches als Teil des regulären Schulunterrichts konzipiert wurde.

Methodik der Untersuchung

Aufgrund der Weihnachtsferien wurden die Interviews zwei Wochen nach dem Konzert durchgeführt. Den Schülerinnen und Schülern wurde als Erinnerungshilfe das mit Videokameras aufgenommene Konzert gezeigt und sie wurden gebeten, einen fiktiven Brief über ihr Konzerterlebnis an eine Person zu schreiben, die nicht am Konzert teilnehmen konnte. Alle zwanzig teilnehmenden Kinder wurden danach einzeln mittels Leitfadeninterviews von Dozierenden der PH zu ihren Konzerterlebnissen befragt. Dabei wurde nach bewertenden Aussagen zum Konzert („Hast Du gerne beim Konzert mitgemacht?" „Was hat Dir besonders gefallen?"...), nach dem Befinden („Wie ging es Dir beim Konzert?"), zur Musik („Was hat Dir an der Musik gefallen?") und nach früheren Konzerterfahrungen („Hast Du schon an anderen Konzerten mitgewirkt") gefragt.[4] Die Dauer der Befragungen lag zwischen 9 und 19 Minuten. Die Interviews wurden mit Videokameras aufgenommen, volltranskribiert und analysiert. Die Schülerinnen und Schüler und ihre Eltern unterzeichneten eine Einwilligungserklärung und die Namen der Kinder wurden anonymisiert.

Die Auswertung der Interviews orientierte sich am Verfahren der zusammenfassenden Inhaltsanalyse (Mayring, 2010). Nach den ersten offenen Analysen und Kodierungen von drei Interviews und der Konstruktion eines hierarchischen Kategoriensystems wurden die entstandenen Kodierungen von drei Personen mit Hilfe des Computeranalyseprogramms MaxQDA (Kuckartz, 2010) auf Intercoder-Reliabilität

---

3   Siehe dazu bspw. Bruhn, 2012; Zurmühle, 2012.
4   Die Ausarbeitung des Fragebogens und die Führung der Interviews sehen wir heute sehr kritisch. Siehe dazu das Schlusswort.

(Deckung 61% bei Übereinstimmung der Segmente von über 90%) geprüft. Die so erhaltenen Kategorien wurden als Grundlagen für die Analyse der weiteren Interviews verwendet.

Während des Analyseprozesses zeigte sich, dass einige Zitate der Kinder eine hohe inhaltliche Dichte[5] zeigten und deshalb ein nochmaliges sequenzielles Lesen erforderten. So entstand ein zusammenfassender Überblick durch die Kategorienbildung und einzelne thematische Fokussierungen mit prägnanten Einzelaussagen.

Erlebnisse, Empfindungen und Emotionen sind nicht direkt zugänglich, und deren Versprachlichung bei Kindern setzen Fähigkeiten zur kritischer Selbstwahrnehmung, gut ausgeprägte Gedächtnisleistungen sowie differenzierte sprachliche Ausdrucksfähigkeit voraus. Mit Leitfadeninterviews kann nicht direkt nach dem Erleben gefragt werden, sondern immer nur nach subjektiven Sichtweisen, die sich auf die Erinnerungen auf das Konzert beziehen. Diese formulierte subjektive Sichtweise können wir nicht auf das Erleben direkt zurückführen, sondern nur auf die Kommunikation in der Interviewsituation darüber (Wied, 2010, S. 3). So stellt eine Interviewsituation immer eine Ko-Konstruktion zwischen Interviewenden und Befragten dar (Helfferich, 2004, S. 21).

Ergebnisse

Im Folgenden werden die Ergebnisse der Analyse in thematischen Gruppen (a – h) interviewübergreifend und zusammenfassend dargestellt und durch einzelne prägnante Zitate ergänzt, um die abstrahierten Kategorien in der Sprache der Kinder anschaulich zu konkretisieren und einen Einblick in die Vielfalt der Formulierungen zu geben. Dabei bezeichnen die *kursiv angegebenen Stichworte* einzelne Unterkategorien.

Konzertanlass

Nicht überraschend, aber trotzdem beachtlich war, dass ausnahmslos alle Kinder den *Konzertanlass* als positives Ereignis in Erinnerung behielten und alle gerne an einem weiteren Konzert teilnehmen würden, da den meisten das Singen und Auftreten Spaß bereite. Für andere war es speziell, ein Konzert mit Erwachsenen aufzuführen und dies etwas Neues, etwas zu „Erforschendes" (Sofia) war.

Einige Kinder fanden die intensive *Vorbereitung* sehr positiv, da sie sich in einem Stück sicher fühlten und das Stück dadurch auch gerne sangen. Bei anderen wiederum passierte das Gegenteil und das bereits in den Proben zu viel gesungene Stück wurde für sie uninteressant. Während es einige Kinder genossen, mehr Musik an der

---

5   Das heißt, dass die Aussagen entweder vieldeutig interpretierbar waren oder viele unterschiedliche Aspekte enthielten, die nicht in einem einzelnen Code erfasst werden konnten.

Schule zu haben, fanden es einige Kinder auch problematisch, dass deshalb andere Fächer zu kurz kamen. „Wenn man den ganzen Tag Musik hat, dann ist man irgendwie anders, hat man eine andere Stimmung [...] dann ist man irgendwie fröhlich und dann, wenn man heim kommt, dann singt man auch irgendwie den ganzen Tag.“ (Giosh).

Kritisch war, wenn in der Probe abgebrochen wurde, ohne dass die Kinder verstanden, warum: „[...] wir singen alle, wir haben die Stimme gerade, den Ton, und dann ist da plötzlich alles gerade fertig.“ (Sofia).

Chor

Das *Singen im Chor* machte den meisten Kindern Freude und ging *mit positiven Gefühlen* einher. Im Vergleich zum Spielen mit Instrumenten sei das Singen von vielfältigeren Gefühlen begleitet: „Also beim Klavier hab ich eigentlich kein Glücksgefühl oder so, hatte ich nicht, und Mut hatte ich dann schon ein bisschen, aber beim Singen sind es einfach viel mehr Gefühle, hab ich das Gefühl, so bisschen gemischte Gefühle, von da und von da. [...]“ (Sofia). Interessant war, dass ein Schüler und eine Schülerin das laute Singen als ein intensives Erleben formulierten: „Das ist ein sehr tolles Gefühl. [...] Du bist ganz froh so locker und singst ganz frei.“ (Sabah), oder „Wenn man singt dann [...] fühlt man sich einfach ganz gut, wenn man singt, weil keiner sagt, was man singen muss“ (Ilona).

Viele Kinder bezeichneten die *Mehrstimmigkeit* als „schön“ oder „speziell“, es gefiel ihnen, dass die Stimmen zueinander „gepasst“ haben. Für einzelne Kinder bedeutete das mehrstimmige Singen auch eine Klangerfahrung, die sie sonst in der Schule eher selten machen: „Ja, denn wir in der Klasse haben eigentlich noch fast nie zweistimmig gesungen und bei „Evening“ war's irgendwie fünfstimmig oder so und das fand ich sehr toll; es hat eigentlich sehr speziell getönt.“ (Sofia).

Der *Klang des Erwachsenenchors*, welcher einzelne Stücke auch alleine sang, wurde positiv eingeschätzt: „Wie man hört wie sie die anderen Lieder singen, mit so vielen Stimmen und dann fragt man sich, wie sie das machen, weil es hatte einen Bass, eine hohe, eine mittlere, eine tiefe. Sie haben wirklich sehr schön gesungen.“ (Ilona). Dabei wurden vor allem die tiefen Männerstimmen angesprochen: „Das ist, wie man spürt, wie das Herz klopft, wenn es so tiefe Töne gibt und das finde ich eben toll.“ (Ilona).

Soziale Aspekte

Die häufigsten Zitate (25 Kategorisierungen) wurden zu den *sozialen Aspekten des Singens* im Chor gezählt und es gab keine negativen Bewertungen in dieser Kategorie. Das *gemeinsame Singen* wurde von fast allen Kindern positiv eingeschätzt. Als prototypisch für diese Rückmeldung kann das Zitat von Alena gelten: „Ich war irgendwie sehr froh, weil ähm, so mit allen zusammen zu singen, das hat mir Spaß gemacht“ (Alena).

Von den Kindern wurde betont, dass es während des Singens nicht von großer Bedeutung ist, ob man die anderen Chormitglieder kennt. Zwar gefiel es den Kindern, das Erlebnis mit Freunden und Freundinnen zu teilen[6], *Singen* an sich mache jedoch auch *mit Unbekannten* Spaß: „Es macht einfach Spaß, auch mit anderen Leuten, die du sonst noch nie gesehen hast zu singen." (Selina).

Ein weiterer positiv bewerteter Aspekt ist die wahrgenommene *Sicherheit und der Schutz in der Gruppe.* Die Schülerinnen und Schüler beschrieben, dass sie sich im Vergleich zu anderen Konzerterfahrungen nicht ausgestellt und weniger „aufgeregt" fühlten: „Also mit der Gruppe fühle ich mich wohler. [...] Weil, wenn man einen Fehler macht, dann merkt man es ja gar nicht" (Aalisha). Die *Toleranz bei Fehlern* scheint grösser zu sein. Sie können sich gegenseitig kontrollieren und korrigieren: „wenn einer ein Fehler macht, dann ja kann der andere es und kann vielleicht bei ihm gucken, wie's geht." (Sabah)*.*

Lieder

Im Konzert sangen die Kinder englische und deutsche Lieder. Sie zeigten eine *Vorliebe für Lieder in englischer Sprache*, vermutlich weil sie neuartig oder anders waren und deren Beherrschung zu einem Gefühl erhöhter Kompetenz führten: „Also ich finde mich fast besser, wenn ich englisch singe, als wenn ich deutsch singe."(Selina). Es wurden auch Probleme beim Singen der englischen Texte angesprochen, welche teilweise von Gefühlen der Unsicherheit beim Auftritt und einer damit verbundenen Strategie begleitet wurden: „Da war mir manchmal ein bisschen mulmig, weil also ich kann nicht so gut Englisch. [...] Wenn ich die anderen höre dann probiere ich einfach ein bisschen mit dem Mund nachzumachen und dann find ich eigentlich es tönt auch gut von mir." (Sofia)

Neben den unterschiedlichen Sprachen wurde der *inhaltliche Sinngehalt* der Liedtexte als ein Aspekt für die Beliebtheit/Unbeliebtheit eines Liedes angesprochen. So wurde ein Lied als feierlich, offen für alle Religionen und ansprechend für alle Zuhörenden und Singenden bezeichnet. Positiv wurde auch die erzählerische Struktur eines Liedes erwähnt*:* „Ich fand es toll, weil es ist so wie eine Geschichte." (Vincenz). Zusammenfassend formulierte eine Schülerin: „Ja wenn irgendwie der Text wenn ich den Text nicht so toll finde oder so, dann gefallen sie mir meistens nicht." (Edeline).

Neben diesen sprachlichen Aspekten waren musikalische Eigenschaften der Lieder ein wichtiger Grund für ihre Beliebtheit. Neben *der Melodie* oder der erwähnten *Mehrstimmigkeit* eines Liedes („Es ist halt einfach schön mit den verschiedenen Stimmen." (Livia), wurde *der bewegte Rhythmus* positiv bewertet: „Ja es macht mir eigentlich sehr Spaß so zu singen. Am liebsten hätte ich manchmal mitgetanzt, so ein wenig so mitgeschwungen so. [...] Wenn ich am liebsten mittanzen würde, so in

---

6   Siehe dazu Gaul, 2009, S. 396.

Schwung komme, dann gefällt mir die Musik ganz gut." (Elicio)[7]. Langweilig wurden Lieder beurteilt, welche langsam waren und wenn in ihnen zu viele Wiederholungen ohne Variationen vorkamen.

Einige Lieder waren auch beliebt, weil sie in *der freizeitlichen Beschäftigung mit Musik* eine Rolle spielen und schon vorher bekannt waren: „Also ich finde „Money money" einfach toll, weil es auch von Abba ist und das interessiert mich im Moment" (Sofia).

Orchester

Die *Begleitung des Orchesters* wurde von den Kindern durchwegs positiv empfunden. Die Tatsache, dass das Orchester als Begleitung nicht unbedingt die gleiche Melodie spielen muss wie der Chor und dennoch ein einheitliches Klangereignis entstand, bedeutete für ein Mädchen eine neue musikalische Erfahrung und ein Erkennen von Polyphonie: „Die Melodie kommt mir eigentlich sehr gut vor und manchmal wenn ich das auch singe, dann höre ich die Melodie gar nicht. Ich meine immer, sie spielt das gleiche, wie wir singen, aber das tut sie gar nicht. Also ja auch das gleiche, aber wir singen etwas und die Melodie spielt immer auch etwas aber etwas anders." (Tabea)[8].

Das Orchester und die verschiedenen Dirigierenden halfen, sich zu *orientieren* und das Gefühl für die Musik *und den Rhythmus der Musik besser fühlen* zu können. Das Zusammenspiel mit dem Orchester ermöglichte *neue Erfahrungen mit Musik und Klang*, welche im normalen Musikunterricht nicht gemacht werden können: „Wir sind uns zum Teil halt nur mit dem Klavier gewohnt gewesen und dann die Geigen und dass der Bass dazu war sehr toll (Andrea)." Das Geigensolo wurde von mehreren Kindern als schönes Hörerlebnis genannt, welches auch positive Emotionen hervorrief. Ein Junge fand beim Hören der Geige, die ihm sehr gefiel: „Boahh mh, dann hab ich eben so ein super Gefühl im Magen so. Und dann kribbelt es wie ein wenig, weil ich es so schön finde und dann am Liebsten hätte ich die Augen zu gemacht und hätte nur noch gehört aber ja das hat ich nicht gekonnt, weil: ich musste singen." (Elicio). An diesem Zitat fällt auf, wie differenziert sich Elicio über dieses Hörerlebnis äußert. Er beschreibt eine ganzheitliche Erfahrung, in welcher sich Verbindung zwischen Emotionen, Musik und Körper zeigt. Gleichzeitig blieb er sich aber auch seiner Aufgabe und Verantwortung im Chor bewusst.

---

7   Diese Präferenzen wurden in einer Studien von LeBlanc & MacCarry damit begründet, dass schnelle Musik den motorischen Bedürfnissen der Kinder mehr entspricht (Le Blanc & Mac-Crary, 1983).

8   Wie sich aus dem Kontext des Interviews ergab, meint Tabea mit der „Melodie" die Orchestermusik.

Erlebensintensive Auftrittssituationen

In der Analyse wurden im Kontext der Auftrittssituation die meisten Nennungen von Emotionen kategorisiert. Die *Größe des Publikums* beeindruckte viele Kinder: „Es ist einfach speziell, wenn so viele Leute zuschauen. Wenn man denkt, alle Leute kommen, um einem zuzusehen, wie man dort vorne singt, dann ist das schon toll". (Giosh). Mit der Größe des Publikums stieg auch die Verantwortung, die ein jeder und eine jede Partizipierende trägt. Für die Kinder war es bedeutsam, dass Personen aus ihrem engeren Umkreis, aus ihrer Familie oder öffentliche Personen, mit im Publikum sitzen.

Mehrere Kinder beschrieben eine *Veränderung ihrer Emotionen im Verlauf des Konzertes.* Die unterschiedlichen Benennungen reichten von Angst, Aufregung, sogar Panik vor dem Auftritt bis hin zu grösster Freude, Entspannung und Stolz nach dem Auftritt. Der Begriff „Lampenfieber" wurde nicht explizit genannt, die Kinder beschrieben diese bekannte Gefühl als „Nervosität" oder „Aufgeregt-sein" und sie berichteten von vielfältigen damit verbundenen körperlichen Erfahrungen: Kniezittern, mulmiges Gefühl im Magen, Kribbeln im Bauch, Hitze oder Schlecht-Sein. Während des Singens veränderte sich der Grad der Aufregung. So meinten einige Kinder, dass es „nicht mehr so schlimm" und „auch noch recht toll" war (Tabea) oder dass sie während des Singens „reingekommen" seien: „Das Gute war, dass ich mich nach fünfzehn Minuten viel besser gefühlt habe wie vorher." (Federico). Sie sprachen auch von Glücksgefühlen, vom „Erleichtert-Sein", „Normal-Sein" oder „Müde-Sein", einem Gefühl des Stolzes über die erbrachte Leistung oder von einer körperlich wahrnehmbaren Entspannung.

Kontextaspekte

Für ein Weihnachtskonzert wurde *der sakrale Raum* der Kirche als schön und speziell bezeichnet, die Grösse der Kirche überraschte und *die Akustik* in der Kirche gefiel und die Tatsache, dass man sich dort beim Singen frei fühlen kann. Für einige Kinder war der Raumklang irritierend, da er „widerhallt". Die Aussagen zeigen dass die Kinder ein Bewusstsein dafür haben, dass Musik bzw. Töne in verschiedenen Räumen anders klingen. Negative Aspekte, welcher in Bezug auf den Aufführungsort genannt wurde, waren *das Ausleuchten* weil die Scheinwerfer blendeten und die *kalte Temperatur* in der Kirche.

Das Konzert wurde mit drei Videokameras aufgenommen. Die *Aufnahmesituation* war den Kindern bewusst und wurde zum Teil störend empfunden: „Aber wenn jemand filmt, da komm' ich raus und wenn ich ein Fehler (mache), dann sieht mich jeder und es ist nicht so toll." (Sabah). Anderseits fand eine andere Schülerin dies gerade spannend: „Weil ich es einfach toll finde, auch ich finde es schön, Singen, und toll. Und auch nachher eben wenn man gefilmt wird oder so sich mal sieht. Oder hört." (Edeline).

Zum Rahmen des Konzerts gehörte auch ein *Buffet* nach dem Konzert für alle Personen. Nach dem Konzert kann das Erlebte gemeinsam mit den Zuhörern besprochen und gefeiert werden, bevor die Einzelnen wieder in den eigenen Alltag zurückfinden.

Über das *nochmalige Video-Anschauen,* welches vor den Interviews als Auffrischung der Erinnerung gezeigt wurde, fielen die Reaktionen in den Interviews unterschiedlich aus. Es war einerseits interessant, weil bestimmte Aspekte erst aus der Außenperspektive wahrgenommen werden konnten, anderseits war es störend, wenn die im Konzert erlebte Selbstwahrnehmung nicht mit dem später gesehenen Bild übereinstimmt: „Ich sah auf dem Video nicht besonders gut aus. Ich habe ziemlich gelacht als wir in der Aula waren, mein Gesichtsausdruck der war irgendwie schrecklich, so ganz stur, und ich habe immer mega ernst auf den Dirigenten geschaut und ja eigentlich ist's noch gut, aber irgendwie zu ernst. I: Hast du gedacht du hättest anders ausgesehen //ja// B: Viel fröhlicher." (Elicio). Viele Schülerinnen und Schüler fanden es eher „komisch" oder „unangenehm", sich selbst noch einmal betrachten zu müssen und sie sahen sich selbst im Video kritisch.

Lust und Ideen für weitere Konzerte in dieser Form

Alle befragten Kinder bejahten die Frage, ob sie an einem weiteren Konzert in diesem Rahmen wieder mitwirken möchten. Das Konzert führte bei den Kindern zu einer *Motivation für weitere Projekte.* Sie formulierten als Verbesserungsvorschlag für ein mögliches weiteres Konzert an, mehr Bewegung zur Musik einzubeziehen und verschiedene Musikstile zu präsentieren. Weitere Vorschläge, die gemacht wurden bezogen sich auf Aspekte, die schon während dieses Konzerts von vielen Kindern positiv bewertet wurden. So wurde wiederum gewünscht, dass Erwachsene und Kinder zusammen singen und dass wieder verschiedene Instrumente den Gesang begleiten.

Schlussfolgerungen

Die Analyse zeigte bezogen auf die Fragestellungen erstens, dass den Kindern durch ein Chorkonzert sehr viele unterschiedliche Erfahrungs- und Lernfelder zugänglich gemacht wurden und sie sich daran auch nach einer Pause von zwei Wochen detailliert erinnern können. Die positiven Einschätzungen der Chorerfahrungen und des Singens korrespondieren mit vorliegenden Studienergebnissen (Adamek, 1996; Clift & Hancox, 2010; Gaul, 2009). Die häufig genannten sozialen Aspekte des Konzertes als gemeinschaftlich verantwortete Tätigkeit für ein Publikum wurde von den Kindern deutlich positiv engeschätzt. Die unterschiedlichen Aspekte scheinen für die Kinder gleichwertig bedeutsam zu sein, was für den Unterricht wichtig sein kann. Neben den musikalischen und sozialen Themen sind die Kontexte wie die Empfindungen bei einem Auftritt, der Raum, das Publikum und der Abschluss des Anlasses usw. in der Organisation eines Konzertes sorgfältig zu berücksichtigen und mit den Kindern zu thematisieren.

Zweitens konnten die Schülerinnen und Schüler, ihre Wahrnehmungen in einer sehr differenzierten, selbstkritischen und individuellen Weise formulieren. Sie nahmen die Situation und sich selbst im Konzert sehr genau wahr und fanden passende sprachliche Ausdrucksformen. Dies weist auf einen hohen Grad von Reflexivität hin, der im Unterricht berücksichtigt werden muss. Die Kinder machen nicht nur Musik, sondern sie nehmen diese, den Kontext und sich selbst dabei auch sehr genau wahr und können darüber sprechen, wenn sie dazu die Zeit und die Gelegenheit haben. Die Analyse unterstützt die Forderung der Thematisierung von subjektivem Empfinden und Gefühlen im Musikunterricht. Lampenfieber ist ein Thema, das mit den Kindern vor einer Auftrittssituation behandelt werden sollte.

Obwohl der zeitliche Abstand zwischen Konzert und Interviews groß war, erinnerten sich die Kinder angeregt durch das Video und das Verfassen des Briefes, erstaunlich gut an den Abend. Kritisch beurteilen wir die Konzeption des Interviewleitfadens (zu unklare und zu offene Fragen) und die Interviewführung durch zum Teil unerfahrene Personen.

Perspektive

Im deutschsprachigen Raum beginnt sich die empirische und qualitative Forschung mit Blick auf die Kinder als handelnde und reflektierende Subjekte zu etablieren. An den pädagogischen Hochschulen in der Schweiz steht sie noch sehr am Anfang. Die Studie hat uns bestärkt, weiterhin Projekte zu begleiten, welche von Lehrpersonen in Schulen initiiert werden und dabei möglichst sorgfältig und genau hinzuschauen, was im Musikunterricht genau geschieht. Die methodische Herausforderung besteht darin, eine Balance zu finden zwischen einem offenen Zugang, der es ermöglicht, sich von der anzutreffenden Vielfalt überraschen zu lassen und einer notwendigen Fokussierung des forschenden Blicks auf Zusammenhänge und Ordnungen.

Kinder haben zu ihrem eigenen Erleben von Musik und zu sich selbst als Handelnde in und mit Musik etwas zu sagen. Wenn wir als Musikpädagoginnen und Musikpädagogen diesen begründeten und differenzierten Meinungen zuhören, kann dies für die Entwicklung von schülerzentriertem, subjektorientiertem und individualisiertem Musikunterricht in der Schule wertvolle Hinweise geben.

Literatur

Adamek, K. (1996). *Singen als Lebenshilfe – Zur Empirie und Theorie von Alltagsbewältigung.* Münster: Waxmann.

Bailey, B. A. & Davidson, J. W. (2005). *Effects of group singing and performance for marginalized and middle-class singers.* http://pom.sagepub.com/content/33/3/269.full.pdf+html [29.4.2014].

Blank, T. & Adamek, K. (2010). *Singen in der Kindheit, eine empirische Studie zur Gesundheit und Schulfähigkeit von Kindergartenkindern und das Canto elementar-Konzept zum Praxistransfer*; (eine Veröffentlichung des Canto-Forschungsinstituts). Münster: Waxmann.

Brandstätter, U. (2013). *Erkenntnis durch Kunst: Theorie und Praxis der ästhetischen Transformation.* Köln: Böhlau.

Bruhn, H. (2012). Musik und Gefühl als Objekt und Gestaltqualität einer Wahrnehmungshandlung. In M. Krause (2012), *Musik und Gefühl. Interdisziplinäre Annäherungen in musikpädagogischer Perspektive* (S. 89–111). Hildesheim: Olms.

Cerachowitz, C. (2012). *Musizieren – Zentrum des Musiklernens in der Schule.* Augsburg: Wissner.

Clift, S. & Hancox, G. (2010). The significance of choral singing for sustaining psychological wellbeing: findings from a survey of choristers in England, Australia and Germany. *Music Performance Research 3*(1), 79–96 [29.4.2014].

Cross, I. (2009). The evolutionary nature of musical meaning. *Musicae Scientiae 13,* 179–200.

Gaul, M. (2009). *Musikunterricht aus Schülersicht: eine empirische Studie an Grundschulen.* Mainz [u.a.]: Schott Music.

Gembris, H. (2005). Die Entwicklung musikalischer Fähigkeiten. In H. de la Motte-Haber & G. Rötter (Hrsg.), *Handbuch des systematischen Musikwissenschaft, 3* (Musikpsychologie). Laaber: Laaber.

Gruhn, W. (2003). *Kinder brauchen Musik: Musikalität bei kleinen Kindern entfalten und fördern.* Weinheim: Beltz.

Gruhn, W. (2010). *Anfänge des Musiklernens: eine lerntheoretische und entwicklungspsychologische Einführung.* Hildesheim: Olms.

Hametner, S. (2006). *Musik als Anstiftung: Theorie und Praxis einer systemisch-konstruktivistischen Musikpädagogik, 1. Erkenntnistheoretische Grundlagen, didaktische Prinzipien, Interventionsformen* (1. Aufl.). Heidelberg: Auer.

Harnischmacher, C. (2012). *Subjektorientierte Musikerziehung: eine Theorie des Lernens und Lehrens von Musik* (2., unveränd. Aufl.). Augsburg: Wißner.

Helfferich, C. (2004). *Die Qualität qualitativer Daten – Manual für die Durchführung qualitativer Interviews.* Wiesbaden: VS Verlag für Sozialwissenschaften.

Khittl, C. (2007). *„Die Musik fängt im Menschen an“. Anthropologische Musikdidaktik: theoretisch – praktisch.* Bern: Peter Lang.

Krause, M. (2012). *Musik und Gefühl. Interdisziplinäre Annäherungen in musikpädagogischer Perspektive.* Hildesheim: Olms.

Kuckartz, U. (2010). *Einführung in die computergestützte Analyse qualitativer Daten.* Wiesbaden: VS Verlag für Sozialwissenschaften.

Küntzel, B. (2009). *Musikunterricht.* Baltmannsweiler: Schneider Verlag Hohengehren.

Le Blanc, A. & MacCrary, J. (1983). Effects of Tempo on Children's Music Preferences. *Journal of Research in Music Education 31*(4), 283–294.

Liessmann, K. P. (2009). *Ästhetische Empfindungen: eine Einführung.* Wien: Facultas.

Mahrenholz, S. (2011). *Kreativität: eine philosophische Analyse.* Berlin: Akademie Verlag.

Mattenklott, G. & Rora, C. (Hrsg.) (2004). *Ästhetische Erfahrung in der Kindheit – theoretische Grundlagen und empirische Forschung.* Weinheim und München: Juventa Verlag.

Mayring, P. (2010). *Qualitative Inhaltsanalyse – Grundlagen und Techniken.* Weinheim und Basel: Beltz.

Richter, C., Ehrenfort, K. H. & Mahlert, U. (1997). Musikpädagogik. In L. Finscher (Hrsg.), *Die Musik in Geschichte und Gegenwart* (MGG), Sachteil (Vol. 6). Kassel, Stuttgart: Bärenreiter Metzler.

Schweizerischer Lehrplan 21; Musik; Kompetenzfeld: Singen und Sprechen. http://konsultation.lehrplan.ch/index.php?nav=180%7C41%7C1&code=b%7C8%7 C0%7C1%7C1 [27.12.2013].

Spychiger, M. (2009). *„Man kann nur aus dem Ärmel schütteln, was vorher da hineingesteckt wurde". Strukturen und Entwicklungen im Forschungsfeld des musikalischen Lernens.* Eröffnungvortrag im Jahrbuch der Deutschen Gesellschaft für Musikpsychologie (S. 7–39). Göttingen: Hogrefe.

Vogt, J. (2012). Musikpädagogik und Gefühl. Zur Geschichte und Gegenwart eines problematischen Verhältnisses. In M. Krause & L. Oberhaus (Hrsg.), *Musik und Gefühl – Interdisziplinäre Annäherungen in musikpädagogischer Perpektive.* Hildesheim: Olms.

Wied, V. (2010). Beobachtung individuellen Nachdenkens – eine Unmöglichkeit? Eine systemtheoretische Herangehensweise für die Auswertung von Interviews in empirischer Musikpädagogik. *Beiträge empirischer Musikpädagogik, 1*(2). http://www.bem.info/index.php?journal=ojs&page=article&op=view&path%5B%5 D=40 [29.4.2014].

Zurmühle, J. (2012). Lernberatung als Chance für die Thematisierung von Emotionen beim Lernen von Musik. In D. Wrana & R. C. Maier (Hrsg.), *Professionalisierung in Lernberatungsgesprächen. Theoretische Grundlegungen und Empirische Untersuchungen* (S. 215–248). Opladen: Barbara Budrich.

Prof. Jürg Zurmühle
Musikpädagogik Institut Primarstufe
Pädagogische Hochschule der FHNW
Kasernenstrasse 31
CH-4410 Liestal
juerg.zurmuehle@fhnw.ch; isabelle.schmied@fhnw.ch

Daniel Mark Eberhard & Rudolf-Dieter Kraemer

Augsburger Projekte und Initiativen zur Musikvermittlung
Versuch einer gründlichen Dokumentation

Augsburg Projects and Initiatives for Music Appreciation. Attempting a thorough documentation

The focus of the "Augsburg Projects and Initiatives for Music Appreciation" study is the first-time survey and documentation of the current academic and extracurricular music appreciation projects in the core city of Augsburg. The basis for this data is derived from the assessment of written and verbal expert questionnaires as well as from supplemental internet research. This research project in the "Mozart City" Augsburg thus pursues several goals: The systematic representation of the heterogeneous activities in the area of music appreciation can promote improved networking among the participants and interested parties. At the same time, research in regional music education as well as research in the area of music appreciation shall be enriched by innovative facets.

Problemstellung und Forschungsstand

In den letzten Jahren ist ein zunehmendes Interesse an Fragestellungen und Angeboten zur Musikvermittlung feststellbar, aus wissenschaftlicher Perspektive abzulesen an zahlreichen Tagungen[1] zum Thema „Musikvermittlung", an Veröffentlichungen[2]

---

1   Z.B. „Europäische Mozart Wege zur Vermittlung von Musik", Salzburg 2011; „For Adults only – Musikvermittlung für Erwachsene", Berlin 2011; „Vermittlungskunst. Tagung zur Qualität und Evaluation von pädagogischen Initiativen in Neuer Musik", Saarbrücken 2011; „Musikvermittlung – auf dem Weg zur Partizipation", Zürich 2012; „Musikvermittlung wozu?", Düsseldorf 2013; „Kulturen. Vermitteln. Musik", Linz 2013; „Konzertpädagogik", Trossingen 2014.

2   Siehe nachfolgende Auswahl: Allwardt (2010), Arenhövel (2012), Dartsch (2012), Hüttmann (2009), Kertz-Welzel (2007), Mandel (2008), Noltze (2010), Richter (2008), Schmidt (2012), Schneider (2011), Stiller (2002, 2008), Tröndle (2008), Vogt & Gerards (2007), Wimmer (2010); Außerdem: Themenschwerpunkt in den Zeitschriften: „zeitschrift ästhetische bildung". Jg. 4, Nr. 1: Vermittlung zwischen Werk und Rezipient. http://www.zaeb.net

zur (außerschulischen) Musikvermittlung und der Einrichtung neuer Bachelor- und Masterstudiengänge[3] mit unterschiedlichen musikpädagogischen Schwerpunktsetzungen. Ein Anlass für die Einrichtung des Masterstudiengangs „Musikvermittlung/ Konzertpädagogik" am Leopold-Mozart-Zentrum der Universität Augsburg war das auffällig große Musikvermittlungsangebot in der musikhistorisch bedeutsamen „Mozartstadt"[4]: Neben die üblichen Formen des Konzertbetriebes treten Initiativen, um Kinder, Jugendliche und Erwachsene durch Aufmerksamkeit erregende Projekte für Musik zu interessieren. Bislang fehlte jedoch eine Übersicht derartiger Angebote und Aktivitäten, unserem Kenntnisstand nach auch in anderen Städten und Regionen. Zwar verfügt die Universität Augsburg über regionale Forschungsinstitute[5] und zum Aufgabenfeld der Professur für Musikwissenschaft zählt die Regionalforschung[6], dennoch gibt es bislang keine entsprechende Ausrichtung auf musikpädagogische Fragestellungen.

Erkenntnisinteresse und Ziele

Das vorrangige Ziel der Arbeit war, Musikvermittlungsangebote in der Kernstadt Augsburg möglichst vollständig zu erfassen, zu systematisieren und zu dokumentieren. Beabsichtigt war damit einerseits, die vermutete Fülle an Aktivitäten transparenter zu machen, andererseits, die Informationen der breiten Öffentlichkeit sowie im Besonderen Musikpädagogen, Künstlern, Wissenschaftlern, Politikern etc. zugänglich zu machen. Über die Publikation der Daten soll zudem die Vernetzung von Akteuren und Zielgruppen gefördert werden. Gleichzeitig sollen die Ergebnisse der Studie zur Klärung der Frage beitragen, inwiefern die städtische Dachmarke „Mozartstadt" abseits ihrer historischen Bezugnahme auf den Musikvermittler Leopold Mozart aus heutiger musikpädagogischer Sicht gerechtfertigt erscheint. Weitere Ziele waren, Forschungen im Bereich der Musikvermittlung um innovative Facetten zu bereichern und Impulse für eine musikpädagogische Regionalforschung zu geben. Für die Durchführung der Untersuchung wurde ein umfassendes Verständnis des

---

[18.12.2013]; Diskussion Musikpädagogik 54/2012: Musikvermittlung als Aufgabe der Musikpädagogik; üben & musizieren 6/2006: Musikvermittlung.

3   Die Universität Erfurt bietet z.B. den Bachelorstudiengang „Musikvermittlung" für pädagogische Berufe an, die Universität Köln für außerschulische musikpädagogische Berufe, die Musikhochschule Hannover den Masterstudiengang „Musikforschung und Musikvermittlung" für Berufe in akademischer Forschung und Lehre, Bibliotheken, Archiven und Verlagen. An der Musikhochschule Münster als eigener Fakultät der Universität wird ein Masterstudiengang „Musik und Vermittlung" angeboten.

4   Vgl. Grünsteudel, Hägele, Frankenberger (o.A.).

5   Siehe Institut für Spanien-, Portugal- und Lateinamerika-Studien sowie Institut für Kanada-Studien.

6   Die Universität Augsburg verfügt über die bedeutsame Musiksammlung der Oettingen-Wallersteinschen Bibliothek.

Begriffs „Musikvermittlung" zugrunde gelegt. Er umfasst die formale und informelle Weitergabe musikbezogener Fähigkeiten, Fertigkeiten und Kenntnisse und bezieht – im Gegensatz zur häufigen Eingrenzung auf „Konzertpädagogik" – sämtliche schulische und außerschulische Bildungskontexte mit ein (vgl. Oberhaus, 2013).

Fragestellungen

Die zentrale Fragestellung des Forschungsprojekts lautete: Welche Projekte und Initiativen zur Musikvermittlung existieren aktuell in Augsburg? Eine Ausdifferenzierung erfolgte nach folgenden Kategorien:

Welche Projekte und Initiativen zur Musikvermittlung existieren

- an allgemein bildenden Schulen?

- an Musikschulen?

- an der Universität Augsburg?

- in außerschulischen Kontexten?

Methodisches Vorgehen

Ausgangspunkt für die Datensammlung war eine explorative schriftliche Expertenbefragung von Musikpädagogen, Musikern und Verantwortlichen, die in den letzten Jahren im Bereich der Musikvermittlung in besonderer Weise, d.h. durch Medienpräsenz, Wettbewerbsauszeichnungen, Mund-zu-Mund-Propaganda etc. hervorgetreten sind. Durch die offenen Antwortkategorien in dem online versandten Fragebogen konnten die Projektkurzbeschreibung sowie Angaben zur impulsgebenden Idee, zu den Zielen, den Adressatengruppen, den Beteiligten, den besonderen Leistungen und Effekten und zur Kategorie „Sonstiges" im Hinblick auf aktuelle Projekte und Initiativen zur Musikvermittlung erfasst werden. Der Fragebogenrücklauf (n=45) wurde ergänzt durch eine eigene Internetrecherche sowie durch vertiefende mündliche und schriftliche Befragungen per E-Mail (n=29) zum historischen und aktuellen Musikleben in Augsburg, ferner zu institutionellen und strukturellen Hintergründen (vgl. Eberhard & Kraemer, 2013, S. 10–11). Die mündlichen Befragungen der in das Sample einbezogenen Personen erfolgten teilstandardisiert in direkten oder telefonisch geführten Einzelgesprächen (vgl. Bortz & Döring, 2003, S. 237–253). Die Befragungen per Mail beinhalteten gezielte Fragen zur Ergänzung, zur Beseitigung von Verständnisschwierigkeiten oder zur Berichtigung und orientierten sich methodisch an den Empfehlungen von Bortz & Döring (2003, S. 260–261) sowie Atteslander (2006, S. 156–160). Im Anschluss an die durch den Methodenmix gewonnene Datensammlung (vgl. Atteslander, 2006, S. 158) erfolgte eine Systematisierung der Antworten nach unterschiedlichen Kategorien (siehe Ergebnisse).

Ergebnisse

Sowohl in quantitativer als auch in qualitativer Hinsicht zeigt die Auswertung der Datensammlung ein eindrucksvolles Spektrum an Aktivitäten im Bereich der Musik-vermittlung in der Kernstadt Augsburg auf, das vielfältige Facetten musikalischer und musikpädagogischer Auseinandersetzung umfasst. Die Kategorisierung erfolgte vorrangig nach institutionellen Aspekten, des Weiteren im Hinblick auf Zielgruppen und musikalische Umgangsweisen (Venus, 1969).

Kategorisierung nach institutionellen Aspekten

1. *Vermittlungsprojekte und -initiativen an allgemein bildenden Schulen*: Angebo-te des Projekts MEHR MUSIK!, der Stadt Augsburg und des Theaters Augs-burg; Schulprojekte; Angebote für Lehrer; Sonstiges.
2. *Vermittlungsprojekte und -initiativen in außerschulischen Kontexten*: Ensem-bles (instrumental, vokal, multimedial-experimentell, szenisch); Festivals, Konzerte; Instrumentenbau/Musikalienhandel/Verlagswesen; Musik- und Tanzausbildung; Angebote des Projekts MEHR MUSIK!, der Stadt Augsburg, des Theaters Augsburg, der Kirchen, der Vereine; frühkindliche, musikthera-peutische, inter- und transkulturelle Angebote; Wettbewerbe; Sonstiges.
3. *Vermittlungsprojekte und -initiativen an Musikschulen*: Unterrichtsangebote, Konzerte und Ensembles der Sing- und Musikschule Mozartstadt Augsburg; private Einrichtungen und Initiativen, z.B. Downtown Music Institute, Musik-freizeit „Let's Rock", „Unsere Show", Musikwerkstatt Augsburg e.V.
4. *Musikausbildung an der Universität Augsburg*: künstlerische/künstlerisch-pädagogische, musiktherapeutische Projekte; musikpädagogische und mu-sikwissenschaftliche Forschungsprojekte; universitäre Ensembles; Tagungen, Vorträge, Workshops, interdisziplinäre Veranstaltungen, Gesprächskonzerte; musikhistorische Stadtführungen; Wettbewerbe; Kinderuniversität; musikpä-dagogische Bachelor- und Master-Studiengänge.

Die Kategorisierung nach Zielgruppen berücksichtigte Kinder, Jugendliche, Erwach-sene, Studierende und Lehrende. Die Kategorisierung nach musikalischen Umgangs-weisen erfolgte mit Hilfe der Termini Produktion, Reproduktion, Transposition, Re-flexion und Rezeption.

Ein rein quantitativer Vergleich der einzelnen Kategorien würde die tatsächlichen Verhältnisse verzerren, da der Rücklauf in Bezug auf Umfang, Detailliertheit und Schwerpunktsetzung sehr heterogen war. Zudem stellte sich die Informationslage in bestimmten Bereichen (z.B. interkulturelle Musikvermittlung, privater Instrumental-/Vokalunterricht, Projekte an Schulen) nur bedingt transparent dar. Deutlich wurde insgesamt, dass eine vollständige Erfassung sämtlicher Angebote und Initiativen nicht möglich ist, weshalb die Publikation in Anlehnung an die Erstausgabe des berühmten „Versuch[s] einer gründlichen Violinschule" von Leopold Mozart aus dem Jahr 1756 den Untertitel „Versuch einer gründlichen Dokumentation" trägt. In der Studie konnte nachgewiesen werden, dass viele Einrichtungen namentlich als auch inhaltlich auf die Personen Leopold und Wolfgang Amadé Mozart Bezug nehmen[7] und die Bezeichnung „Mozartstadt" auch aus heutiger musikpädagogischer Perspektive gerechtfertigt ist.

Untersuchungsdesign

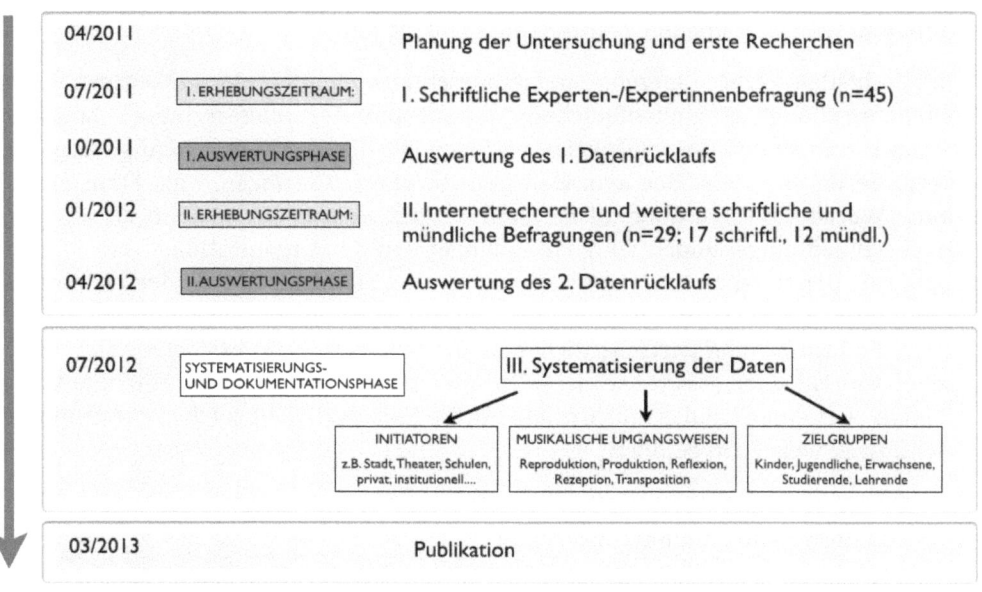

Abb. 1: Untersuchungsdesign

---

7   In Augsburg existieren z.B. das „Leopold-Mozart-Zentrum", das „Leopold Mozart Kuratorium", der „Mozartchor", die „Sing- und Musikschule Mozartstadt Augsburg", die „Internationale Leopold Mozart Gesellschaft", der „Internationale Violinwettbewerb Leopold Mozart", die „Deutsche Mozart Gesellschaft", das Musikfestival „mozart@augsburg".

Laufzeit und Finanzierung

Die Laufzeit des Forschungsprojekts erstreckte sich vom Beginn der Planungen im April 2011 bis zur Veröffentlichung der Dokumentation im März 2013. Finanziert wurde es anteilig durch die Stadt Augsburg sowie durch die Kurt Bösch Stiftung und das Leopold-Mozart-Zentrum der Universität Augsburg.

Weiterführende, forschungsrelevante Aspekte

Die Ergebnisse des dargestellten Forschungsprojekts können über die regionale Bedeutung für die Stadt Augsburg hinaus verschiedene Perspektiven für weiterführende musikpädagogische Forschungsarbeiten eröffnen:

Impuls für eine musikpädagogische Regionalforschung

In den beiden letzten Jahrzehnten entstanden an vielen Standorten Zentren für „Regionalforschung", „Regionenforschung", „Stadt- und Regionalforschung", „Lokal- und Regionalforschung". Beispielsweise verfügen die Universitäten in Augsburg, Bamberg, Berlin, Bielefeld, Bochum, Erlangen-Nürnberg, Göttingen, Kiel, Münster, Salzburg, Würzburg, Wien über solche Institute. Auf welche Weise sie in die jeweiligen Hochschulen eingebunden sind, ist abhängig von der Organisations- und Personalstruktur. Dementsprechend unterschiedlich sind sie als größere oder kleinere Einrichtungen ausgelegt und können unterschiedliche Aufgaben erfüllen: Sie betreffen etwa die Erforschung wirtschaftlicher, städtebaulicher, verkehrstechnischer, historischer, touristischer, geografischer, kultureller, politischer Probleme einer Stadt, einer Region oder eines Landes.[8] Als Gründe für die Notwendigkeit solcher Forschungseinrichtungen werden angeführt:

–   Die Forschungsergebnisse kommen der jeweils ausgewählten Region für Planung und Entwicklung unmittelbar zugute.

–   Aufgrund des transdisziplinären und integrativen Ansatzes erhoffen sich die Zentren eine intensivere Zusammenarbeit der Fächer (Synergieeffekte), eine optimalere Ausschöpfung der Ressourcen und eine stärkere Partizipation an nationalen und internationalen Forschungsmitteln. Regionalzentren können dazu beitragen, dass insbesondere kleinere geisteswissenschaftliche Fächer überleben.

–   Die Orientierung auch auf angewandte Forschungsthemen ermöglicht in der Lehre die Integration berufsqualifizierender Aufgaben.

---

8   Das neu gegründete Institut für Regionalforschung in Bielefeld ist z. B. in folgende Unterabteilungen aufgegliedert: Region, Wirtschaft, Arbeit, Bildung und Forschung, Tourismus, Kultur, Ostwestfalen-Lippe.

- Es wird auf die Funktion einer Regionalforschung für die Vermittlung zwischen den Kulturen in einer Zeit wachsender Interdependenz und Diversität auf engem Raum verwiesen.[9] Kultur und kulturelle Prozesse haben wesentlich eine regionale Dimension. Sie sind in Netzwerken interregional organisiert und haben gleichzeitig eine wechselseitige globale Dimension, die im Zusammenwirken unterschiedlicher Disziplinen zu erforschen sind.

Es spricht Vieles dafür, dass sich Musikpädagogen an solchen Regionalforschungsinstituten beteiligen. Eine regionale Perspektive erscheint vor dem Hintergrund der Auseinandersetzung mit den Fachkulturen an Wissenschaftlichen Hochschulen bei der Konferenz der Musikpädagogen an Wissenschaftlichen Hochschulen[10] auch für Musikpädagogen ratsam. Als Strategie einer Anerkennung des Fachs Musikpädagogik auf der akademischen Leiter an wissenschaftlichen Hochschulen wurde erkannt, dass die forschende Kooperation mit den übrigen Disziplinen für das lehramtsorientierte Fach nur von Vorteil sein kann.

Impulse für neue musikpädagogische Fragestellungen

- Die Biographieforschung erfährt durch eine regionspezifische Fokussierung neue Impulse.[11]

- Bei der historischen Aufarbeitung der Institutionen, Verbände, Vereine kann eine Hinwendung und Forcierung musikpädagogischer Aspekte nachgewiesen werden. Ursprünglich ausschließlich musikwissenschaftlich oder künstlerisch ausgerichtete Einrichtungen werden um musikpädagogische Aspekte bereichert. Das Theater etwa ist einer der aktiven Zentren für Musikvermittlungsprojekte. Der Musikalienhandel bietet Workshops an, in denen Vermittlungsaspekte eine Rolle spielen.

- Im Augsburger Raum existieren über 100 vokale und instrumentale Ensembles, die zur Sicherung des Nachwuchses Musikvermittlungsangebote bereitstellen. Dazu gehören auch Wettbewerbe von Vereinen und Verbänden mit begleitenden Schulungen.

- Vorgestellt werden nahezu 100 aktuelle Musikvermittlungsprojekte, deren innovativer Charakter Anlass dazu gibt, die Diskussion über Unterrichtsmethoden und Unterrichtsinhalte sowie Strategien des Lehrens und Lernens neu zu entfachen.

---

9   Vgl. Puhle (2005): Der Autor verweist in seinem Beitrag auf die Kehrtwendung des Wissenschaftsrats über den Nutzen der Regionalforschung.
10 Vgl. Kraemer (2013).
11 Vgl. Oberhaus (2012): Der Autor verweist auf Hermann Danuser: „Überall dort, wo menschliches Handeln musikhistorische Relevanz besitzt – bei der Institutionengeschichte, der Aufführungspraxis, der Gattungsgeschichte, den Instanzen von musikalischer Tradition insgesamt, ist auch die Biographik gefordert."

– Die Dokumentation listet Festivals, Konzertreihen, Musikveranstaltungen, Musikalienhandel, Instrumentenbau, Museen, Kirchen, Verlagswesen und beleuchtet die Einrichtungen im Blick auf Musikvermittlungsangebote. So wird bspw. auf Musikvermittlung in Museen und entsprechende Forschungsprojekte und deren Nutzen für die Präsentation musikwissenschaftlicher und musikpädagogischer Forschung sowie musikalischer Praxis im öffentlichen Raum verwiesen.

– Die Studie erinnert daran, dass musikalische Bildung und Ausbildung keine ausschließliche Angelegenheit der Hochschulen und Schulen ist, sondern eine Vielzahl von Institutionen und Vereinigungen betrifft.

– Da sich neue Bachelor- und Master-Studiengänge mit Musikvermittlungsproblemen befassen, könnten durch die Studie neue Inhalte in Studium, Forschung und Lehre angeregt werden.

– „Musikvermittlung" gilt als ein zentraler Begriff der Musikpädagogik. Durch die Auseinandersetzung mit lokalspezifischen Projekten und Initiativen erfährt er gleichermaßen eine Konkretisierung und Erweiterung.

– Veränderungen auf kommunaler und regionaler Ebene werden angestoßen.

– Das Kapitel „Inter- und transkulturelle Musikvermittlung in der Migrationsstadt Augsburg" widmet sich Künstlern und Musikpädagogen mit Migrationshintergrund, Ensembles, Vereinen, besonderen Projekten des inter- und transkulturellen Dialogs und deren Musikvermittlungsfunktion. Derzeit entsteht eine Examensarbeit zu „Interkulturelle Musikvermittlung in Augsburg", in der die jeweiligen interkulturellen Angebote aufgrund der besonderen Situation in Augsburg[12] einer genaueren Erfassung unterzogen werden. Der praktische Nutzen dieser Arbeit ist die Ergänzung des interkulturellen Stadtplans[13] um den Bereich „Musik".

– Da die Bestandsaufnahme veröffentlicht wurde und regionale Einrichtungen und städtische Stellen bedacht wurden, liegt der Vorteil für die musikpädagogische Praxis auf der Hand. Beispiele: Schulen oder Kindertagesstätten mit Ganztagsbetreuung benötigen auch musikalische und musikerzieherische Angebote. Pädagogen können so Kontakt zu den recherchierten Institutionen in ihrer unmittelbaren Nähe aufnehmen und Kooperationen vereinbaren, Eltern können die unterschiedlichen Früherziehungsangebote miteinander vergleichen.

---

12 Der durchschnittliche Bevölkerungsanteil von Personen mit Migrationshintergrund liegt in Augsburg bei ca. 41,4%. Augsburg zählt somit zu den migrationsstärksten Städten in Deutschland. Das Merkmal „Migration" ist dann gegeben, wenn eines der folgenden Kriterien zutrifft: 1) Staatsangehörigkeit ist nicht Deutsch 2) Herkunftsland der Familie ist nicht Deutschland 3) Aussiedlungshintergrund 4) Familiensprache ist nicht Deutsch.

13 Interkultureller Stadtplan der Stadt Augsburg http://www.interkultureller-stadtplan.de/ [18.12.2013].

Die Dokumentation trägt in mehrfacher Weise zur Erreichung der Ziele des Arbeitskreises Musikpädagogische Forschung bei: Sie schafft neues Wissen, eröffnet weiterführende Perspektiven für musikpädagogisches Denken und Handeln, ist von unmittelbar oder mittelbar praktischer Bedeutung für musikpädagogische Praxis und dient der Verankerung von Forschung im öffentlichen Bewusstsein.

Literatur

Allwardt, I. (2010). Musikvermittlung – Musica Spumante? Von der Kunst, zwischen Tradition und Innovation für Musik zu sensibilisieren und Hörräume zu gestalten. In R. Flender (Hrsg.), *Innovation aus Tradition: Festschrift Hermann Rauhe zum 80. Geburtstag (Musikwissenschaft)* (S. 283–288). Mainz: Schott.

Arenhövel, S. (2012). *Transkulturalität und Musikvermittlung: Möglichkeiten und Herausforderungen in Forschung, Kulturpolitik und musikpädagogischer Praxis* (Binas-Preisendörfer, S., Hrsg.). (=Musik und Gesellschaft, 33). Frankfurt a. M. [u.a.]: Lang.

Atteslander, P. (2006). *Methoden der empirischen Sozialforschung* (11., neu bearb. u. erw. Aufl.). ESV basics. Berlin: Schmidt.

Bortz, J. & Döring, N. (2003). *Forschungsmethoden und Evaluation für Human- und Sozialwissenschaftler: Mit 70 Tabellen* (3., überarb. Aufl., Nachdruck). Springer-Lehrbuch. Berlin u.a: Springer.

Dartsch, M. (Hrsg.) (2012). *Neues hören und sehen ... und vermitteln: Pädagogische Modelle und Reflexionen zur neuen Musik* (=Schriftenreihe Netzwerk Musik Saar, 7). Regensburg: ConBrio.

Eberhard, D. M. & Kraemer, R.-D. (Hrsg.) (2013). *Augsburger Projekte und Initiativen zur Musikvermittlung: Versuch einer gründlichen Dokumentation.* (=Vermitteln, Interpretieren, Forschen, Fördern, 1). Augsburg: Wißner.

Grünsteudel, G., Hägele, G. & Frankenberger, R. (Hrsg.) (o.A.). *Augsburger Stadtlexikon.* Verfügbar unter: http://www.stadtlexikon-augsburg.de [18.12.2013].

Hüttmann, R. (2009). *Wege der Vermittlung von Musik: Ein Konzept auf der Grundlage allgemeiner Gestaltungsprinzipien* (=Forum Musikpädagogik, 87). Augsburg: Wißner.

Kertz-Welzel, A. (2007). Community Music: Der internationale Diskurs über außerschulische Musikvermittlung. *Diskussion Musikpädagogik, 33*, 44–48. [18.12.2013].

Kraemer, R.-D. (2013). *Fachkulturen – Verortungen und Perspektiven des Faches Musik an den Wissenschaftlichen Hochschulen: Eine Problemskizze*: http://www.kmpwh-musik.de/download/R.-D.Kraemer_Fachkulturen_Zusammenfassung.pdf [18.12.2013].

Mandel, B. (Hrsg.) (2008). *Audience Development, Kulturmanagement, kulturelle Bildung: Konzeptionen und Handlungsfelder der Kulturvermittlung.* (=Kulturelle Bildung, 5) München: kopaed.

Mozart, L. (1756). *Versuch einer gründlichen Violinschule: Entworfen und mit 4 Kupfertafeln sammt einer Tabelle versehen.* Augspurg: Lotter.

Noltze, H. (2010). *Die Leichtigkeitslüge: Über Musik Medien und Komplexität.* Hamburg: Ed. Körber-Stiftung.

Oberhaus, L. (2012). Individuum est ineffabile. Geschichte, Aufgaben und Perspektiven einer musikpädagogischen Biographik zwischen Faktizität und Fiktionalität. *Zeitschrift für Kritische Musikpädagogik, 26–50.* http://www.zfkm.org/12-oberhaus.pdf [18.12.2013].

Oberhaus, L. (2013). *Musikvermittlung.* http://www.uni-oldenburg.de/musik/forschung /musikpaedagogik/musikvermittlung/ [02.04.2014].

Puhle, H.-J. (2005). *Area Studies im Wandel: Zur Organisation von Regionalforschung in Deutschland.* http://web.uni-frankfurt.de/zenaf/contac/AreaStudies.pdf [18.12.13].

Richter, C. (2008). Marketing oder Musikvermittlung. *Diskussion Musikpädagogik 39,* 3–4.

Schmidt, M. (Hrsg.) (2012). *Polyphonie.vernetzt: Perspektiven mulitmedialer Musikvermittlung.* Regensburg: ConBrio.

Schneider, E. K. (2011). Kunstanspruch und die Musikvermittlung in Konzerten. *Diskussion Musikpädagogik, 50,* 42–48.

Stiller, B. (Hrsg.) (2002). *Spielräume Musikvermittlung: Konzerte für Kinder entwickeln gestalten erleben.* Regensburg: ConBrio.

Stiller, B. (2008). *Erlebnisraum Konzert: Prozesse der Musikvermittlung in Konzerten für Kinder* (=ConBrio-Fachbuch, 13). Regensburg: ConBrio.

Tröndle, M. (2008). Man muss das Konzert verändern, um es zu erhalten. Eine Forschungsskizze zur Musikvermittlung. In B. Mandel (Hrsg.), *Audience Development, Kulturmanagement, kulturelle Bildung. Konzeptionen und Handlungsfelder der Kulturvermittlung* (S. 133–143). München: kopaed.

Venus, D. (1969). *Unterweisung im Musikhören.* (=Beiträge zur Fachdidaktik, 8). Wuppertal u.a: Henn.

Vogt, S. & Gerards, M. (2007). Musikbezogene Selbstkonzepte von Jugendlichen und ihre Konsequenzen für die Musikvermittlung aus sozialpädagogischer Perspektive. *Diskussion Musikpädagogik, 33,* 21–30.

Wimmer, C. (2010). *Exchange: Die Kunst, Musik zu vermitteln; Qualitäten in der Musikvermittlung und Konzertpädagogik.* Konzerte, Wissenschaft, Museen. Salzburg: Stiftung Mozarteum.

Daniel Mark Eberhard & Rudolf-Dieter Kraemer (i.R.)
Universität Augsburg
Philosophisch-Sozialwissenschaftliche Fakultät
Lehrstuhl für Musikpädagogik
Universitätsstraße 26
D-86159 Augsburg
daniel.eberhard@phil.uni-augsburg.de; rudolf-dieter.kraemer@phil.uni-augsburg.de